Prostituição
à brasileira

cinco histórias

Conselho Acadêmico
Ataliba Teixeira de Castilho
Carlos Eduardo Lins da Silva
José Luiz Fiorin
Magda Soares
Pedro Paulo Funari
Rosângela Doin de Almeida
Tania Regina de Luca

Proibida a reprodução total ou parcial em qualquer mídia
sem a autorização escrita da editora.
Os infratores estão sujeitos às penas da lei.

A Editora não é responsável pelo conteúdo da Obra,
com o qual não necessariamente concorda.
O Autor conhece os fatos narrados, pelos quais é responsável,
assim como se responsabiliza pelos juízos emitidos.

Consulte nosso catálogo completo e últimos lançamentos em **www.editoracontexto.com.br**.

José Carlos Sebe B. Meihy

Prostituição à brasileira

cinco histórias

Copyright © 2015 do Autor

Todos os direitos desta edição reservados
à Editora Contexto (Editora Pinsky Ltda.)

Montagem de capa e diagramação
Gustavo S. Vilas Boas

Preparação de textos
Lilian Aquino

Revisão
Tatiana Borges Malheiro

Dados Internacionais de Catalogação na Publicação (CIP)
(Câmara Brasileira do Livro, SP, Brasil)

Meihy, José Carlos Sebe B.
Prostituição à brasileira : cinco histórias / José Carlos Sebe B. Meihy. – São Paulo : Contexto, 2015.

Bibliografia.
ISBN 978-85-7244-892-5

1. História oral 2. Prostituição 3. Prostituição – Aspectos psicológicos 4. Prostituição – Aspectos sociais 5. Prostituição – História I. Título.

15-01393   CDD-306.74

Índice para catálogo sistemático:
1. Prostituição à brasileira : Condições sociais : Sociologia 306.74

2015

EDITORA CONTEXTO
Diretor editorial: *Jaime Pinsky*

Rua Dr. José Elias, 520 – Alto da Lapa
05083-030 – São Paulo – SP
PABX: (11) 3832 5838
contexto@editoracontexto.com.br
www.editoracontexto.com.br

As histórias são como holofotes e refletores – iluminam partes do palco enquanto deixam o resto na escuridão. Se iluminassem igualmente o palco todo, de fato não teriam utilidade. Sua tarefa, afinal, é "limpar" o palco, preparando-o para o consumo visual e intelectual dos espectadores.

Zygmunt Bauman

Para meu sobrinho Murilo Sebe Bon Meihy,
pelos itinerários de nossas histórias na História.

Sumário

APRESENTAÇÃO 9

O ARCO DA HISTÓRIA 13
    No embalo dos números 13
    Esboço do caminho 14
    Inventando um estatuto 16
    E assim nasceram as deusas mães 18
    Rastros da tradição judaico-cristã 21
    Os gregos: ensaio de institucionalização do sexo ... 22
    Romanização da prostituição 25
    A longa noite do meretrício 27
    Vozes da prostituição no Brasil 29

CINCO HISTÓRIAS

HISTÓRIA 1 37
    My fair Leide 37
    "Bar" é o meu céu e o meu inferno 38
    Um "não lugar" 71
    Em busca de diálogos 75

HISTÓRIA 2 81
    Linda, Lindalva 81
    "*Soy una chica en España*" 83
    "Da cor do Brasil" 110
    Continuando a conversa... 113

HISTÓRIA 3 121
    Droga de vida 121
    Não sei o que fazer 123
    Uma mirada sobre Miro 145
    A dor social de ser 147

HISTÓRIA 4 153
    E apareceu a Margarida 153
    Parece que eu não cabia no mundo 155
    Bem me quer, mal me quer 178
    E o meu jardim, onde está? 179

HISTÓRIA 5 185
    A pena de ser Cristovão Jorge 185
    O problema é que eu não presto 187
    A vida vista de longe 210
    Conversa com a solidão 211

ELAS, ELES... E NÓS? 215

A HISTÓRIA DO PROJETO 221

POSFÁCIOS 229

O AUTOR 237

Apresentação

O que faz um livro sobre brasileiros que vivem da prostituição no exterior valer a pena? Bastaria contar suas histórias em linhas escandalosas? Como ir além das avaliações estatísticas, crônicas policiais, questões de direito internacional e trabalhista ou crítica moral? Por que e para quem expor narrativas íntimas de tipos sempre situados no limite da transgressão, envolvidos em polêmicas infindáveis? Como inscrever o tópico em debates que valham por fundir aspectos da sociedade globalizada e de indivíduos singulares, em particular os *vulneráveis*? Com essas perguntas, busquei dar sentido a tantos casos que há cerca de 15 anos me comovem, desafiando a registros difíceis e análises incômodas.

A abordagem da prostituição nos dias de hoje se insinua por caminhos tortuosos e controversos. Considerando a multiplicidade de alternativas analíticas, no entanto, foi necessário eleger aspectos que permitiram alguma sondagem capaz de explicações que superem a constatação do problema e suas indefinições. Diante da suposta perenidade da prostituição, assume-se o risco de proceder a um alinhavo histórico como ponto de partida para o entendimento de dramas repontados no formidável aparato da globalização. A longa duração da prática da prostituição exercida em todos os tempos e espaços remete ao pensamento sobre a matéria em suas matrizes conceituais e na consequente internacionalização do processo. Assim, mais do que elencar fatos, números e situações, cabe propor uma possível gênese conceitual do tratamento dado ao tema em momentos da constituição do perfil histórico desses tipos sociais. Como chave para o entendimento dos argumentos que se firmaram depois da definição do mundo moderno, fiam-se alguns juízos articulados como discurso a respeito do papel de mulheres e homens que se valem do sexo como atividade distintiva. Tais marcas legadas de outros tempos históricos servem de elos referenciais atentos à realidade atual e nela a participação brasileira. Certamente, não se pretende esgotar o assunto, mas integrar o debate com exemplos nossos. O objetivo central deste livro se apoia na vontade de mostrar o outro lado da história, isto é, a percepção de pessoas que se envolvem na imensa máquina que usa o sexo como negócio.

Com o exame histórico do tema *prostituição*, é possível assinalar uma linha divisória entre dois tempos: antes e depois da *expansão ultramarina do século xvi*. As naus que permitiram as *grandes navegações* em busca de alternativas econômicas facilitaram articulações do mundo, impondo contatos irreversíveis, violentos e de dominação. Com as chamadas "descobertas", vincularam-se as partes até então não integradas em linhas de comunicação, comércio, trocas culturais, definindo-se mecanismos de predomínio. Manifestações explícitas de poder se impuseram por armas, lutas, extermínios e injunção legal. Houve também alusões sutis, práticas vigoradas à surdina dos tempos e infiltradas na aparente mansidão dos costumes que definiram culturas e desempenhos nacionais. Na moldura dessas transformações é que a análise da prostituição ganha sentido como traço de permanência que carrega heranças conceituais projetadas.

Identificada na Antiguidade oriental e ocidental e na Idade Média como ilhas de experiências isoladas, a prostituição ganhou feições universais quando se estabeleceram as rotas do mundo moderno, integradas gradativamente pelo estabelecimento do sistema colonial. Diga-se, aliás, que o uso do corpo como fator capitalista de colonização também teve início sob essas condições. A ampliação do mundo pela perspectiva europeia demandava mudanças radicais no comportamento humano, e então, como nunca, o uso do sexo se impôs como alternativa para a formulação de novos moldes familiares e de variações morais. A prostituição ganhava novos mapas e se inscrevia como prática marginal, em oposição à formação das famílias e ao ordenamento de classe social. Não faltaram preceitos religiosos que por leituras bíblicas definiam prostituição como pecado.

Em processos de conquista, os territórios "novos" se mostraram suscetíveis aos fluxos migratórios e à formação de redes, caracterizadas pelo envio de mulheres às colônias, mesmo que fossem as "erradas". Em contrapartida, as "nativas" eram usadas, na maioria das vezes, indiscriminadamente e também, de maneira abusiva, as negras escravas. Vale notar, por exemplo, que as terras da América valeriam como forma de purificação das prostitutas portuguesas. A oportunidade de "remissão dos pecados" dessas moças se impunha como solução para a sociedade colonizada tida como terra "de todos os pecados". Em razão da inviabilidade da proposta dos religiosos católicos, pode-se dizer que o processo de colonização abrigou vasta bastardia, derivada da necessidade de povoar a terra. Importa assinalar a prostituição em escala internacional como decorrência de uma relação colonial continuada que, em parte, explica a sempre crescente e progressiva rede de tráfico de pessoas.

Dois procedimentos foram assumidos como hipóteses analíticas para a compreensão da prostituição contemporânea, em particular a que inscreve pessoas vulneráveis: a constatação dos números da prostituição contemporânea e a retomada histórica que, num assomo rápido, permite o entendimento de conceitos semeados no pretérito longínquo, projetados nos dias de hoje.

O arco da história

NO EMBALO DOS NÚMEROS

É bom começar pelos números, pois eles revelam uma contabilidade macabra, em que a submissão do *outro* se mostra em trágica evidência. Vale lembrar que as fontes são precárias e contestáveis. Os cálculos sugeridos podem, ao menos, indicar montantes que chegam, na atualidade, a mais de 40 milhões de pessoas se prostituindo. Destas, cerca de 75% são mulheres, a maioria entre 13 e 25 anos.[1]

Sabe-se que a composição desse quadro está em mudança acelerada e que, junto com a abundância de mulheres, cresce significativamente o número de homens e de crianças aliciados pela prostituição internacional. Multiplicam-se ainda as formas de representação do feminino e do masculino, que não mais se limitam aos padrões convencionais e binários de homem e mulher. Pelo tráfico de pessoas, a prostituição internacional variou na cadência de grau, gênero e número. Nunca diminuiu.[2]

No mesmo jogo de alterações, percebe-se que os eixos de procedência tornam-se cambiantes, mantendo-se, contudo, a resistente relação de países pobres, ex-colônias, exportando gente para os postos ricos, antigas metrópoles. Presidem, assim, na maioria das vezes, as gastas antinomias: homens X mulheres – e outros tipos sexualmente implicados e vulneráveis –; ricos X pobres; velhos X jovens; europeus e norte-americanos X pessoas de países desprovidos das benesses do capitalismo. No passado recente, o volume predominante de pessoas implicadas na prostituição era do Leste Europeu. Gradativamente, porém, o número de tipos oriundos da América Latina e de vários países africanos vem ganhando volume, junto com levas procedentes da Tailândia e de Bangladesh.[3] Nessa contextura, aliás, cerca de 75 mil são brasileiras e brasileiros que vivem do comércio do próprio corpo na Europa e nos Estados Unidos, a maioria em situação de clandestinidade.[4] Sim, os números estarrecem. O mais significativo, porém, é o silêncio que paira sobre tais montantes. Aliás, pergunta-se: a que interesses respondem tais posturas?

ESBOÇO DO CAMINHO

Faz parte do repertório vulgar repetir – ainda que sem fundamento seguro – que *a prostituição é a mais velha das profissões*. Esse discutível suposto atravessa os tempos, garantindo-lhe aceitação do mesmo e desgastado fenômeno, atualizado em diferentes sociedades, com nuanças nos graus de consentimento e controle. Os mecanismos dos relacionamentos no mundo globalizado, no entanto, se valem de parcelas desse contingente e, de maneira variada, promovem a transferência de pessoas de um espaço para outro, transformando a prostituição em comércio no conturbado mercado internacional. Convém lembrar que o tráfico de pessoas é basicamente alimentado pela prática de trabalhos forçados – em muitos casos de maneira sutil, mas perspicaz. Nesse exercício, o uso do corpo e do sexo como atividade comercial se junta à movimentação do comércio de armas, órgãos humanos e drogas e, assim, se constitui no terceiro mais rentável negócio do mundo contemporâneo.[5]

Em termos de presença, sabe-se que a atividade prostituta grassa como se fosse uma espécie planetária de *pecado original*, carregando, independentemente dos efeitos econômicos, uma fatalidade moral e polêmica, assente em todos os quadrantes da Terra. A aceitação mais ou menos mecânica desse fenômeno como fato "intrínseco e natural" à história explica variações de tolerância e calibra expressões de poder expressos nas relações de gênero, classe social e raça. Desafiando a força dos Estados ou governos, as agências clandestinas articulam máfias que se infiltram em instâncias de domínio. A complexidade do fenômeno é tão expressiva que nenhuma instância da vida social lhe fica imune.

No centro do debate sobre questões nacionais, as afirmações dos Estados aludem à grande contradição da globalização. Ao mesmo tempo que deveria aproximar e facilitar trânsitos e trocas, ela, paradoxalmente, impõe barreiras que impedem movimentações livres e ágeis, limitando, desse modo, a imigração. Consequência imediata disso, as pessoas têm seus passaportes, autorizações e vistos, de entrada e saída, cada vez mais controlados. Privilegiando hierarquicamente seres desejáveis, uma escala de valores é feita, considerando uma triagem variável, própria de cada espaço nacional. Na mesma ordem, julgamentos sutis complicam o sentido de leis que acabam ineficazes porque, em última análise, afetam diferentemente os direitos dos indivíduos e das sociedades, polarizando os limites e permissões individuais e as autonomias de Estados.[6]

Os pares de paradoxos, contudo, não se dão apenas em questões de posicionamento dos indivíduos e dos Estados. Também em termos de juízo moral, pois em cada cultura se estabelecem oposições. Em diversos casos, há pessoas que abonam a prostituição como *prática natural* ou pelo menos como *mal menor*, ou ainda *prática necessária*.[7] Tal premissa se complica quando seu funcionamento é triado por interpretações divergentes que demandam esquemas vigilantes, de conflitantes efeitos internacionais. Não faltam também argumentos filtrados por visões de gênero – o movimento feminista é dividido em relação ao trabalho sexual das mulheres – éticas e religiosas que tornam a abordagem do assunto subjetiva e pendular, sujeita a interpretações muitas vezes conflitantes.[8]

INVENTANDO UM ESTATUTO

O critério de escolha do percurso remissivo/analítico usado teve como semente germinal a conjunção de velhas conjecturas que serviram de premissas quando do alargamento das fronteiras europeias, desde depois das grandes navegações do século XVI. Parte-se, pois do princípio que identifica na modernidade, no expansionismo colonizador, o conjunto de valores que marcaram a gênese dos fundamentos ocidentais. Foi naquele contexto que se formularam as premissas que delinearam a base moral derivada da rede de negócios que, planetariamente, articularam o mundo. Dizendo de maneira complementar, a prostituição acompanhou o procedimento expansionista e colonizador replicando práticas que justificavam o processo seletivo de organização das famílias com base nos Estados nacionais definidos ao longo dos séculos seguintes. A longa duração dessas premissas, no correr dos tempos, foi se ajeitando de maneira a se constituir em argumentos culturais ou em leis, atendendo às demandas socioeconômicas que tudo explicam. Assim, tomando a montagem do moderno mundo colonial como denominador comum do universo, a nascente dos fundamentos da sociedade ocidental serve como fio condutor dos discursos sobre a prostituição e o tráfico de pessoas para fins de exploração sexual.

A dicção analítica sobre a prostituição obedece a alguns cuidados que insistem em fixar uma memória dúbia, polarizada entre o universal e o nacional. Frente à potência e à relevância do assunto como tema planetário, assinala-se a dificuldade de estabelecer fundamentos que sustentem as hipóteses de continuidade projetadas ao longo dos espaços geográficos e tempos históricos específicos. É importante ressaltar esses extremos sob a pena de se perder a relação entre as partes. São duas as principais correntes analíticas da matéria. Uma basicamente se apoia em trabalhos que partem do remoto assentado em mitos gerais e progridem pela história; outra se manifesta em série de pesquisas atentas às situações do presente, sem muita atenção às linhagens longínquas, às bases históricas e suas consequências regionais.

No primeiro caso, formula-se uma passagem da Mitologia para a História, na qual, na Antiguidade oriental e clássica, as origens da prostituição se mostram onipresentes, motivadas por impulsos sutis e imprecisos, de conexões difíceis. Mesmo afigurando-se à primeira vista distante demais, sem as sementes conceituais torna-se precária qualquer análise do fenômeno no mundo atual. Na segunda alternativa, vendo o tema estruturalmente, aponta-se para aspectos atuais com vieses sociológicos, morais ou de direito, sempre vinculados a outros assuntos também problemáticos.[9] No caso da atualidade ou estruturalmente falando, como se a herança conceitual histórica nada tivesse a ver, projeta-se a imagem de uma figura sem sombras, na qual apenas interessa a projeção da problemática em sua aparência estrutural. Em qualquer alternativa, porém, se nota mais a atenção à institucionalização da prostituição como matéria do que propriamente aos agentes que atuam no processo, pessoas que fazem girar a máquina de um dos mais graves dilemas existenciais.

A neutralização temática e a redução de tudo a números se formulam como duas das mais sérias consequências das análises. Sem levar em conta a vida das pessoas envolvidas, é como se fosse mais importante falar do tráfico do que dos personagens abrangidos pelo processo. Os tipos sociais, aliás, transformam-se em peças, e no gigantismo do processo perdem o sentido de suas vidas e se veem transformados em números. A desumanização dos estudos sobre a prostituição, diga-se, chega a chocar. Na mesma linha, a naturalidade traduzida no trato do tema diminui a tensão necessária para os resultados desejados, capazes de gerar políticas que vão além de combate ao tráfico, prezando o acolhimento e a reintegração das pessoas envolvidas. Mas essas águas têm nascentes em paragens longínquas, e em favor da valorização dos personagens se justificam buscas que, ainda precárias, valem como sugestão analítica para se definir e entender as formas de referência dos personagens implicados.

Menos com o fito de estabelecer um discurso definitivo ou explicações conclusivas, o que se pretende é a tentativa de articulação de um percurso conceitual capaz de garantir leituras de códigos de tratamento da matéria. Comecemos, pois, pela construção remota da imagem das prostitutas e dos prostitutos, percebendo criticamente a trança entre alguns fatos destacados e a elaboração de conhecimentos projetados. E tudo implica, antes, em qualificação de papéis de gênero e de função social do feminino e do masculino. Na sequência, o tratamento normativo e os aparatos de poder são indicados como forma de instrução das regras que hoje presidem a matéria.

E ASSIM NASCERAM AS DEUSAS MÃES

Pode-se dizer num voo rápido que uma das explicações básicas sobre a origem da vida se liga à função da mulher como fonte da vida, e isso coloca a condição da fertilidade feminina como razão central da continuidade da espécie humana. A função sexual feminina desde sempre se fez central para o entendimento do corpo das pessoas projetado no espaço social da História. Antes de o corpo da mulher virar mecanismo de controle, sua capacidade de gerar vida foi tida como *atividade sagrada*, atributo então considerado exclusivo da mulher. Esse tipo de percepção evoca um tempo pretérito, longínquo, em que o papel biológico da mulher como procriadora lhe garantia autonomia, prestígio, independência e respeitabilidade. Em diferentes variações espaciais, elevadas à condição de deusas, essas entidades se mostravam poderosas porque, sobretudo, detinham a capacidade de gerar filhos. E não era apenas a capacidade de procriar, de dar sentido à vida humana que as fazia divinais, pois em decorrência disso se tornaram também mimeticamente protetoras das águas, da cultura, da fama, do dinheiro, da agricultura, da caça e, por fim e acima de tudo, elas foram identificadas com a própria Terra, com a natureza.

Em 1861, o antropólogo suíço Jakob Bachofen produziu um livro que serviu de base para diversos autores modernos vincularem noções míticas às origens do matriarcalismo, baseado nas metamorfoses do feminino geratriz.[10] Com influências visíveis nos principais autores que abordam os mitos – Carl Jung[11] e Joseph Campbell[12], por exemplo –, Bachofen mostrava que o princípio que coloca a mulher como *mãe* evoluiu desde a Pré-História, quando, então, a condição de procriadora responsável pela vida ainda não se vinculava ao papel do homem no processo de geração de filhos. Daquela premissa, aliás, decorreu a noção de deusa mãe, fator que, projetado na Antiguidade, delegava às mulheres autonomia capaz de garantir independência dos homens ao ponto de se tornarem, ao longo de séculos seguintes, entidades sagradas porque detentoras da vida. A retomada épica e poética dessa função gerou o mito da maternidade bondosa, um dos pilares da formulação da família como fundamento da sociedade. Olhando por esse ângulo, por exemplo, não fica difícil explicar como e por que o primeiro milagre de Cristo se deu nas "Bodas de Canaã", salientando que o casamento regular seria o passo seguro para a organização social.

Como princípio, todas as culturas apresentam uma versão da mãe natureza, que se tornou, de acordo com Jung, um dos clássicos arquétipos culturais da humanidade, com projeções firmadas em várias sociedades ocidentais. Na Antiguidade oriental, porém registram-se indicações da passagem do prestígio da Deusa Mãe para outras licenças do uso feminino. Ainda que mantidas como entidades divinas, nos calendários das chamadas *primeiras civilizações* existiam datas específicas em que se realizavam festins sexuais justificados na cultura de cada grupo. Juntamente com retiros, segredos e cerimônias, os comportamentos sobre as atividades sexuais iam se abonando como manifestações expressas em determinadas condições. E tudo teria começado com a chamada *Magna Dea*, ou deusa mãe.[13] Um dos exemplos mais explorados como matriz é o da deusa Ishtar, dos babilônios.[14] Tudo, porém, começou a se modificar à medida que o masculino assumia o poder de decisão e domínio sobre o papel da mulher, submetendo a capacidade de geração de filhos a sistemas que variaram do matriarcado para o patriarcalismo.[15] A passagem de um estágio para outro se deu quando foi efetivado o controle dos corpos segundo regras familiares, isso já na fase do pastoreio e do nomadismo.[16]

Dos templos fechados para os espaços públicos, a história da prostituição foi se construindo na troca do sagrado pelo profano. Na longa sequência do tempo, no correr da história, sempre que se fala das origens da prostituição, alguns exemplos são pontuados evidenciando as etapas que funcionariam como elos evolutivos de situações que se insinuam até o presente. Então, preceitos como *prostituição hospitaleira*, *prostituição sagrada* (ou *prostituição sacra*) são destacados do processo histórico longínquo e mostrados como conceitos necessários para se entender os modos de acomodação que, afinal, como semente, justificam a aceitação da prostituição como prática inevitável. A constatação desses conceitos reforça a conveniência do acatamento perene do meretrício cortando a História. Como evocações legitimadoras, tais princípios se mostram abonadores de condenações, e mais, garantem inclusive certo ar permissivo, que ameniza violências e submissões.

No primeiro caso, por *prostituição hospitaleira*, remete-se ao exercício comum entre os caldeus, que ofereceriam suas mulheres – esposas, filhas e familiares em geral – aos visitantes, caçadores, comerciantes, que passassem por suas paragens. Em nome da cordialidade, o uso sexual da mulher funcionaria como uma forma de aproximação gentil, de acolhimento ao visitante homem. A *prostituição sagrada* – identificada na Babilônia e em outras plagas –, nos templos religiosos dedicados à deusa Milita, seria exercitada como prática assinalada no calendário de diferentes templos, perfeitamente cabível no estilo de vida do grupo. Rezam as informações que então os cultos deveriam oferecer ocasionalmente as mulheres que estariam à disposição dos interessados.[17] Tudo em nome da fertilidade, que tanto valia para a continuidade da espécie como para metaforizar a agricultura que também deveria render frutos. Em um ou outro caso, porém, cabe relativizar o entendimento do conceito de prostituição e repensá-lo como tradição capaz de se justificar apenas quando explicadas em seus contextos específicos.

Cuidados, porém, devem ser tomados quando tais situações são projetadas na contemporaneidade com olhos de outro tempo. Por serem atividades estabelecidas nos contextos devidos, a *prostituição hospedeira* e a *prostituição sagrada* demandam análises como parte de costumes explicados em situações que entrelaçam naturalmente crenças e regras do convívio daquelas culturas.[18] Fora de seus nichos, tais circunstâncias causam estranhamento, como, aliás, se deu com a *prostituição sagrada*, que tanto escandalizou Heródoto, o "pai da História", que viu depravação em uma conjunção onde era generalizada a poligamia e a poliandria – costume de homens terem várias esposas e de mulheres terem muitos companheiros.[19] Na dança dos conceitos, contudo, a aproximação do mito da deusa mãe ou mãe natureza permanece como ponto de reflexão. Interessa ver como a suposta maternidade se distancia da prostituição.

RASTROS DA TRADIÇÃO JUDAICO-CRISTÃ

Referência fundamental e que se estende até hoje na consideração do papel das prostitutas são os textos sagrados. Segundo ensinamentos derivados da tradição judaico-cristã, alguns postulados que vigoram na cultura ocidental tiveram por base dizeres bíblicos, em particular do Antigo Testamento. Sempre de maneira ligeira e condenatória, implicando o sentimento de culpa, condenação e de pecado – ainda que passíveis de perdão –, as prostitutas se multiplicam no didatismo dos livros sagrados judaico-cristãos, sugerindo a inevitabilidade e resistência da prática instalada e, estrategicamente, a remissão do pecado quando revelado com intuito de perdão.[20] Como exemplos sempre evocados, tem-se o caso de Raabe, que, mesmo sendo uma "meretriz, não pereceu com os incrédulos".[21] E o caso de Tamar, que com a morte do marido se vestiu de prostituta e teve relação sexual com o sogro, é expressão da severidade exarada das linhas sagradas – pois, ao engravidar de gêmeos, o sogro e pai das crianças mandou queimar a suposta prostituta.[22]

No Novo Testamento também reponta com frequência a noção de erro ou pecado associada às prostitutas, fator que desde então imputa à atividade um caráter condenável. O perdão inerente ao reconhecimento moralmente criminalizado, por sua vez, é apontado como mecanismo de "reintegração", como foi o caso da mulher pecadora que invadiu a casa do fariseu Jairo, juntando-se aos homens que ouviam a Jesus. Num arroubo, ela teria chorado aos pés de Cristo e, ao enxugar seus pés com os próprios cabelos, mereceu a complacência divina. A ideia de pecado e perdão é um legado fundamental projetado nos debates morais sobre a prostituição. A culpa também.

O significado sempre pedagógico da *Bíblia Sagrada* arrola diversos termos aplicáveis à atividade sexual fora das normas convencionadas do casamento. Palavras como *adultério, fornicação, prostituição* e *lascívia*, por exemplo, são transparecidas como portadoras de juízo moral. Afora a intenção condenatória religiosa, há autores que exploram o tema além dos registros que constam nas versões da *Bíblia*. Com especial tom crítico às deformações, em particular praticadas pelos tradutores e intérpretes, Jonathan Kirsch, jornalista norte-americano, estudioso de temas que escaparam da crônica proposta pelos quatro evangelistas, explora o assunto recriando de maneira contundente e crua as situações expostas.[23] Em sete capítulos, o livro *As prostitutas na Bíblia* trata de situações como o incesto entre Ló e as próprias filhas; o caso da violação de Diná, filha de Jacó, por Siquém; entre outros. Isso sem falar nos dúbios significados dos "Cânticos dos cânticos".

OS GREGOS: ENSAIO DE INSTITUCIONALIZAÇÃO DO SEXO

Além do legado moral e religioso deixado pela Bíblia e de suas consequentes projeções no mundo contemporâneo, vale também ressaltar algumas deixas desdobradas da cultura grega com projeção no julgamento histórico de seus praticantes. O complexo processo de tratamento dado às prostitutas e aos prostitutos em geral na chamada Grécia antiga tem valido mais como antídoto histórico para situações de preconceitos do que propriamente como referência fundamental. Aproximada falsamente da tolerância e da permissividade, com frequência, autores e ativistas contemporâneos têm insistido em salientar experiências que mostram naturalidade no tratamento dos gêneros em prostituição. Faz parte do repertório comum de militantes e ativistas dizer que na Grécia antiga não havia grande censura à aceitação de meretrizes e que em todas as classes sociais elas e eles estavam presentes.

Nikos Vrissimtzis, antropólogo grego, retoma em *Amor, sexo e casamento na Grécia antiga* alguns desses mitos construídos sobre a libertinagem dos gregos e diz que as diferenças de tratamento entre mulheres e homens eram gritantes em todas as cidades-Estados, entidades autárquicas, sendo que os gêneros tinham tratamentos educacionais também distintos. Ressalta ainda a variação de tratamento dado de uma cidade-Estado para outra. Em geral, a mulher, por exemplo, não poderia sequer aparecer sozinha em público, ao contrário dos homens, que possuíam direitos garantidos, inclusive à poligamia. Uma das razões mais cultivadas para explicar a supremacia do homem – que inclusive tinha amplos poderes sobre a mulher – baseava-se na tradição mitológica que culpava a mulher instintivamente por curiosidade incomensurável, segundo a influência de Pandora, que, incontida, teria aberto a caixa dos males do mundo, soltando as desgraças.[24]

Havia diferença no tratamento dado à prostituição em diversos segmentos da sociedade grega. Nessa linha, podem-se definir dois extremos de prostitutas: as chamadas *hetairas*, acompanhantes de luxo, e as *pornai*, termo que significa "vender", que eram propriedade de proxenetas que tiravam lucro de suas atividades. As prostitutas ou concubinas deveriam ser estrangeiras, escravas ou ex-escravas, filhas abandonadas pelos pais ou descendentes de outras prostitutas. No caso das *hetairas*, havia destaque para sua formação intelectual e elas podiam inclusive participar de reuniões em que se discutia arte, filosofia e teatro, como foi o caso emblemático de Apásia. Isso as contrastava das demais mulheres, que deveriam ser incultas e permanecer reclusas ao lar, destinadas a ser esposas, mães, donas de casa. Bem remuneradas, as *hetairas* eram dançarinas, declamadoras e ostentavam riquezas e poderes. Além da sugestão de categorias de prostitutas, vale pensar que a classificação grega levava em conta os "benefícios" da atividade, bem como os intermediários ou agentes, traços esses que se perpetuaram na história.

Outra linha da herança grega sobre as origens e o ordenamento da prostituição diz respeito ao homossexualismo. Tanto as mulheres como os homens teriam suas práticas decorrentes de tradições dos meios em que viviam. No caso, as mulheres são, por exemplo, referenciadas em situações que evocam Safo de Lesbos como uma espécie de matriz do homossexualismo feminino. Talvez porque a poeta de Lesbos endereçava versos a suas alunas, isso teria levado a aproximá-la do lesbianismo, mas não há indícios evidentes de que Safo, atualmente considerada quase uma sacerdotisa do amor homossexual feminino, fosse lésbica, ainda que se use a palavra para designar tal prática.[25] A poesia de Safo nos chegou de forma muito fragmentada, mas sabe-se que ela fazia poemas em homenagem a cada aluna que entrava ou saía de sua "escola", instituição para meninas que mantinha quase como exceção do restante da Grécia, que não se abria para a educação de mulheres. Esses fragmentos de poemas podem ter dado origem à crença de que Safo tinha relacionamentos amorosos com mulheres, mas ela também escreveu sobre solidão, velhice, amor e separação. Sabe-se que Safo foi casada, provavelmente teve uma filha e se matou por causa da rejeição de um homem.[26]

Em termos masculinos, há outra tradição que teria se originado na Grécia com projeção na contemporaneidade – os fundamentos teóricos do homossexualismo masculino. Vulgarmente aproximada da pederastia, a atividade homossexual existia entre os gregos, mas nada tinha a ver com os supostos da pederastia, que era prática de base pedagógica. Segundo a tradição, a pederastia consistia no costume dos adultos mais velhos, da elite, cidadãos bem postos na sociedade, terem seus discípulos – jovens chamados *efebos*, imberbes –, que eram patrocinados e tutelados por cidadãos de idade mais avançada. Ainda que muitos duvidem de relações homoafetivas, são comuns as referências que tentam garantir certa legitimidade ao homossexualismo masculino. Não que não houvesse casos de paixões entre os pares, mas é notável dizer que não era a regra.[27]

A mais evidente herança grega ao moderno debate sobre a prostituição evoca o legislador Sólon de Atenas. Ao promulgar leis que diziam respeito até mesmo ao pagamento de impostos pelos usuários da prostituição, o "pai da democracia ateniense", Sólon, abonava a compra de escravas para os prostíbulos e sua distribuição segundo regras legisladas. Os primeiros esforços em favor do estabelecimento de regras sobre o meretrício é legado relevante. Na mesma linha, Sólon também tratou do controle dessa atividade como problema de saúde pública, outro fato importante. Também herança grega não desprezível remete a Aquiles, que teria sido o protótipo do primeiro travesti. Reza a lenda que Aquiles foi travestido para se salvar na guerra de Troia, e sobre essa passagem tanto se pronunciou Platão como Ésquilo e Homero. O simples registro das aventuras de Aquiles abre estrada para se pensar nas variações de gênero que mais tarde eventualmente teriam relações com atividades ligadas à prostituição.

ROMANIZAÇÃO DA PROSTITUIÇÃO

O Império Romano foi responsável pela ampliação dos padrões culturais que se alastraram pelo mundo antigo. Ao se expandir, assimilou e divulgou modelos de procedimentos correntes. Entre os muitos padrões difundidos, os preceitos sobre prostituição se constituíram em recurso de ensinamento sobre moral e ética no tratamento do tema.[28] O termo *prostituta*, por exemplo, ganhou o mundo pela matriz romana. Originando-se do latim *prostitŭo, is, ī, ūtum, ĕre*, significa "colocar-se diante", "expor", "apresentar-se à vista" e também "pôr à venda", "mercadejar". Decorrência natural, *prostituir* carrega o significado de "divulgar", "publicar", derivado de *pro* mais *statuĕre*. Por sua vez, a palavra *puta* é variação do costume dos banhos nas termas, onde homens e mulheres se lavavam diariamente, conforme prática assimilada da medicina de Hipócrates, que apregoava a vulgarização da higiene diária como dádiva da deusa Higeia, protetora da saúde e da limpeza.

A tradição helênica dos banhos, reelaborada e difundida pelos romanos, dava-se em locais com águas correntes e aquecidas no inverno, frequentados por mulheres pela manhã e por homens à tarde, sendo também lugar de meditação e repouso. O cuidado desses logradouros era exercido pelas sacerdotisas, representantes da deusa da fertilidade e do amor, Afrodite (ou Vênus em latim). O nome/título dessas zeladoras era *putae*, palavra que, com o declínio do Império Romano, adquiriu sentido negativo.[29] Há inúmeros registros de termos afeitos à prostituição romana, como *prostibulae*, prostitutas registradas e que por isso poderiam andar livremente; *delicatae*, prostitutas de categoria elevada; *noctilucae*, que exerciam a prostituição à noite; *lupae*, que atendiam nos *lupanares*, casas de prostituição; *fornicatrices*, que circulavam em espaços públicos; e um que chama especial a atenção, as *bustuariae*, que se localizavam nas imediações de cemitérios romanos. Tal variação demonstra a popularidade da prática e a sofisticação do tratamento dado à atividade.

O mais expressivo registro da prostituição na Roma antiga foi encontrado em Pompeia, cidade que deixou gravada uma tradição de abuso da vida sexual. Antes da República, inaugurada com a queda da Monarquia em 509 a.C., a prostituição em Pompeia não era tolerada abertamente. A atividade ganhou expressão à medida que os povos dominados eram escravizados e levados para a cidade.[30] Nesse contexto, com certa normalidade, tanto homens quanto mulheres tornaram-se prostitutos e prostitutas reconhecidos em suas rotinas.[31]

Ao contrário da Grécia, entre os romanos a permissividade era grande e dilatava à medida que o império crescia. As biografias dos imperadores servem como indicação do nível de libertinagem durante o período. O crescimento do cristianismo durante o Império Romano ocasionou o surgimento de outra ordem de postura diante dos costumes e da corrupção. E foi durante o século III d.C. que se deu o lento período da chamada "decadência do Império Romano", que seria explicada também pelo declínio dos valores morais.[32]

Com a dissolução do poderio romano, adentrando na Idade Média, a organização produtiva promoveu a multiplicação de aldeias agrícolas.

A centralização do poder patriarcal impunha controle muito mais severo e as mudanças de papéis forçaram mudanças de acepção de padrões sociais. Por lógico, a prostituição não desapareceu, mas sob a égide de uma Igreja que pretendia cristianizar os povos, cabia aos clérigos o estabelecimento de regras disciplinatórias de convívio. Paradoxalmente, o zelo das famílias probas levava seus chefes a admitir a prostituição como maneira de proteção das mulheres respeitáveis. A existência de bordéis era mecanismo validado para se evitar a depravação das "outras" e, dessa forma, admitia-se tacitamente que as "erradas", aquelas que já haviam caído em pecado, deveriam ser suportadas. Na Idade Média, a soma dos conceitos estabelecidos desde a Antiguidade, principalmente pela codificação marcada na tradição do Direito romano, serviu de base para os discursos que se organizaram.

A LONGA NOITE DO MERETRÍCIO

Parodiando a velha concepção que delega à Idade Média a pecha de "longa noite de mil anos", tempo de obscurantismo e atraso, retomaremos alguns pressupostos que formaram argumentos recondicionados àquela época, em uma Europa cristianizada. Alguns importantes autores, como George Duby e Mario Pilosu, dedicaram-se a estudos sobre a influência da Igreja em relação aos papéis masculinos e femininos – familiares, enfim – que se redefiniram naquele tempo.[33] Em coletânea composta de textos de vários outros medievalistas, Le Goff orienta sobre as abordagens referentes aos relacionamentos afetivos no tempo.[34] Especificamente sobre a prostituição na Idade Média, o trabalho de Jacques Rossiaud cuida de detalhes que mostram um período agitado em que a vida libertina se extremou entre a moral e a condenação, mas sempre persistindo.[35]

A postura da Igreja visava estabelecer os lugares dos gêneros na sociedade, e assim o papel do feminino foi biologicamente aproximado da ideia de mal, significado pela figura de Eva, ser volúvel e permeável às tentações.

Com apoio de leituras da *Bíblia*, recuperavam-se preceitos condenatórios das relações sexuais, e as noções de pecado e culpa eram largamente apregoadas como indicativas de castigos e da fatalidade do inferno. Cultuando a castidade com dimensões expressas no valor da virgindade e louvando a abstinência sexual, os indicadores da Igreja exerceram larga influência cultural, fato que, contudo, não significava que não houvesse extrapolações. No âmbito da vida privada, tais regras de conduta tinham efeitos pesados, pois eram definidos rígidos comportamentos que ditavam inclusive como homens e mulheres deveriam se comportar no ato sexual.[36]

Decorrência natural dessas atitudes, condenações à masturbação e aos demais atos considerados libidinosos eram difundidas trazendo como consequência a diminuição do crescimento demográfico e o culto à mortificação. Como consequência dessas atitudes, porém, foi o crescimento da prostituição tolerado, o que fez, paradoxalmente, do século XV um tempo de depravação.[37] Ainda que não seja provado, conta a lenda que uma das práticas comuns na Europa medieval era o *jus primae noctis*, direito do senhor feudal de deflorar a virgem que se casava com qualquer de seus vassalos. De toda forma, esse tipo de referência serve para mostrar o cerceamento das relações à época. Outra consequência do conjunto de preceitos difundidos na Idade Média, em particular depois do século IX, era a pressuposição da superioridade masculina. Vista como ser imperfeito e derivado da costela de Adão, a mulher deveria ser subjugada e passível de mandos misóginos. Nesse sentido, aliás, Santo Tomás de Aquino legislava apregoando o equilíbrio social apoiado no poder masculino.

A organização dos burgos medievais indicava lugares e marcas para a prostituição. A palavra *rosa*, o tipo de roupa e o uso distintivo de apetrechos como sinos eram requeridos para indicar a atividade. Foi na Idade Média que se caracterizou a primeira manifestação corporativa de mulheres que atuavam na prostituição. As chamadas "prostitutas feudais", na dinastia Carolíngia, nos séculos VIII e IX, viviam em comunidades e serviam como fonte de prazer. Pestes, constantes e longas guerras, principalmente depois do século XIV, projetaram situações que culminaram na drástica "caça às bruxas". A mulher passava a ser, ao lado do judeu e do muçulmano, considerada agente do mal. A prostituição medieval, em suma, admitia o sexo fora do casamento, apesar de vetado pelas normas da Igreja. Prova eloquente da sua existência eram os bordéis, cuja palavra, aliás, surgiu nessa época, na França. Os cidadãos comuns, livres, cavaleiros, viajantes, soldados, artesãos, podiam se valer das prostitutas até com consentimento das esposas.

O papel das prostitutas, então, não pode ser visto como se fosse algo proscrito e de todo inaceitável. Ainda que pouco consideradas, percebia-se nelas funções sociais importantes, inclusive para a preservação das famílias. Seu desempenho público corroborava para a manutenção da castidade das virgens "de família", que deveriam chegar "puras" ao casamento e depois manter-se "respeitáveis". Em relação aos rapazes, a liberdade era dada em sentido contrário, ou seja, deveriam ter "experiência" e a ostentação da virilidade era sinal de poder.

Segundo Rossiaud, a fase de relativa aceitação da prostituição nos padrões medievais se viu complicada pela chamada "crise do Renascimento", quando se expressou clara rejeição à prostituição. A requalificação do papel feminino projetou a mulher no espaço cívico com nova identidade. O casamento como instituição, pelo humanismo, ganhou novos contornos, explica Rossiaud.[38] Uma das consequências dessa postura foi a condenação às prostitutas feita pela multiplicação de leis restritivas e pelo posicionamento da Igreja, que mostrava a atividade como "um flagelo social gerador de problemas e de punições divinas".[39] Se na Idade Média podíamos identificar uma espécie de cultura da prostituição, na nova ordem, ela se viu proscrita. Seguramente dois fatores atuaram nessa direção: o absolutismo monárquico e a Contrarreforma, com novo aparato moral.

VOZES DA PROSTITUIÇÃO NO BRASIL

Pela ótica da expansão ultramarina, conceitualmente a prostituição correspondeu à triagem dos princípios firmados desde a Antiguidade e a Idade Média, projetados em uma realidade que enlaçava o mundo. Em primeiro lugar, é necessário salientar o suposto que consagra o processo expansionista como artifício eminentemente masculino. Os jesuítas portugueses propunham uma saída que poderia resolver dois problemas, um metropolitano e outro colonial. A vinda de prostitutas – as tais "erradas" – de lá para cá sanearia o problema português e, ao mesmo tempo, o brasileiro, como se vê em passagem de Nóbrega ao rei.[40] Degredados ou não, vieram para a América principalmente pessoas do sexo masculino. Charles Robert Boxer, desde meados do século XX, chamava a atenção para a importância de se reconhecer o papel das mulheres nesse processo e evidenciou uma galeria de "virtuosas". Em *A mulher na expansão ultramarina ibérica 1415-1815*, o autor britânico afirma o desempenho de figuras femininas importantes, fossem elas europeias, indígenas, mestiças ou prostitutas. Em conclusão do livro, no capítulo intitulado "O culto de Maria e a prática da misoginia", Boxer aborda questões afeitas à sublimação dos desejos sexuais das mulheres, evidenciando os modelos da dignidade feminina prezada.[41] A importância do trabalho de Boxer funciona como luz e sombra: ao salientar os padrões femininos expressos por mulheres destacadas, expunha o outro lado, o das não consagradas. Com igual empenho, António Manuel Hespanha disserta sobre o "estatuto jurídico da mulher na época da expansão". Sobretudo, porém, mais do que salientar o papel feminino no curso de alargamento do mundo, o autor português mostra a difusão dos valores codificados ao longo dos anos, destacando a linha entre a regra ideal e a transgressão.[42]

Vários autores têm insistido em mostrar a colonização da América em geral – em particular a brasileira – segundo os tipos sociais que a animaram. No caso específico do Brasil, pesquisadores como Laura de Mello e Souza,[43] Ronaldo Vainfas,[44] Geraldo Pieroni,[45] Luiz Mott,[46] entre outros, apontam a flexibilidade do ambiente da montagem social da colônia. A tentativa de ordenamento da vida sexual no Brasil daqueles tempos, em voo rápido, replicava a demanda das relações da metrópole com as colônias. Sobretudo, era importante povoar e, mediante a precariedade de pessoas, a permissividade se relativizava afetando comportamentos e definindo costumes.[47]

A estruturação de uma sociedade de classes e a mestiçagem ditaram procedimentos que hierarquizaram os segmentos. Em nosso caso específico, ao longo dos séculos a questão da prostituição se constituiu em elemento importante e deixou marcas projetadas em grupos considerados socialmente subalternos. As mulheres, em particular mestiças e negras, pobres e migrantes, aos poucos se constituíram em segmentos vulneráveis e de diversas maneiras integraram gradações da vida bandida. Alheias à maioria, os contingentes de prostitutas foram ganhando reputação suspeita e em muitos casos foram identificados a um comportamento sexual caracterizado como tropical, brasileiro. A literatura nacional não deixou de arrolar casos e personagens que de certa forma questionavam a sociedade quanto ao tratamento dado e à consideração às prostitutas. Aliás, a ficção tem proposto constante diálogo com o tema da prostituição. De toda forma, fala-se do meretrício, mas poucas são as vozes dadas às próprias pessoas que atuam no circuito.

Considerando-se o liame entre o presente e o passado, percebe-se a construção de um nexo que identifica na atualidade um complexo polo comercial, coerente com o voraz capitalismo, que tudo transforma em mercadoria. Parte invisível dessa trama, na outra ponta do novelo, assinala-se a existência de pessoas comuns que, de uma forma ou outra, acabam presas na teia que enreda o crescimento da prostituição em larga escala. Na velocidade dos problemas, progridem agravantes como tráfico de pessoas, turismo sexual, indústria do sexo institucionalizado, leis falhas de prevenção e policiamento repressivo, fios estes que amarram o destino de seres que, de uma ou outra forma, movimentam a máquina econômica, gigantesca e sutil, evolvendo de maneiras variadas milhões de pessoas, aspectos culturais, diferentes Estados nacionais. E muito dinheiro lubrifica o funcionamento desse mecanismo. O exame de alguns casos pessoais de brasileiras e brasileiros implicados nas texturas da prostituição internacional é o foco deste livro, que pretende sensibilizar os leitores atentos, pessoas interessadas em supor um mundo mais justo. As vozes dos participantes, além da contextualização cabível, ganham sentido na medida em que permitem um olhar de dentro, contam uma outra história, que precisamos aprender a ouvir e respeitar.

NOTAS

1. Disponível em: <www.BBC.co/uk/portuguese/noticias/2012/01/12-118_prostituicao_df_is.shtml>. Acesso em: 15 abr. 2012.
2. Sobre o assunto, leia-se o Relatório da Organização Internacional do Trabalho (OIT) de 2005. Disponível em: <http://reporterbrasil.org.br/documentos/relatorio_global2005.pdf>. Acesso em 03 jan. 2014.
3. Sobre a prostituição na Tailândia, Bangladesh e México, veja-se o documentário dirigido por Michael Glawegger, de 2011, vencedor de vários prêmios. Disponível em: <http://en.wikipedia.org/wiki/Whores%27_Glory>. Acesso em: 12 mar. 2004.
4. Com base em reportagem do Scottish Daily Record, em países como Portugal, Espanha, Holanda, Suíça e Itália, entre outros. Mais sobre o assunto está disponível em: <integras.blogspot.com.br/2008/05/Europa-tem-75-mil-prostituindo-brasil.html>. Acesso em: 15 abr. 2012.
5. Priscila Siqueira, "Tráfico de pessoas: um fenômeno de raízes históricas e práticas modernas", em Priscila Siqueira e Maria Quinteiro (orgs.), *Tráfico de Pe$$oas*, São Paulo, Ideias & Letras, 2013, pp. 21-72.
6. Em artigo intitulado "Cativos do Protocolo de Palermo", analiso a distância entre a letra legal e a recepção do Protocolo de Palermo, norma internacional mais importante no combate ao tráfico de pessoas. José Carlos Sebe Bom Meihy, em *Travessia, revista do migrante*, São Paulo, publicação do CEM, ano XXVI, n. 73, jul./dez. 2013, pp. 9-20.
7. Santo Agostinho, por exemplo, na Idade Média admitia a prostituição como forma de defesa das "moças boas" e até justificava-a, achando que sua proibição causaria mais males. Jacques Le Goff e Nicolas Fruong, *Uma história do corpo na Idade Média*, Rio de Janeiro, Civilização Brasileira, 2006, pp. 41-3. Também São Tomás de Aquino, na *Suma teológica* e no *Tratado sobre a lei* defende a existência da prostituição sob a alegação de *tolerância*, como mostra Jacques Rossiaud, em *Medieval Prostitution*, Paris, Flamarion, 1988, p. 63.
8. Sobre o assunto, leia-se N. Reveron, *Prostituição, exploração sexual e dignidade*, São Paulo, Edições Paulinas, 2008.
9. De maneira menos frequente, registram-se trabalhos sobre a prostituição vista em recortes nacionais, mas essas alternativas quase sempre são estudos ligados à marginalidade, a problemas de saúde pública ou de controle policial. Os estudos sobre a prostituição e o uso do corpo, bem como sobre história social dos comportamentos, têm sido foco de autores como Luiz Mott, Margareth Rago, Mary Del Priore, entre outros.
10. Johann Jakob Bachofen, *Mother Right: A Study of the Religious and Juridicial Aspects of Gynecocracy in the Ancient World*, Princeton, Princenton University Press, 1967.
11. Carl Jung, *O homem e seus símbolos*, Rio de Janeiro, Nova Fronteira, 1999.
12. Joseph Campbell, *Todos os nomes da Deusa*, Rio de Janeiro, Record, Rosa dos Tempos, 1997 (trabalho com participação de Riane Eisler, Marija Gimbutas e Charles Musès).
13. A noção de Deusa Mãe está ligada aos primórdios da humanidade e tem relação direta com a fertilidade feminina. Sobre o assunto, leia-se Erich Neumann, *The Great Mother*, Princeton, Princeton University Press, 1991, pp. 12-32.
14. Cultuada na Antiguidade sob várias denominações, Ishtar foi uma das deusas lunares, tida como a Grande Mãe do Oriente. Uma versão projetada de sua origem é deusa Inanna, suméria. Foi venerada em diferentes lugares, com variados nomes: Astarte, em Canaã; Star, na Mesopotâmia; Astar e Star, na Arábia; Estar, na Abissínia; Stargatis, na Síria; Astarte, na Grécia. No Egito, foi conhecida como Ísis e chegou à Grécia e Roma com culto vigente até os primeiros séculos da Era Cristã.
15. Thomas Walter Laqueur, *Inventando o sexo: corpo e gênero dos gregos a Freud*, Rio de Janeiro, Relume Dumará, 2001.

[16] Nem apenas no mundo oriental tal premissa vigorou. Também nas culturas grega e romana, bem como em sociedades ameríndias, pode-se encontrar referências a essas divindades.
[17] Nickie Roberts, *As prostitutas na História*, Rio de Janeiro, Record, 1998, pp. 22-4.
[18] Sobre o tema, leia-se o artigo "Prostituição: trabalho ou problema sócio afetivo?", escrito por Silas Menezes de Almeida, Paulo Cesar Dias e Ligia Ribeiro Horta. Disponível em: <https://groups.google.com/forum/#!topic/psico2009unipan/EdAWT__mP1M>. Acesso em: 8 jan. 2014.
[19] Heródoto, *Obras completas*, Clássicos Jackson, v. XXIII, I, 199.
[20] No Apocalipse, por exemplo, há referência a uma cidade – poderia ser Roma ou Jerusalém – como "a grande meretriz". Essa referência demonstra o sentido de condenação extrema assumido diante da consideração da prostituição.
[21] Hebreus 11:31.
[22] Gênesis 39:29.
[23] Jonathan Kirsch, *As prostitutas na Bíblia*, Rio de Janeiro, Rosa dos Tempos, 2007.
[24] Nikos A. Vrissimtzis, *Amor, sexo e casamento na Grécia antiga*, São Paulo, Odysseus, 2002, p. 38.
[25] Retomando as lições de André Bonnard, especialista e tradutor de Safo para o francês, Jeanne Marie Gagnebin mostra a relevância da poetisa de Lesbos ao inaugurar os "escritos do eu", poemas redigidos na primeira pessoa do singular. Disponível em: <http://books.google.com.br/books?id=8W7caCsbBMEC&pg=PA8&lpg=PA8&dq=%22livros+sobre+safo>. Acesso em: 12 mar. 2014.
[26] Disponível em: <http://malvamauvais.wordpress.com/2010/03/28/dez-curiosidades-sobre-sexo-na-antiga-grecia-2/>. Acesso em: 1 mar. 2014.
[27] Idem.
[28] Lujo Basserman, *História da prostituição: uma interpretação cultural*, Rio de Janeiro, Civilização Brasileira, 1968.
[29] Disponível em: <http://rosanezigunovasvenus.blogspot.com.br/2011/01/origem-da-palavra-puta.htm>. Acesso em: 12 jan. 2014.
[30] Como na Grécia, em Roma as prostitutas sempre mantiveram vínculos com a escravidão. É possível que a apropriação recorrente do termo *escravidão* para definir a exploração sexual de mulheres derive dessa memória oral.
[31] Nickie Roberts, op. cit., p. 42.
[32] Convém lembrar que o Império Romano, nos fins do século IV, transformou o cristianismo em religião oficial a ser seguida por todos os súditos.
[33] Sobre o assunto, leia-se George Duby, *Idade Média, idade dos homens: do amor e outros ensaios*, São Paulo, Companhia das Letras, 2011; e Mário Pilosu, *A mulher, a luxúria e a Igreja na Idade Média*, Lisboa, Estampa, 1995.
[34] Jacques le Goff e J. Schmitt (orgs.), *Dicionário temático do Ocidente medieval*, Bauru, Edusc, 2006.
[35] Jacques Rossiaud, *A prostituição na Idade Média*, Rio de Janeiro, Paz e terra, 1991.
[36] Como cita Jacques Rossiaud em artigo, Santo Agostinho dizia que era igualmente adúltero aquele que desempenha com exagerado entusiasmo, com sua legítima esposa, a relação sexual (Jacques le Goff e J. Schmitt (orgs.), op. cit., v. 2, pp. 477-93).
[37] Jacques Rossiaud, op. cit., p. 486.
[38] Idem, p. 132.
[39] Idem.
[40] Em carta enviada por Nóbrega ao rei D. João III em 1552, lê-se: "Já que escrevi a Vossa Alteza a falta que nesta terra há de mulheres, com quem os homens casem e vivam em serviço de Nosso Senhor, apartados dos pecados em que agora vivem, mande Vossa Alteza muitas órfãs, e si não houver muitas, venha de mistura delas e quaisquer, porque são tão desejadas as mulheres brancas cá, que farão cá muito bem a terra, e elas se ganharão, e os homens de cá se apartarão do pecado". Serafim Leite, *Cartas dos primeiros jesuítas do Brasil*, São Paulo, Comissão do IV Centenário da Cidade de São Paulo, 1954, v. 3, p. 345.

[41] R. Charles Boxer, A mulher na expansão ultramarina ibérica 1415-1815: alguns fatos, ideias e personalidades, Lisboa, Livros Horizonte, 1977, p. 43.

[42] António Manuel Hespanha, "O estatuto jurídico da mulher na época da expansão", em O rosto feminino na expansão portuguesa. Congresso Internacional, 21-24 nov. 1994, Lisboa. "Actas", Lisboa, Comissão para a Igualdade e para os Direitos das Mulheres, 1995, v. I, pp. 53-64.

[43] Laura de Mello e Souza, Inferno atlântico: demonologia e colonização – séculos XVI-XVIII, São Paulo, Companhia das Letras, 1993 e O Diabo e a Terra de Santa Cruz, São Paulo, Companhia das Letras, 1987.

[44] Ronaldo Vainfas, "Moralidades brasílicas: deleites sexuais e linguagem erótica na sociedade escravista", em Laura de Mello e Souza (org.), História da vida privada no Brasil: cotidiano e vida privada na América portuguesa, São Paulo, Companhia das Letras, 1997, e Trópico dos pecados: moral, sexualidade e Inquisição no Brasil, Rio de Janeiro, Nova Fronteira, 1997, além de Casamento, amor e desejo no Ocidente Cristão, São Paulo, Ática, 1986.

[45] Geraldo Pieroni, Vadios e ciganos, heréticos e bruxas: os degredados do Brasil colônia, Rio de Janeiro, Bertrand Brasil, 2000.

[46] Luiz Mott, leia-se principalmente: Homossexuais da Bahia: dicionário biográfico (séculos XVI- XIX), Salvador, Grupo Gay da Bahia, 1999, e "Cotidiano e vivência religiosa: entre a capela e o calundu", em Laura de Mello e Souza (org.), História da vida privada no Brasil: cotidiano e vida privada na América portuguesa, São Paulo, Companhia das Letras, 1997.

[47] Sobre o assunto, leia-se Mary Del Priore, Histórias íntimas: sexualidade e erotismo na história do Brasil, São Paulo, Planeta, 2011.

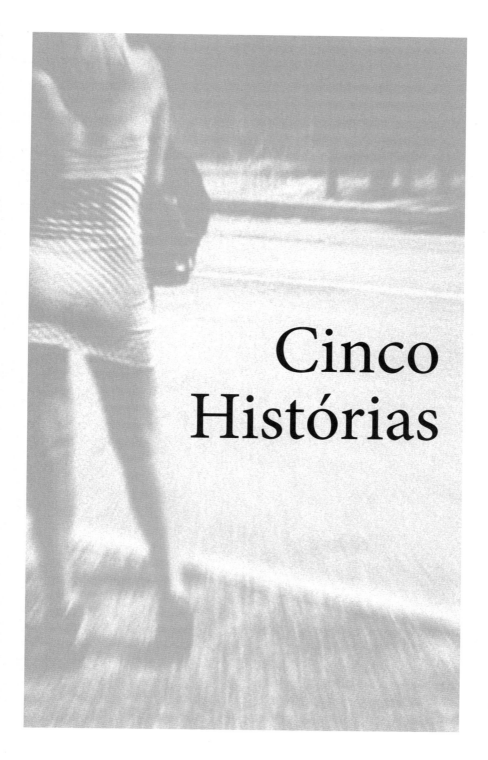
Cinco Histórias

HISTÓRIA 1

> Menina pobre de família patriarcal do interior, Leide criou oportunidades para si por meio da migração e do trabalho sexual. Pagou por "deixar o amor de lado" em troca de uma "quase felicidade". A história que Leide nos conta não é de vítima ou ofendida e sim de mulher vitoriosa que optou migrar e ser prostituta em vez de pertencer às legiões Donas Marias.
>
> Thaddeus G. Blanchette – antropólogo da UFRJ/Macaé com pesquisas em turismo sexual e relações de gênero

MY FAIR LEIDE

Leide "joga" cartas. Aprendeu a ler tarô e diz que os ciganos são mestres infalíveis. Completa afirmando que só por isso Barcelona, local onde a conheci, já lhe teria valido. Ela mesma confessa que acha que foi cigana em outra vida e assim justifica cores de preferência, objetos de adorno pessoal, de casa e até lugares que frequenta. Segundo ela, sua vida passada daria conta da trajetória e das escolhas nesta encarnação. Leide teme muito os algarismos e, conforme a combinação do dia da semana com as datas do mês, nem sai de casa. "É melhor não provocar os números", diz. Fato curioso: planejei marcar a entrevista com ela em sua casa, mas tive que esperar o final da Semana Santa de 2010, pois naqueles dias ela não poderia falar "de certas coisas". Quase indignada, disse: "Imagina se vou mexer nisso numa sexta-feira da Paixão? Nem pensar!". O segundo encontro foi realizado em novembro daquele mesmo ano, e a preparação da festa natalina em sua modesta casa revelava um ar cristão. O mesmo sentido meio religioso replicou no encontro final, para a autorização da entrevista, dias depois da Páscoa de 2012.

Ainda que o contato inicial tenha sido feito no salão da casa noturna onde trabalhava, foi durante o dia, em seu pequeno apartamento, que gravei a entrevista. Subi os três lances de um velho prédio no Raval, bairro boêmio da cidade, com a certeza de que estava em paragem única, cenário de Almodóvar talvez. As escadas de madeira mal enceradas e muito gastas terminavam em cada andar, deixando ver quatro velhas portas de cores diferentes, algumas abertas, de onde saíam sons altos de música misturada com vozes dissonantes. O apartamento era pequeno, sombrio, mas não triste, porque brilhava no seu interior uma luz que atravessava sua única janela, aberta para a ruela de evocação medieval. Logo na entrada, como em uma espécie de altarzinho, havia duas imagens, uma de Nossa Senhora Aparecida e outra de Iemanjá. Ao lado, uma cintilante velinha acesa boiava em um copo de óleo e um isqueiro de plástico grená com o símbolo do Barça, time do coração de Leide. A toalhinha branca de crochê era comovente e amparava também chaves, um relógio pequeno e uma folha de papel com uma lista, possivelmente, de compras. Não fosse o excesso de objetos, diria que tudo estava bem-arrumado e, mesmo sem ouvir meus elogios pelo aconchego, ela disse que havia se preparado para "contar a vida. Todinha". Sentamo-nos, ela a minha frente, e liguei o gravador posto em uma mesinha ao lado de uma foto dela, bem recente, e um inquietante copo com água. Quis começar pelos objetos, perguntando a origem e a razão de cada um, mas ela preferiu outro roteiro, muito mais pessoal. Desde o contato inaugural, ela sabia o que dizer. Ouvi, quase sem interrupção, uma narrativa destilada pela vontade de ganhar ouvintes ou leitores...

"BAR" É O MEU CÉU E O MEU INFERNO

Vou fazer 30 anos em outubro, no dia 11. Quase nasci no dia 12, dia de Nossa Senhora Aparecida. Eu queria me chamar Cida; mas, mesmo que nascesse no dia 12, não ia dar, porque minha irmã mais velha já chamava Aparecida. Às vezes me apresento para as pessoas como Maria Aparecida ou Cida, mas só de brincadeirinha. Minha vida sempre foi assim, tudo é *quase*... Mas não reclamo não. Eu sou *quase* feliz... Meu nome é Cleide, mas em casa me chamavam de Clê – de Cleide –, mas aqui, em Barcelona, virei Leide. Gosto de ser conhecida por Leide. Leide é mais *tchan*, mais poderoso, e os amigos também acham legal. Eu assumi Leide de verdade depois da morte da Lady Di, aí todo mundo trocou o Cleide por Leide e eu adorei... É meu nome de guerra. Sabe, me sinto "mais" quando me chamam de Leide. Mesmo os inimigos, ao me chamarem de Leide, têm que me respeitar: Leide é *senhora*, é *Lady*, só que escrito de outro jeito...

Em minha casa somos seis irmãos, só o Damaso, o mais novinho é que não é do mês de outubro, os outros todos são do mesmo mês, uma escadinha, um por ano. São quatro mulheres e dois homens, os das pontas. Das mulheres, só eu não me casei, as outras todas são casadas, todas são mães, então eu tenho um monte de sobrinhos. Tem tanto sobrinho, tem uns que eu ainda nem conheço e acho que não vou conhecer nunca. Os irmãos homens saíram logo de casa, foram morar na cidade. Um vende queijo no mercado em Barbacena e o outro, o menor, se mandou para BH, e a gente nem sabe direito o paradeiro dele. Sumiu. O pai não queria que ele saísse, mas um belo dia fugiu. Fu-giu... Eu o vi uma vez, mais tarde, quando eu estive em BH, mas já *estava na vida,* e então era melhor não armar encontro nenhum. Morro de saudade do Damaso. Gostaria de conversar, de saber o que aconteceu ou fez da vida, por que nos deixou e nunca mais deu notícia... Acho que ele tinha o mesmo destino que eu, sair para o mundo. Sabe, quem sai do sertão não volta. Parece castigo, praga, mas a terra não aceita a gente de volta e, por vingança, ninguém que sai quer saber de voltar. Quem fica sempre está por perto, nunca vai muito longe. Sei que tem muito mineiro no mundo todo, a gente vive cruzando com eles por aí, mas é gente da cidade. Do campo, do sertão mesmo, de lá do meio do mato, são bem poucos. Eu mesma nem acredito na minha vida.

    Meu pai ainda trabalha na terra, na fazenda. Ele planta e colhe café e é o cara de confiança do seu Orlandino – seu Dino, o capataz, o mandão, o cara que fica no lugar do dono da fazenda. Ele pensa que é o rei e todos têm medo dele. Tem muito segredo sobre a vida desse homem, dizem até que ele é filho do capeta com uma índia, com uma bugre, mas não se sabe ao certo. Seu Dino mora sozinho, numa casa perto da porteira da fazenda. Casou, mas a mulher dele se mandou com os filhos. Foram para Barbacena. Dizem que ela se casou de novo, e com um irmão dele. A verdade é que ninguém soube direito o que aconteceu com ela. Eles – o seu Dino e a mulher – tiveram dois filhos e uma filha... Homem feio o seu Dino, nossa! Feio, mas os filhos são danados de bonitos, principalmente o Nando. O Nando uma vez por mês aparecia na fazenda para acertar conta com o pai. Era a pensão que ele pagava. Nossa, o Nando era o contrário do pai: educado, bonito. Desde pequena eu era ligadona nele. O seu Dino, credo, não falava, só gritava e parecia que tinha nascido de chapéu, que não tirava da cabeça e também vivia montado no Leco, um cavalo malhado. De chapéu, bigodão e a cavalo, assim era o seu Dino... Sempre de roupa escura, metia medo... Na época de plantação e colheita, meu pai é quem tomava conta dos peões que iam trabalhar *por tempo.* Minha mãe arrumava a casa do seu Dino, cuidava de tudo por lá: comida, roupa, limpeza. Tudinho ficava por conta dela. Quando a família do dono ia para a fazenda, minha mãe passava para a casa-grande. Aí, eu e minha irmã mais velha do que eu, a Dora, depois da escola, íamos trabalhar na casa do seu Dino, isso desde que éramos muito pequenininhas. Foi assim sempre, sempre. A lida na roça é muito trabalhosa para todo mundo. As crianças, pela tarde, colhiam a mandioca, e depois faziam a roda e a ralavam para fazer farinha...

Nunca tivemos muitas coisas. Nem a casa era nossa. Tudo era limpinho, arrumadinho, as panelas brilhando, mas a gente vivia de favor. A casa tinha três quartos, uma sala, um banheiro e uma cozinha; não era ruim não. Mas as coisas todas eram da fazenda; e a fazenda tinha dono, entendeu? Dono e capataz. Em casa, na casinha onde morávamos, a partir de uma época chegou luz elétrica, e então ganhamos um rádio. Um rádio que era a nossa maior alegria. O rádio ficava ligado o dia todo, e era novela, notícias, música e até futebol, porque o Damaso era amarrado em jogo. De noite, ficava todo mundo na sala, em volta do rádio. O pai pitava fumo de rolo, a mãe costurava umas roupinhas e o resto só ouvia, ninguém falava muito. Eu sabia até os anúncios de cor e cantava junto, um depois do outro *"melhoral, melhoral é melhor e não faz mal"*, mas gostava mesmo é daquele do *"drops Dulcora, embrulhadinho um a um"*, e tinha também um do *"sabonete das estrelas"*, Lever. Ah, como era bom ter música em casa. Eu ouvia e dançava, rodopiava e todos ficavam bobos de ver como eu era sirigaita. Era só eu que me mexia na sala. Todo mundo paradão... Eu sabia todas as músicas do Odair José, do Reginaldo Rossi, do Sérgio Reis e de muitas duplas sertanejas, como as Irmãs Galvão, Tonico e Tinoco, mas gostava dos outros também. Adorava a Ângela Maria e a Inezita Barroso: *"lampião de gás, lampião de gás, quanta saudade você me traz"*...

Das boas lembranças que tenho dessa época, uma das que mais gosto é da festa de São João. Era uma delícia. A gente se reunia no terreiro de secar café e vinha sanfoneiro, tinha fogueira, as pessoas bebiam quentão, tinha canjica e dança de verdade. As famílias traziam doces, cocadas, e todos aproveitavam muito, porque o dono da fazenda dava os fogos e tinha muita diversão. Eu me esparramava... Sempre fui festeira e isso chamava a atenção dos outros, porque nas fazendas o pessoal é meio acabrunhado, demora para se soltar. Sabe, eu bem que gostava de ser "aparecida"... Ah, como eu gostava dessas festanças... Eu sabia que todos olhavam para mim e que tinha umas comadres que faziam fuxico, mas era isso mesmo que eu queria. As meninas da minha idade, mesmo minhas irmãs, eram agarradas à mãe. Eu não... Também sentia que uns homens prestavam atenção em mim e sempre achei que o seu Dino encompridava o olho quando eu estava por perto. Eu devia ter uns 9, 10 anos quando comecei a achar essas coisas. Cedo, né?

Sou pequena, mas de corpo era mais jeitosa que minhas irmãs maiorzinhas. Era mais esperta também. Muito mais. Eu sentia uma coisa dentro de mim, um fogo, que dizia que eu era diferente. Achava que não era daquela família e que tinha sido deixada lá, mas que ia encontrar minha verdadeira gente e sair dali. Imagine que já naquela idade tinha certeza de que minha vida ia passar por mudanças e que sairia daquele lugar para sempre. É claro que eu sonhava em ser da cidade, mesmo sem saber bem o que isso significava – louco, né? Lembro bem, muito bem, que quando vi televisão pela primeira vez, fiquei abobalhada. Nem sei dizer o que aconteceu dentro de mim. Vi televisão pela primeira vez quando fui ser crismada na cidade. A madrinha de todas as meninas lá de casa era a dona da fazenda e fomos para BH para a tal da crisma. Acho que foi a primeira vez que a família foi toda junta para uma cidade grande. Foi também a única vez que dormimos fora de casa, em uma pensão, num quarto com beliches. E lá tinha uma TV. Fiquei louca. Grudada no aparelho que ficava na entrada. Não me mexia na frente da televisão. Eu não entendia nada, mas achava que aquilo era a melhor coisa do mundo. Quando voltei para a fazenda eu só sonhava com a televisão... Sempre ganhávamos roupas que não serviam mais para os filhos dos donos da fazenda, eu escolhia as mais assanhadas e ficava imitando as artistas da TV com um microfone feito de latinha. Tudo que eu queria, sonhava, pedia era uma televisão. Na fazenda, nunca tive. No máximo, quando a família do dono ia de férias, às vezes eles deixavam a gente ver alguma coisa na casa-grande. A televisão foi o motivo que tive para achar que minha família era pobre. Juro que até ver a televisão eu não dava conta do que era ser rica ou ser pobre. Depois... depois, passei a achar que quem não tinha televisão era inferior. E eu queria ser superior.

Eu e meus irmãos fomos à escola. Fiz até o quarto ano do primeiro grau. Não continuei porque a gente teria que ir para a escola na cidade e não tinha condução. Acho também que aconteceu uma confusão com o dono da fazenda, que brigou com o prefeito. A verdade é que não tinha mais condução, e ficou por isso mesmo. Lembro da classe, era uma sala para todos os anos e tinha só uma professora. Então, eu e meus irmãos ficávamos juntos. Depois, eu quis estudar mais, mas não deu. Estudar era igual a ir para a cidade, então meu sonho era ser estudante... Ficou no sonho... A vida na fazenda se complicou... Acho que foi em 1990, 91 que houve uma temporada chuvosa – chuva de pedra – e depois uma tromba-d'água. Isso foi em Minas toda: uma inundação... A fazenda ficou que era uma lagoa, cheia de água. A plantação se perdeu inteira e tinha um negócio do dinheiro do dono que estava preso no banco, na época do Collor... Nesse tempo, disseram que a gente ia se mudar, sair da fazenda e que iríamos para a cidade. Ai como fiquei feliz!... A desgraça do fazendeiro era a minha alegria. Queria muito ir para a cidade, morar perto de gente, ter televisão... Era meu sonho, mas não deu certo. Quase fomos... Quase...

Senti os primeiros agitos sexuais bem cedo. Quando tinha mais ou menos 11 anos, minha irmã mais velha, a Cida, com 14, começou um namorico com um rapaz chamado Cardo. O pai dele foi falar com meu pai e os dois logo se casaram. Foi por isso que comecei a pensar nessa coisa de homem e mulher, de casamento, morar em outra casa, de dormir em uma cama só. Eles não namoraram muito tempo não. Era tudo muito vigiado e por causa do tal controle, eu achava que tinha alguma coisa diferente, perigosa, entre homem e mulher. Minha irmã era muito inocente, bobona, mas o rapaz, o Cardo, gostava mesmo dela, quis casar. Eles se mudaram para uma casinha perto da gente, e ela logo ficou prenha. Eu me agarrei na minha irmã e comecei a fazer perguntas para ela, querendo saber por que os dois dormiam juntos, o que faziam de noite sozinhos, como ela tinha ficado *de barriga*... Ela, coitada, ficava brava, vermelha e dizia que era pecado falar dessas coisas e que eu era muito criança. Eu não entendia nada, mas achava que alguma coisa acontecia, até porque a barriga da minha irmã só crescia. Sabe, comecei a espiar melhor os bichos e também o meu pai e meus irmãos, sempre que eles iam tomar banho. Eu espiava, dava um jeito de observar. Foi assim que um dia vi o Damaso mijando e fiquei meio louca olhando o pinto dele. Comecei a reparar no corpo dos homens e pensar em pelos, barba, bigode, nessas coisas. Olha, não tinha homem que passasse por perto que eu não olhasse o volume.

Quando eu tinha 11 anos, numa dessas idas da família do dono para a fazenda, eu e a Dora fomos trabalhar na casa do seu Dino. Eu gostava muito de mexer nas coisas, nas gavetas e abrir os armários.

Para mim, era uma delícia poder entrar em lugares diferentes. Foi assim que, um belo dia, eu descobri em uma caixa de botina que o seu Dino tinha um revólver enorme. Menina ainda, imagine, eu peguei a arma que era pesadona e até deixei ela cair, e, na hora de guardar, de pôr de volta, eu coloquei do lado errado, sei lá, mas a caixa não fechou direito. Dias depois, quando chegamos para trabalhar, eu e minha irmã, ele estava na porta da casa esperando. A cara dele de mau era demais, com aquele bigodão, chapéu e a roupa toda preta. Quando chegamos, ele, com a mão na cintura, perguntou com uma voz fula, "Quem mexeu na caixa de sapato que tem minha pistola?" A Dora, apavorada, correu e eu fiquei em pé, quieta na frente dele. Estava amedrontada, mas firme. Mesmo sem eu responder, ele continuou, "Foi você, né, sua sapeca? Então vai apanhar para aprender a não mexer onde não deve". Não é que o homem pegou uma vara de marmelo que ficava num canto da casa e começou querer me dar umas lambadas? Ele quis me pegar pelo cabelo para bater em mim, mas eu corri, acontece que corri para o lado errado, entrei na casa. É claro, ele foi correndo atrás de mim. Entrei no quarto dele e então não tinha saída. Ele cercou com o corpo a porta e me pegou, deu umas boas sacudidas em mim e eu comecei a gritar. Por sorte, a Dora tinha chamado o pai e ele teve que parar quando os dois chegaram. Mas o pai, em vez de me defender, imagine, passou para o lado dele e disse que eu estava errada e que a arma poderia ter disparado e coisa e tal... Até hoje não consigo compreender como meu pai pôde agir assim.

Desde esse dia notei que o seu Dino não parava de me olhar. Eu, mesmo com muito medo, tive que continuar indo na casa dele, mas não mexia mais em nada. Alguma coisa aconteceu com ele, que então começou a me tratar de um jeito diferente, melhor, bem melhor. Eu e a Dora também... Logo em seguida, passados uns dias do caso do revólver, ele disse para nós duas que ia nos levar ao circo, que ia falar com o pai. Correu a notícia de que o Circo Mexicano estava em Barbacena e ele achou que a gente podia ir com ele. Quando foi falar com o pai para pedir autorização, ele ouviu que as duas sozinhas não podiam ir, mas que poderia, se os outros irmãos pudessem ir também. Foi a primeira e única vez que o pai enfrentou o seu Dino. Por fim, fomos todos os irmãos, menos a que já era casada. Pensei que minha cabeça ia explodir de alegria e, pela primeira vez, sorri para o seu Dino. Ele também sorriu para mim. O circo foi uma das maiores experiências da minha vida inteira, maior mesmo que a televisão.

Palhaços, banda, mágica, equilibristas, bichos – tinha até elefante e girafa. Fomos de Kombi, e eu tinha certeza de que minha vida não seria mais a mesma depois que vi o circo, numa tarde de domingo. E não foi mesmo. Passada a ida ao circo, seu Dino começou a chegar mais cedo de volta do trabalho, e sempre eu e a Dora estávamos lá. Ele toda vez mandava a Dora pegar alguma coisa fora da casa, longe. Era um pouco de lenha para o fogão, espiga de milho no paiol, ovos no galinheiro, sempre tinha alguma coisa... Ele ficava comigo sozinho e parecia outra pessoa, de tão bonzinho... Eu ficava ressabiada, mas firme. Ele pedia café, broa de milho, coisas assim, e eu fazia tudo que ele mandava em silêncio...

Um dia ele me chamou para conversar e disse que tinha umas revistas para me mostrar. Curiosa eu fui e me sentei ao seu lado. Ele começou a passar o dedo nas minhas costas, alisar meus cabelos, de leve. No outro dia, fez a mesma coisa, mas na minha perna. Tudo "meio sem querer", sabe como é, né? Eu não sabia bem o que estava acontecendo, mas deixava. Um dia, ele mandou a Dora dar água para o cavalo dele no pasto, bem longe. Eu fiquei e sentia que alguma coisa ia acontecer. Foi quando ele me chamou para sentar na perna dele. Pensei em não ir, mas fiquei com medo e fiz sinal com a cabeça que não. Ele insistiu, mudou a cara, chamou de novo e eu fiz bico de choro. Ele continuou, ficou mais bravo, e aí eu saí correndo, mas dessa vez para fora da casa... Corri para a casa da minha irmã, que era um pouco mais perto. Fui para lá, mas não falei nada para ela. À noitinha, voltei para a minha casa e fiquei calada o tempo todo, bem jururu. A Dora não viu nada disso e voltou pra casa sozinha, sem entender o que tinha acontecido. No outro dia, não quis ir para a casa do seu Dino, disse que estava doente, até fingi vomitar. Convenci e fui com a mãe trabalhar na casa-grande. Meu lugar junto da mãe era só na cozinha, de onde eu não podia sair. Olha, se antes eu estava com medo, apavorada, agora, na casa-grande, tudo virava alegria. Via as meninas de *shorts*, de saia curta, os meninos de bermuda, com as pernas de fora, de tênis, sem camisa. Tudo era tão alegre e diferente, tudo tão mais bonito e barulhento... E tinha TV!... Dentro de mim acontecia uma guerra. Outra vez tinha certeza de que aquele era o meu lugar, não na casa de meus pais. Imagine: gente feliz, bonita, diferente, casa grande e cheia de barulho...

Mas tinha o "outro dia". Como fazer para não ir mais à casa do seu Dino e continuar acompanhando a mãe na casa-grande? Resolvi que não falaria nada para ninguém do que se passou com o capataz. Morria de medo sobre o que o seu Dino poderia dizer para meu pai. Nossa, como eu tinha medo!... Tinha medo dele mentir, de ele falar que eu tinha mexido nas tralhas dele, que eu tivesse feito coisa errada. Achava que, se isso acontecesse, meu pai daria razão a ele e eu entraria pelo cano. Minha decisão foi ficar quieta, quietinha, e fingir de doente. Em casa continuei muda, tipo doentinha mesmo, entende? Dois, três dias se passaram e tudo estava dando certo. Ia todos os dias com minha mãe ao trabalho e a Dora começou a ir com a Rosa, irmã um pouco mais velha, para a casa do seu Dino. Eu nem me importei de tomar o lugar dela na ralação da mandioca, por algumas horas, todos os dias. Até os chás que mandavam tomar eu topava, sem reclamar. Preocupados com a mudança de comportamento, por eu ficar quietinha demais em casa todos os dias, minha mãe resolveu chamar o benzedor. Lembro-me bem do olhar do velho Matias, um preto de cabelos brancos e com os pés danados de feios... Nossa, ele ia com umas ervas, fechava as janelas e portas da casa e fazia umas orações que me amedrontavam. Ele fechava os olhos, balançava a cabeça... Gemia como se tivesse recebendo espíritos e o pior é que falava umas coisas meio sem sentido. E eu firme, não dava sinais de melhora... Também nessa ocasião chamaram outra mulher para benzer a Cida, minha irmã que estava grávida. Era a dona Etelvina, meio santa, meio parteira, cheia de mistérios. Foi com dona Etelvina que comecei a me interessar por essas coisas. Dona Etelvina era diferente do seu Matias, ela falava manso, tinha respeito aos santos e sabia coisas como tirar mandinga, atrair sorte, afastar mal-olhado, curar, entendia de quebranto. Ah, toda vez que dona Etelvina ia à casa da Cida eu tratava de ir pra lá... E sabe que ela se engraçou comigo!? Foi... Em Minas tem essa coisa de parteira achar que vai ensinar outra parteira e acredito que ela pensou que eu seria sua cria. Para ser sincera, eu comecei a gostar de verdade da coisa. E dona Etelvina pedia para minha mãe me deixar acompanhá-la... Nossa, para minha mãe isso era motivo de orgulho.

Como não podia ficar doente de mentirinha pela vida toda, precisei melhorar. Mas fiz tudo de um jeito bem certinho. Consegui esticar a história até o fim da visita dos donos da fazenda. Então, não tinha mais que ir à casa do seu Dino. Acontece que ele não se conformava com aquilo e vivia me perseguindo. Eu me safava sempre. Um dia aconteceu... Eu estava sozinha, pegando mandioca para ralar, e ele apareceu do nada. Era tardinha e os outros estavam na roda, ralando para fazer farinha. Quando vi o homão na minha frente fiquei muda, soltei o saco de mandioca e não consegui fazer mais nada. Ele me pegou pelo braço e disse: "Vamos para casa, de hoje você não passa". Sabe o que eu fiz, sabe? Concordei. Sabia que alguma coisa ruim ia acontecer, mas se eu reagisse ia ser pior ainda. Ele me pegou pelo braço e não me largou até sua casa. Eu comecei meio que a sorrir para ele, dando a ideia que não faria resistência. Quando chegamos lá, ele logo trancou a porta e avançou em cima de mim. Aí não aguentei. Comecei a gritar, chorar, e ele, brigando comigo, querendo tirar minha roupa, me derrubou no chão. Eu lutava muito e rolava, e ele vinha em cima de mim. Ele parecia um louco, um bicho, e eu esperneava muito. Minha roupa rasgou, e ele, tentando me segurar, tirou o pau para fora. Eu me desesperei mais ainda e, por fim, ele não conseguiu me segurar direito e gozou... Gozou logo, gemendo como um porco, mas ficou em cima de mim que eu não conseguia nem respirar. Eu estava apavorada, imagine. Não tinha mais forças, senti nojo de tudo: do cheiro dele, dos pelos do corpo daquele homem feio, da gosma que escorria em minha perna. Comecei chorar muito alto. Seu Dino tapou minha boca e disse que não tinha acontecido nada e fez uma ameaça atrás da outra. A mais importante é que, se contasse alguma coisa, ele iria pôr a minha família toda para correr da fazenda, íamos ficar sem ter para onde ir. Prendendo minhas mãos sem largar, depois de um tempo que parecia que não acabava, ele me levou para o banheiro dele, tirou a minha roupa, ligou o chuveiro e me colocou pelada para tomar banho. E ele então abaixou de vez a calça e bateu uma *bronha*, me vendo chorar, apavorada. Eu achei tudo medonho de feio. Depois, me deu uma toalha, mandou me ajeitar na roupa, disse que deveria contar que caí na plantação de mandioca, que tinha rolado e que tinha rasgado o vestido assim... Eu estava toda marcada, cheia de manchas no braço e com muita dor no corpo, mas sabe o que foi pior? Sabe o que foi pior ainda?... Quando cheguei em casa, tarde, toda rasgada, meu pai não quis saber o que tinha acontecido e me deu uma surra por ter sumido. Pode?... Tudo aconteceu na frente dos meus irmãos e da mãe, que ficaram parados, nada fizeram. Nada...

Nessa noite eu não dormi. Sentia dor no corpo todo. Tudo foi muito violento e eu sabia que tinha que ficar quieta, não contar nada para ninguém. Acho que foi a pior noite de minha vida... Menina ainda... No outro dia tinha escola logo de manhã e eu me sentia muito fraca para andar muito. Tinha passado por tudo aquilo com seu Dino e ainda levado uma surra... Sem dormir, não tinha forças e pedi para ficar em casa... Mais um safanão do pai e lá fui eu para a escola. Sei que dormi a aula toda e estava apavorada de medo do que ia acontecer. Olha, hoje eu falo disso tudo sem tanta raiva. Já passou, mas quero que saiba que me vinguei do seu Dino. Essa história eu gosto de contar. Ah, se gosto!... Gosto muito de contar como eu me vinguei do safadão...

Quando voltamos da escola, ao chegar em casa, antes de ir para a ralação da mandioca, o seu Dino estava lá com um leitão agitado nas mãos para dar de presente para a mãe e para o pai. Fiquei gelada ao ver o homão na minha casa. Ele estava todo vestido para festa e deu uma de bonzinho, trazendo presente. Não tive coragem de olhar para ele, e, quando a mãe disse para agradecer, fiquei quieta, abaixei a cabeça. Senti o olhar dele, mas fiquei mudinha. E comecei a ter medo. Medo de tudo... Era uma mistura de ódio, temor e vontade de chorar. Achei, na minha inocência, que estava grávida. Fiquei apavorada e até comecei a sentir minha barriga crescendo como a da Cida. Para piorar tudo, alguns dias depois eu tive sangramento. Imagine, com 11 anos tive minha primeira menstruação e achei que ia morrer. Não sei dizer o que realmente ocorreu, se foi a violência do seu Dino que apressou a descida ou o que aconteceu... Nunca ninguém tinha me falado de menstruação, eu não sabia nadinha e de repente aquele sangue escorrendo na minha perna... Quis morrer! De verdade, pensei em morrer e juntei imediatamente tudo ao caso do seu Dino: castigo, maldição, pecado, estava perdida... A única pessoa com quem poderia falar alguma coisa era a Cida, que, coitada, com filho para nascer, toda complicada, não tinha condição alguma de ajudar. Eu só pensava em morrer.

Os dias foram passando e eu mudei muito. Não era mais a menina agitada de antes... Tratei de ficar arisca, ressabiada, e não contava nada para ninguém. Seu Dino também ficou na dele por um bom tempo. Eu sabia que mais cedo ou mais tarde ele ia me atacar novamente, mas eu passei a tomar muito cuidado. Temia as férias, porque era o tempo que vinha gente para a casa-grande e eu teria que ir cuidar das coisas do seu Dino com a mana. Todos notaram minha mudança. Preocupada com meu jeito, a mãe chamou dona Etelvina para me benzer. Aí sim, tratei de me agarrar a ela. Comecei a acompanhá-la nas *benzeções* e fui aprendendo a mexer com ervas. Dona Etelvina gostava demais de mim e aos poucos foi passando as receitas. Logo, logo eu comecei a ficar conhecida... Foi a minha salvação. Quando o tempo de férias chegou, a família do dono veio, a Rosa passou a ir para a casa do seu Dino em meu lugar.

O seu Dino notou o meu jogo, mas não falava nada. Às vezes eu avistava ele, sentia seu olhar de raiva misturado com tara, mas me safava logo, saía de perto. Sempre estava acompanhada e agora, com dona Etelvina, estava mais conhecida como "menina da erva". Metida do jeito que eu era, passei a "melhorar" as receitas que aprendia, e quando dona Etelvina não estava por perto, fazia umas invenções. Os mais moços, ou melhor, as moças, começaram a pedir para mim coisas que não faziam com a velha. Logo fiquei conhecida por fazer uns trabalhos para atrair namorados. Dona Etelvina me ensinou, por exemplo, que semente seca de araçá era bom para tirar azar, afastar mandinga, mal-olhado. Um dia apareceu uma moça, a Ivânia, que tinha levado um fora do namorado. Ela estava desesperada porque o rapaz estava de caso com a prima dela e ela temia estar grávida. Isso na roça é coisa séria demais. Nossa!... Pois bem, a tal Ivânia, querendo o gajo de volta, me contava detalhes de suas safadezas, e eu ia aprendendo então os tais "segredos da vida". Recomendei a ela que colocasse no bolso do moço as sementes de araçá... Não deu outra, em dois meses estava de casamento marcado. Essa história rendeu fama para mim. Dona Etelvina ficou sabendo, mas ao contrário do que pensava, não ficou brava. Reconheceu que eu tinha poderes e ia me apresentando agora como "menina da erva".

O tempo foi passando. Eu sempre longe do seu Dino. Quando ele aparecia por perto, aos poucos, fui aprendendo a encará-lo. Já estava crescidinha, com uns 13 anos, quando meu irmão mais velho, o Antonio, Toinho, resolveu vender queijo na cidade. Foi uma confusão em casa. O pai não queria de jeito nenhum. Na verdade, ele tinha se engraçado com uma moça, a Zana, filha de um vizinho que não se dava bem com o meu pai. O jeito que os dois arranjaram foi sair de casa. Ao lado da "nossa fazenda", tinha outra, de leite, que fazia queijo para vender. Eles precisavam de alguém na cidade, e o Toinho quis ir. Foi quando usei meus poderes e fiz uma reza forte, forte, forte. Não deu outra, eles se casaram e se foram. Minhas rezas eram orações comuns, tipo padre-nosso, com os olhos fechados, de mãos dadas com os interessados e usava sempre uma imagem de Nossa Senhora Aparecida, essa mesma que está aí na entrada. Eu nunca deixei essa Nossa Senhora Aparecida... Aonde vou, ela vai comigo. Além da santa e das rezas, usava a minha intuição. Pois bem, fui fazendo esses pequenos trabalhos, até que chegou um dia em que os donos da fazenda se interessaram. Uma das filhas teve uma infecção e muitos médicos já tinham sido consultados, mas nada da menina melhorar. Foi minha mãe que sugeriu que eu benzesse a moça. Queimei araruta, dei um chá de boldo e rezei bastante com a tal imagem na mão. No outro dia, acredite se quiser, a moça estava sem febre. Curadinha da silva. E minha fama ia crescendo... Crescia também meu desejo de vingança do seu Dino. Agora eu já enfrentava ele de verdade. Quando nos encontrávamos, eu fazia ele sentir que o seu dia estava chegando. Mas o cara não era bobo, não. Sabe o que ele fez?... Começou a espalhar que eu era feiticeira. Pode?... Mas o feitiço virou contra ele. Como feiticeira fiquei mais conhecida ainda, e temida.

Minha primeira vingança do seu Dino foi pegar uma galinha preta, juntei uns dois ovos, matei a bicha cortando a goela e molhei bem os ovos no sangue, esperei secar, pus tudo numa peneira velha e coloquei na saída da casa dele. Desejei que ele ficasse doente e pus muita força na reza que fiz, *afinal eu era feiticeira*. Não sei dizer se ele ficou ou não doente, mas outra coisa aconteceu. Coisa boa!... Na mesma semana, o Nando, o tal filho lindão, me procurou, querendo fazer uma consulta. Ele estava com quase 17 anos e queria ir para BH estudar, morar, ficar longe de Barbacena. É claro que o pai não queria deixar, não queria soltar a grana e disse que, se o menino saísse dali, ia ter que servir o Exército, e fez outras ameaças. Ah, eu não tive dúvida nenhuma. Expliquei para o Nando que ele precisava tirar o *encosto* que estava nele e que para isso tinha que tomar banho no rio que passa na fazenda, porque ele tinha nascido naquela terra. E precisava ser naquele dia... E lá fomos nós dois para o rio. Eu fiquei muito nervosa, tanto que nem te conto. Recuperei a velha sina da menina sapeca e não ia perder a oportunidade. Olha, não pense que o Nando era um bobão e que só foi levado. Não foi bem assim, não. A gente já se olhava, trocava uns jeitos dengosos. Bem, eu estava a toda... Tratamos de achar um lugar bem escondido, e logo mandei ele tirar a roupa. Pensa que ele demorou? Em um minuto estava ele de cueca. Eu até esqueci que deveria rezar e, em vez disso, tratei também de tirar minha roupa para entrar com ele no rio... Nem deu tempo. Foi assim que deixei de ser virgem. Nem sei dizer se fui eu ou ele que começou o rola-rola. Foi lindo!... Não tinha 14 anos ainda, acho que tinha 13. Além de tudo, além do Nando ser lindo, bonito, gostoso, estava feita minha vingança: quem me *descabaçou* foi o filho dele. Restava agora fazer o pai saber. Adivinha o que eu fiz?... Ah!... deixei minha calcinha suja de sangue bem na porta do velho Dino. Não precisei dizer nada. Era dia do moço pegar o dinheiro da pensão, e ele tinha ido pedir permissão para sair de Barbacena...

Mas as coisas também se complicaram. Eu me apaixonei pelo Nando. E eu não contava com isso. Na verdade, já era apaixonada por ele, mas não sabia. E agora? Sentia um buraco muito grande entre nós. Também estava separada da minha família. Parece que eu apenas morava na mesma casa, mas não tinha mais nada a ver com aquela gente. Nada. E o que podia acontecer? O Nando nem sabia da minha paixão. Conversei com dona Etelvina, para quem contava tudo de minha vida, inclusive o caso do seu Dino. Foi ela que me aconselhou a seguir meu caminho, sair dali. Sábia mulher... Seguir meu caminho, mas qual?... Não tinha profissão nenhuma, nem dinheiro, só sabia cozinhar e fazer meus trabalhos de *benzeção*, mais nada. E agora que tinha me vingado do seu Dino era hora de me safar mesmo. E precisava ser logo... Devo dizer que a transa com o Nando não me saía da cabeça. Sabe? Até hoje me lembro da sensação que senti. Sempre que estou triste, é essa lembrança que escolho para sair da fossa. Cedo aprendi que o amor não é tudo na vida. Mais importante que ter um grande amor, é sobreviver bem...

Não tive saída. Precisava de dinheiro de qualquer jeito e só tinha uma pessoa que poderia me ajudar. Sim, o seu Dino. Isso mesmo, o seu Dino. Agora eu não era mais aquela menininha boboca, já me sentia mulher. Mulher e bem vingada. Passei uns três dias pensando e tomei a decisão... Uma noite bati na porta dele, do seu Dino. Quando o homem abriu quase caiu morto com o que viu. Eu fui bonitona, de brinco, batom, cabelo solto e tudo mais... Porta aberta, entrei, e antes que ele convidasse, me sentei. Puxei a saia e o velho, correndo, me atacou. Dei uma entrada, mas logo brequei. Exigi que ele tomasse banho. Ele me obedeceu como carneirinho. E então me entreguei a ele, meio desajeitada, mas soberba. Outra vez ele gozou logo, mas nem liguei, também não entendia bem essas coisas de mulher gozar. Quis dormir lá, mesmo sabendo dos riscos dos fuxicos. Se alguma vez o seu Dino ficou feliz na vida, foi aquele dia. Fizemos amor mais uma vez naquela noite e dessa vez foi um pouco melhor, um pouquinho melhor...

Saber disso, pro pai, foi mortal... A notícia correu logo. O próprio seu Dino tratou de espalhar e disse que queria se amancebar comigo. Nem perguntou nada da história da calcinha ensanguentada.

Nada... E eu na minha, fiquei que nem princesa. Passei a morar na casa dele, agora como dona. Precisava ser assim. Minhas irmãs ficaram bobas e, para piorar tudo, o Damaso tinha sumido naqueles dias. Soube que a mãe ficou triste de morrer, mas logo aceitou o caso; aceitou que fosse amante porque era uma solução. Imagine eu amasiada com o seu Dino, que tinha a idade de meu pai. Para mim interessava o dinheiro. Tinha nojo do velho. Nojo. Ele fazia tudo para me agradar. Tudo, tudo, tudo... Eu fingia que tinha mudado. Queria mesmo a grana. Sabia que o preço que pagava para isso era muito alto, mas não tinha esperança de que o Nando se casasse comigo. Sempre fui muito realista, muito pé no chão... As moças da fazenda, quando viram que eu passei a morar com o seu Dino acharam que tudo era fruto dos meus poderes. A fama correu... Em menos de um mês, tinha tudo sob controle: sabia onde estava o dinheiro, tinha o endereço para onde ir em BH – a mesma pensão do tempo da crisma. Cuidadosa, não quis hotel caro, tinha que controlar as despesas e tapear com a idade. No meu plano perfeito, só faltava uma coisa: queria mais uma noite com o Nando. Uma noite inteira... Nunca aconteceu. O Nando ficou sabendo da minha história com o pai dele, não entendeu nada, mas ficou na dele...

Fiz as contas de quanto precisaria para pagar uns três meses de pensão, passagem e dinheiro para comprar umas roupinhas. Tinha ainda mais um problema: documentos. Era menor de idade e não tinha ainda carteira de identidade. Essa foi a primeira providência que tomei. Um dia, fui até Barbacena com a desculpa de visitar o Toinho no mercado e aproveitei para aprontar tudo. Consegui os documentos que tinha da escola, fiz cópia no cartório e me mandei. O seu Dino não desconfiava de nada. Também, até de "amor" eu chamava ele. Ele ficava alegrão quando dizia que ele era "meu macho", "meu dono", "meu homem". Credo!... Mas não pense que tinha me esquecido do passado. Nadinha. Deu um mês, um belo dia, fui direto no guarda-roupa onde estava o dinheiro e peguei tudo. Limpei a gaveta e tomei o cuidado de trancar novamente e jogar a chave pela janela. Até a velha aliança do casamento dele com a mãe do Nando eu levei comigo... Vai que tivesse uma emergência!?... De ônibus, fui até Barbacena e de lá, imediatamente, peguei outro para BH. Era vida nova. Vida nova, não, *novinha da silva*! Não me despedi de ninguém. Foi melhor assim. Acho que a mãe sofreu muito, mas já estava sofrendo comigo amigada com o seu Dino e sem o Damaso...

Cheguei em BH e fui direto pra pensão que ficava logo atrás da rodoviária e eu me lembrava direitinho, imagine. Cobraram uma semana adiantada e eu paguei, numa boa. Como era pensão e porque cheguei com cara de mais velha, toda pintada, nem pediram documento. No mesmo dia, saí pra fazer umas comprinhas. Ah, como era bom gastar o dinheiro do seu Dino... Comprei roupas novas, colares e um vidro de Rastro. Esses foram os primeiros presentes que me dei. A noite na pensão foi bem estranha. Não conhecia ninguém. Saí para comer alguma coisa e voltei logo para ver TV. Fiquei na sala um bom tempo e logo vi uns caras me olhando. Olhei também, mas fui dormir cedo, tinha muita coisa para pensar. No outro dia, logo de manhã, no café da pensão eu vi os mesmos caras da noite anterior. Um deles riu, piscou para mim e perguntou se podia sentar com ele e com o amigo. Concordei e eles perguntaram de onde eu era. Inventei uma história, disse que ia fazer 19 anos e, por fim, eles me convidaram para jantar. Aceitei, claro...

À noite, me arrumei toda e esperei os caras. Eles eram viajantes, representantes comerciais de uma fábrica, acho que de materiais de construção. Estava na cara que queriam um programa. Eu ia topar, estava animada e nem tive medo. Tinha que mostrar experiência e, àquela altura, representar era comigo mesma... Virei artista. Além disso, achava que poucas coisas seriam piores do que tinha passado com seu Dino, mas não sabia quanto deveria pedir. Também não tinha ideia de quando devia falar em grana, se antes ou depois. Resolvi improvisar. Eles se atrasaram e então quando chegaram fui logo dando bronca. Perguntei na lata qual era a deles, e os dois disseram que queriam dar uns amassos e coisas assim. Pedi 50 e eles toparam na hora, mas não podia ser na pensão. Eles me levaram para um hotelzinho próximo. Logo de saída encarei um programa com dois. Por dentro estava toda medrosa, mas quem via por fora não dizia isso. Os caras até que foram legais, beberam um pouco, mas não demais, brincaram, disseram muita besteira, transei com um de cada vez, mas o problema foi na hora de me pagar. Eles deram 25 cada um. Fiquei fula, saí batendo o sapato e fui sozinha para a pensão. Eu queria 50 de cada um, não dos dois... Essa foi a primeira lição, puta tem que saber fazer negócio e, se der, tem que cobrar antes...

No outro dia, no café, os dois estavam lá de malas prontas para partir, deram um risinho para mim e eu nem liguei. Foram, mas deixaram informações sobre mim para os outros viajantes, claro.

É assim que as coisas funcionam, na base do boca a boca. Na mesma manhã, a notícia da noitada anterior tinha corrido e eu estava "falada"... Senti que todos os homens me olhavam: menina, bonitinha, disponível... já viu, né? Fiquei fula da vida quando um senhor, barrigudo, feião, veio falar comigo e na lata me convidou para dar uma volta. Quis armar um barraco, ofender o cara, mas já tinha pagado uma semana de pensão, achei melhor maneirar. Topei a parada e marcamos para as 10h um encontro na rodoviária. De lá ele me levou para uma loja que tinha, um depósito de roupas, e lá me bolinou toda. Fiquei com um pouco de nojo do cara, que babava muito no meu peito, mas deixei. Na verdade, lembrei de um dos caras da noite anterior, me concentrei pensando nele. Aprendi rapidinho como é que biscate faz quando está nessa situação: pensa em outro. Do Nando eu não queria lembrar, ele não merecia ser misturado com sacanagem... No final, depois de quase uma hora de bolinação – ficou só nisso – ele me deu os 50 e disse que gostaria de me ver outras vezes. Concordei, mas pedi que fosse em um hotel e falei que só iria se ele tomasse banho antes.

Pelas minhas contas, tudo estava correndo bem. Pagava 50 de pensão por dia e se fizesse pelo menos um programinha estaria bem, não tocaria no dinheiro que tinha. E foi assim que comecei... Fiquei uma semana na pensão e logo vi que para o dono tudo estava dando certo: eu não complicava a vida dele, fazia os programas fora, paguei tudo adiantado e a freguesia estava satisfeita com os meus serviços extras. Na cama me saía bem, muito bem, fui aprendendo tudo facilmente e os clientes diziam o que queriam. Olha, vou ser sincera: eu fazia de tudo, só não beijava na boca. É, tem dessas coisas: puta que é puta não beija na boca. Fazemos muita coisa. Fazemos muito pior, mas beijo na boca só quando queremos...

No começo eu não tinha muito o que escolher. O que aparecia era lucro e dei muita sorte: não apanhei, não me maltrataram, não fizeram essas coisas que muitas contam. Comecei a fazer dois ou três programas por dia. Logo, os clientes me ensinaram a usar camisinha, passar pomada. Sei lá por quê, começou a aparecer muito velho querendo programa. Na maioria das vezes, era só bolinação. Eu deixava, né? Sabe, fui ficando especialista em velhos... Até hoje sou procurada por coroas. Sou a rainha dos gagás, pode perguntar por aí... Algumas vezes aparecia um mais jeitosinho e então eu caprichava no chamego. Foi logo no começo que soube que poderia, além do dinheiro, ter prazer na coisa. Puta de verdade aprende a tirar o melhor da profissão. Garanto: gozo de puta, gozo sincero mesmo, é muito bom... Tem muita coisa ruim "na vida", mas também quando aparece coisa boa!... E não adianta dizer que não; tem muita puta que gosta da coisa... Tem mulher que reclama da profissão, dá uma de coitadinha, mas não quer sair "da vida". Também aprendi que podia até ficar meio amiga de alguns clientes, conversar, tipo bater papo, sair para passear... Ih! O que tem de homem solitário, você nem imagina!... Às vezes aparecia um só para conversar. Verdade: me levavam para algum motel e começavam a contar problemas. Era uma *contação* danada: mulher, filhos, trabalho, dificuldades financeiras... O importante mesmo era, na cama, saber fingir que gozava. Nossa, como eles gostam de sentir que fazem uma biscatinha gozar. E eu dava logo meus gritinhos... fingia bem. Olha, mas também tem cara bom mesmo, e então não é preciso representar...

Fiquei naquela pensão por mais outra semana. Achei que estava cada dia mais manjada e que poderia fazer mais dinheiro se mudasse. No último dia, na noite anterior à minha saída, quando cheguei à pensão, tinha uma mulher chorando muito, logo na entrada. Sabe, bateu uma onda em mim, senti um calor e vi que podia ajudar a coitada. Ela disse que era do interior e que estava em BH por causa da saúde do filho, doente, para morrer no hospital. Dei todo apoio para ela e senti que por perto havia um espírito que "soprava" para dizer a ela que em três dias o menino estaria a salvo. Mudei de pensão no outro dia, mas continuei indo visitar a mulher. No terceiro dia, exatamente, no terceiro dia o marido chegou avisando que a criança estava melhorando e que ia sair da UTI. Sabe, até eu fiquei assustada!... O marido, bonitão, me abraçou e aí eu senti um calorzinho especial, de outro tipo... Mais tarde a mulher foi para o hospital passar a noite com o filho. Eu fiquei com o marido... Não cobrei nada, até ajudei a pagar o táxi, o motel...

Em pouco tempo, eu já me sentia biscatinha, puta mesmo, menina ainda, mas estava muito satisfeita. É difícil para as pessoas entenderem isso, mas eu me sentia muito bem. Seguia minha vida, pensava no Nando, mas como lembrança boa, mas impossível. Não tinha amigas, nunca tive, mas tinha amigos. Aos domingos, à tarde, gostava de ir ao shopping. Ia ao cinema e nem me lembrava mais daquela vidinha da fazenda. Aprendi a me vestir melhor, me divertia e estava até pensando em comprar uma televisão para meu quarto da pensão. Foi num desses domingos que encontrei com o Damaso. Foi assim: tive uma intuição forte, uma onda dessas que dá em mim algumas vezes, senti que deveria ir para uma lanchonete bem longe, na avenida Amazonas, no centro. Foi uma coisa muito forte que deu em mim; nossa, fortíssima. Era domingo, e aquela área fica muito vazia. Fui direto de ônibus ao local que eu não conhecia e, logo que desci, vi meu irmão conversando com uns amigos. Ele estava com a camisa do Atlético, e por isso tive a certeza de que era ele. De longe olhei bem, quis chorar... Fiquei gelada, sem saber o que fazer. Não fiz nada, nada. Voltei sem falar com ele. Pode? Não sei explicar isso...

Na pensão nova conheci o Leo, um cara legal. Transamos umas duas vezes e cobrei 75 por vez. O Leo trabalhava na Cemig, era engenheiro do Rio, e falava daquele jeito de carioca metido. Foi ele que me apresentou para seu chefe, Roberto, engenheiro também do Rio, casado, mas sem família em BH. Acho que fui bem recomendada, porque na hora de pagar, o tal do Roberto me deu 200 reais, além de ter me levado para o hotel em que estava, que foi o lugar mais chique que tinha visto em toda minha vida. Voltei lá várias vezes e fazia tudo para agradar o engenheiro. Fui ficando com o Roberto um dia depois do outro. Todo fim de semana que a mulher dele não ia, ficava com ele. Como ele tinha carro, me levava para passear, e uma vez, num feriado, fomos até Ouro Preto. Eu com ele, tipo namoradinha. Ele começou a me dar umas roupas melhores e me manquei que precisava ter mais classe para sair com homens finos. Fui aprendendo. Ia a restaurantes, shows... E o Roberto era legal, limpinho, bom de cama e dava palpite nas minhas roupas, sapato e principalmente na pintura: batom, ruge, sombra... Como ele trabalhava durante o dia e também muitas noites da semana, tinha época que não dava para a gente se encontrar e então resolvi fazer meus "bicos por fora". Tudo sem ele saber, é claro... Mas "me divertia" um pouco à tarde, às vezes de manhã e outras vezes de manhã, de tarde e de noite. Aconteceu uma coisa que quebrou isso. Marquei um programa com um cara da pensão que ia me levar para um motel. Fomos, mas o cara era bem pancadão. Chegando lá ele começou com uma história esquisita de que gostava de apanhar, que era para eu dar uma surra nele com a cinta, amarrar – até levou corda. Uma esquisitice danada. Eu não estava acostumada, fiquei com medo. Se fosse hoje, tirava de letra, mas naquela época... O pior é que o cara ficou fulo da vida comigo e me largou sozinha no motel, longe, e sem pagar a conta. Felizmente eu conhecia o porteiro, já tinha ido lá antes, e expliquei a situação. Foi quando vi que a profissão tinha riscos, muitos riscos. Nesse dia, por causa da confusão, dei cano no Roberto. Quando cheguei na pensão, liguei e disse que estava incomodada, de TPM. Achei que colou...

Sabe, vendo agora, diria que fui abençoada, pelo menos no começo. Até chegar em BH, nunca passei por zona, não peguei doença séria nenhuma, só umas perebinhas. Eu nunca fui mulher de andar em bando, de ter muitas amigas, até porque isso não me fazia falta. Pelo contrário, acho um ó esse negócio de puta em bando. Dei sorte também porque sempre fui conhecida pelos meus poderes. Sabe aquela história do menino doente, na pensão? Pois é, rendeu... A notícia se espalhou e então, depois que saí de lá, fui procurada por uma empregada que estava com asma. Arrumei araruta e fiz uma *benzedura* nela e pronto, a mulher da pensão melhorou. Essas coisas se espalham, né? Depois – eu ainda estava com o Roberto – aconteceu que em uma tarde atendi um senhor, um velhote de uns 75 anos. Pois bem, o cara disse que era só uma brincadeira, que queria me ver pelada, passar a mão... Topei, e, na hora, ele todo tristinho disse que não conseguia transar. Olha, eu já estava acostumada a isso e para mim era até melhor, mas acontece que quando abracei o velho, peladona, nós dois sem roupa, ele funcionou. Pronto. Foi o bastante para espalhar que eu tinha poderes de "erguer a moral de coroas". Menino, isso correu o mundo...

Minha vida estava mais ou menos assim: de dia, vários. De noite, exclusiva. Achava que o Roberto nem desconfiava de nada. Eu não falava, também. A coisa se complicou quando ele, do nada, uma noite, disse que ia voltar para o Rio, definitivamente. Foi um choque para mim. Tive até uma tontura. Fiquei muito triste. Muito. E nem sei bem por quê. Quando o Roberto partiu, fiquei arrasada. Não é que eu o amasse, não. Tudo estava arrumadinho, eu e ele e os meus clientes das tardes – às vezes das manhãs também, mas ele era um porto seguro pra mim. Estava morando numa pensão melhor e tinha dinheiro guardado, pelo menos o suficiente para pagar três meses de aluguel de um apartamento... Na verdade, tinha até mais. A partida do Roberto me fez cair na real: tudo nesse tipo de profissão é muito inseguro, por pouco tempo. Na primeira noite que passei sem o Roberto em BH, senti um vazio enorme. Fui dormir cedo, sozinha, e tive um sonho: eu estava num carro verde que voava para algum lugar. No sonho estava com uma roupa que o Roberto tinha me dado, um vestido estampado de flores. O sonho era tão real, tão verdadeiro, que quando acordei estava com a decisão tomada: vou para o Rio de Janeiro.

Uma semana depois, deixei tudo para trás e cheguei de ônibus no Rio. Tudo que eu tinha era o nome da firma do Roberto. Tratei de ir para o hotel informado na rodoviária, no Centro. Passei uma noite pensando e no dia seguinte liguei. Nossa, que decepção!... Foi difícil achá-lo e, quando consegui, o cara me tratou como se não me conhecesse. Foi a primeira vez que chorei num telefone para um homem. Nada daquele cara bonzinho que me levava para passear, que comprava coisas para mim e dizia que gostava de transar comigo. Insisti mais duas vezes e ele então disse que me levaria para um hotel, lugar onde eu ia me dar bem. Foi quando me disse, bem bravo, que sabia de minhas malandragens nas tardes de BH e até de piranha ele me chamou. Bem, foi assim que cheguei ao hotel XXX. O Roberto foi me pegar, e eu, de malas prontas, fui levada para Copacabana. No caminho, não trocamos uma palavra sequer. A chegada ao Rio foi uma decepção completa. Eu me imaginava vendo o mar, indo à praia com ele, sendo sua amante... Nada. Quando chegamos ao hotel, ele me mostrou a porta de entrada dos empregados, não me ajudou com a bagagem e foi direto falar com o gerente. Dentro de um quartinho estranho, cheio de material de limpeza, escuro, esperei quase uma hora. Sentia que minha vida estava mudando e que agora viveria uma aventura de puta de verdade. Não deu outra...

Demorei para entender que aquele era um "hotel especial". São estrangeiros que vão ao Rio para turismo e algumas poucas vezes para negócios, mas sempre desacompanhados. Trata-se, na maioria dos casos, de homens mais velhos, que uma vez por ano ou a cada dois ou três anos deixam a família, o trabalho, os afazeres em seus países e se mandam para o Rio para "relaxar". Mas tem outros hóspedes também. Os executivos que vão a trabalho já conhecem a rotina do lugar. Existe o mesmo esquema em outras cidades, como Recife, Natal, Salvador, Fortaleza e outras capitais. Eu nunca tinha ouvido falar disso e de repente estava lá, sem saber para quê. Entendi depois que a firma do Roberto trabalha com executivos estrangeiros e que usa esse hotel regularmente. Soube que o Roberto é quem fazia a ponte entre os estrangeiros e o pessoal do hotel. Foi por isso que ele conseguiu lugar para mim. Na aparência tudo é normal, mas só na aparência. Meu primeiro choque foi quando o gerente me chamou para outra sala e me mandou tirar a roupa. Assim, na lata: "tire a roupa..." Percebi que era melhor colaborar e logo fiquei de calcinha e sutiã. Ele mandou eu virar, perguntou se eu "fazia tudo" e foi logo dando as regras: primeiro você vai trabalhar de arrumadeira, fazer uns programinhas. Se tudo correr bem, depois de três meses você é contratada com carteira assinada e, conforme for, se tudo for certinho, passa para o *book,* porque você é moreninha, do tipo que gringo gosta... O *book* é um álbum de fotos de garotas de programa em poses provocantes que o hotel oferece para os hóspedes que pedem *serviços especiais*.

    Comecei como arrumadeira. Aprendi com a "chefa" como arrumar cama, limpar quarto, lavar privada. A vantagem é que tinha onde comer, tomar banho, deixar minhas roupas e dormir. A mesma mulher, ao saber que eu era menor, se prontificou a arrumar documentos falsos, que foram úteis até para abrir uma conta bancária. Estava claro que se algum hóspede quisesse alguma coisa eu deveria topar, mas sempre avisando a portaria. Não demorei a me adaptar. A tal chefa logo disse que poderia me indicar para programas em uma boate ali mesmo, pertinho do hotel. Claro que topei. Nas noites de folga, quando não estava de plantão, poderia ir ao inferninho da rua Prado Jr. Ela me levou na primeira vez, depois de me pintar, escolher a roupa e me mandar tomar cuidado com os fregueses, mas, principalmente, com as outras meninas. Fui apresentada ao porteiro e depois de uma conversa rápida entrei... Nossa, que coisa: era uma sala cheia de espelhos, paredes vermelhas, com gente fumando, bebendo, um horror. Eu tremia toda.

    Aquilo tudo era muito diferente do que eu esperava ou conhecia. Nunca tinha ouvido falar desse mundo. Mas fui. Não deu outra. Ao chegar, fui apresentada para uma garota, que só faltou me expulsar. Fui muito mal recebida: concorrência... Fiquei sabendo que deveria fazer os fregueses beber muito e que teria gorjeta a mais se eles enchessem a cara. Sabe aquele ditado "carne nova no açougue vende logo"? Pois é... Mal cheguei, e veio um cara da Marinha me paquerar. Quando disse que era mineira, ele ficou louco, porque também era de Minas, de Paraisópolis. Sentamos e ele me ofereceu uma bebida e cigarro. Aceitei a bebida, lembrando da história da porcentagem. Sempre fui bem pé no chão com essa história de grana. Fiz o cara beber e depois fomos a um hotel numa pracinha por ali. Transamos muito e eu até que gostei do cara. Marcamos para nos encontrar outra vez ali, mas ele nunca mais apareceu. Voltei outras vezes à boate, conforme o combinado, e aos poucos ia aprendendo as regras: não tirar o homem das colegas, acertar reencontros no mesmo local, marcar o número de bebidas dos fregueses, combinar o que fazer na cama com os clientes e acertar com o dono do hotel a porcentagem, sempre avisar alguém que estamos saindo. Tentei ficar amiga de uma das moças da boate, mas logo vi que não ia rolar: muita concorrência, nossa!... Concorrência e traição. Um dia, quando cheguei toda montada, não me deixaram entrar. A moça com quem fiz "amizade" disse que eu era menor de idade e o dono não topou mais. Restava fazer carreira por fora. Foi quando enfrentei o *tapetão preto* pela primeira vez.

Tapetão é a rua, o asfalto. *Tapetão* é a pior coisa que pode acontecer para uma puta que vem de fora, do interior. Continuava trabalhando no hotel, mas como arrumadeira. Era muito difícil aparecer algum programa no hotel, porque eles trabalhavam com o *book* e então tinham as meninas escaladas, a gorjeta dos funcionários. Existe uma combinação muito bem amarrada e tem até um código de respeito às regras... O hóspede que vai pra lá sabe como funciona a coisa: chega, pede o álbum e escolhe quem quiser, mas os gerentes fazem sugestão. É aí que entra a complicação: as meninas aprendem logo como se relacionar com os caras da portaria. Garanto que elas também fazem "favores" pra eles. Há uma trama de poder nessa história e é difícil entender as armações. A concorrência, então, lá era difícil. Na rua, eu tive que disputar espaço. Em Copacabana, é tanta gente querendo ficar na rua que é preciso ter proteção. Eu tinha que ficar perto do hotel, entre a avenida Princesa Isabel e a rua Duvivier. Exatamente o ponto mais disputado. Tinha que ficar lá porque era perto do hotel e eles podiam me chamar a qualquer hora... Fora isso, naquele tempo, tinha a Boate Help, mas era também para selecionadas.

No ponto que eu queria tinha uma travesti, a Diana, que cuidava da área. Era ela quem administrava e se relacionava com o Silvinho, um cafetão chefe que dava cobertura à área. A coisa funcionava mais ou menos assim: as meninas ficavam andando na calçada, paradas perto dos carros estacionados na avenida Atlântica. Quando pegavam alguém, depois de acertar os babados, iam para motéis da redondeza ou saíam de carro. O cafetão marcava a placa do carro, para segurança. A gente pegava freguês assim: os caras chegavam, conversavam, tratavam o preço, os detalhes do programa e então íamos para hotel, motel ou até para o apartamento deles. O Silvinho ia anotando tudo e às vezes até acompanhava de longe a gente. Isso dava uma garantia.

Eu morria de medo... Fiquei ainda mais medrosa quando, logo nos primeiros dias, soube que uma garota tinha sido drogada e que fizeram o diabo com ela, uns dez caras, arrebentaram a menina, fizeram de tudo, quebraram até os dentes dela à tapa, murro, pontapé. As histórias corriam soltas, uma pior do que a outra. Teve uma que pegou gonorreia e depois nunca mais conseguiu fregueses na área, porque espalharam a notícia que ela era doente. Outra tinha sífilis, e uma, certa vez, apareceu toda manchada, com as marcas das porradas que tinha levado e com pontos no rosto. Tinha menina que andava com gilete na bolsa, navalha, tudo para se defender.

Senti muita saudade de BH, mas não quis voltar e não sei dizer por quê. Continuei no hotel, passei os tais meses de experiência. Fui registrada, mas como arrumadeira, só. Continuei na rua também e acabei me filiando à Diana e ao Silvinho. A Diana também vendia roupas e me ensinava a me preparar para o *tapetão*, que exige outro figurino. O Silvinho, no começo, era legal e arrumava uns programas constantes para mim. Eles tinham a sua parte, é claro. Foi assim que comecei a rezar mais antes de sair e me lembrava do tempo das *benzeduras* da dona Etelvina. Fui sentindo falta da religião, das mandingas. E não era só eu, não. Notava que todas as meninas também tinham seus santos protetores, orixás, patuás. O hotel ficou sendo minha casa. Mesmo com as dificuldades, quando alguém ficava doente, eu era chamada, benzia, fazia meus chás e isso facilitava um pouquinho as coisas. Foi no *tapetão* que aprendi tudo sobre a prostituição no Rio. Tudo o que você pode imaginar. Transava com dois, três, quatro... Com casal, em grupo, me masturbava na frente do freguês... Tratei logo de contar minha habilidade com velhos e isso, no Rio, em Copacabana, funciona muito.

A vida de puta tem suas surpresas, e um dia apareceu um senhor, bem distinto, que chegou a mim pelo Silvinho. Ele era cartomante, mas desses que entendem tudo de carta, de verdade. Ele me levou para o apartamento dele, logo ali, no Leme. Lá chegando, senti imediatamente uma coisa forte. Contei a ele minha história com dona Etelvina, minhas adivinhações, sonhos e curas. Ele ficou ouvindo e, depois de horas conversando, me pediu para escrever meu nome, dia de nascimento – eu não sabia a hora –, datas importantes e disse que ia fazer meu mapa astral. Não fizemos nada de sexo naquela noite, mas combinamos uma volta para falar mais dessas coisas. No outro dia, você nem imagina, apareceram dois programas no hotel. E foram maravilhosos. Os dois. Um era um português de uns 60 anos, mas o danado era muito bom de cama. O outro era um alemão, também coroa, que pagou o dobro do que pedi e disse que queria ficar uma semana comigo. O cara foi tão legal que pediu para o gerente do hotel me dispensar naqueles dias do trabalho de arrumadeira. Vibrei: uma semana fixa... Estava meio nervosa porque estava chegando o dia da minha menstruação. Eu funciono como um relógio, viu? Avisei ao alemão que ia menstruar e, para minha surpresa, ele disse que adorava transar com mulher menstruada. Sabe, nem liguei para dor, incômodo, nada. Nem para a maconha que ele fumava e para um vidrinho que ele cheirava. Mas minha glória mesmo foi ficar como hóspede no hotel em que era arrumadeira. Vibrei... E tinha ainda o encontro com o cartomante. Dei um jeito, disse para o alemão – que não entendia muito português – que precisava visitar uma tia doente e me mandei. Fiquei ligadona no cara das cartas. Ele disse tudo do meu passado, do meu presente e previu que, se eu mudasse meu nome e pusesse um ponto-final depois do "e" de Cleide, teria mais sorte. Passei a sapecar o tal do ponto sempre. Eu queria dar uma "agradada" no cara, mas o alemão me esperava. Expliquei a ele e marcamos para outra semana, quando estivesse mais livre. Entre as maravilhas que o cartomante disse, ele contou que eu faria uma longa viagem e que seria a coisa mais importante que aconteceria em minha vida.

Passou o alemão, vieram um francês, muitos espanhóis, portugueses, angolanos, argentinos e brasileiros também, mas o hotel funcionava mais com estrangeiros. Passou também o tempo. Deixei a rua e entrei finalmente no *book*. Tudo melhorava e, como eu era econômica, tinha meu dinheirinho guardado no banco. Nunca mais fui à boate nem fiz mais *tapetão* no Brasil. Voltei ao cartomante e ficamos amigos. Devo dizer nunca cheguei a transar, transar mesmo, com ele, apenas tivemos um lero, mas não passou da vontade. Às vezes, ele era chamado para atender algumas madames, e um dia eu fui visitá-lo e ele me convidou para ir junto. Fomos para um apartamento muito *granfo*, em Copa mesmo, onde ele me apresentou como sua assistente. A dona, uma coroa de uns 50 anos, além dos serviços dele, começou a me cantar. Já tinha tido experiências com mulheres, mas não tinha gostado nem um pouco. No caso, achei que valia a pena e, além disso, o cartomante topou ficar olhando. Foi na hora... Com ele do lado me senti mais à vontade, pode? Senti tão à vontade que marcamos outras sessões. Eu cobrava, é claro...

Não tenho vergonha nenhuma de revelar: comecei uma espécie de acordo com o cartomante – não posso contar o nome dele porque é muito conhecido. Acompanhava ele em casos especiais, que sempre acabavam em sexo, e ele só olhando. Ao mesmo tempo, eu ia aprendendo a ler cartas. Fui ficando craque. Então trabalhava como garota de programa no hotel, assistente do cartomante e tinha tempo livre. Estava interessada em coisas esotéricas e, como tinha que ficar mais ou menos de plantão no hotel, comecei a ler livros de interpretação de sonhos, sobre numerologia. Nunca fui de leitura, tenho pouco estudo, mas nesse caso, um amigo do gerente começou a trocar ideias comigo sobre esses assuntos e eu me interessei. Ele me ajudou na leitura. Adorei ler esses livros. A-DO-REI! Foram os primeiros livros que li na vida e gostei demais. Gostei porque me vi nas adivinhações e, desde que o cartomante tinha falado que aconteceria uma viagem que mudaria minha vida, tratei de pensar seriamente no assunto. Li numa revista que perto do hotel tinha outra cartomante... pra quê? Marquei hora e lá fui eu. Era ali mesmo em Copa e a danada acertou tudo. O melhor é que disse que além da viagem encontraria um grande amor. Pensei em duas possibilidades, uma meio difícil, no Nando, que eu nunca esqueci, e outra no Roberto, que eu nunca mais tive contato direto. Via ele às vezes quando ia ao hotel pegar um visitante estrangeiro, mas nem sequer nos falávamos. Ele sabia do meu papel no *book*, mas nunca mais se aproximou. Soube uma vez, por um italiano que me escolheu no *book* por indicação dele, que ele tinha dito que, se o cliente pagasse bem, podia me beijar na boca. O italiano tentou, mas não concordei... Meus beijos na boca são bem guardados...

Olha, o fato é que, além das ervas, dos sonhos, eu também começava a *jogar* cartas. Tratei de comprar mais um livro sobre orixás e mais um sobre simpatias. Não que virasse uma estudiosa, mas passei a me achar mais conhecedora do que as outras. E isso me valeu muito na profissão, porque muitas pessoas, depois que transam, querem conversar. Muitos homens dormem depois de uma boa gozada. Dormem e sonham. Comecei então a perguntar sobre os sonhos deles e a interpretá-los. Ah, fui ficando famosinha nisso também. Sabe, como no hotel tinha muito estrangeiro, o entendimento da língua era difícil. Foi assim que comecei a aprender algumas palavras em inglês, francês, alemão e principalmente em espanhol. Aprendi também – muito bem, aliás – como é que funcionava o tal hotel. Formou-se uma rede armada por uma companhia de turismo: passagens aéreas, *transfers* do aeroporto, hotel, serviços de taxi, troca de dólar e euro, passeios, e as *escorts* faziam parte do pacote. Era tudo muito planejado e havia gente nas duas pontas. O *book* era parte do negócio e a porcentagem das meninas não era coisa de se jogar fora.

As moças todas eram bem bonitas. Bonitas de verdade. Quase sempre tinham o tipão brasileiro: morenas, boas de corpo, com curvas, assanhadas, do tipo que sabe atacar. A notícia do hotel corre o mundo... Só os brasileiros não sabem... Acredito que esse hotel é tudo em termos de "turismo sexual". E funciona na base dos contrastes: homem *x* mulher; velhos *x* jovens; ricos *x* pobres; gringos europeus, americanos, ricos africanos *x* mulher latina... Do lado de cá, as meninas querem só uma coisa: casar com estrangeiro ou pelo menos sair do país. Esse é o sonho de todas, mesmo das que negam. Casar com gringo é mais do que uma segunda chance. É "a" chance. E isso fica melhor com a ida ao estrangeiro, para morar. Pensando nos mais de dez anos de funcionamento do hotel xxx, a gente vê que houve uma evolução. A leva de gringos cresce sem parar. É um grande negócio. A vida das moças também mudou muito. Demais. A vida na Europa melhorou – não estou falando de agora, com a crise –, mas os europeus começaram a viajar mais para países como o Brasil e os negócios também exigiram mais colaboração estrangeira. Assim, o *ir* e *vir* aumentou muito. As prostitutas acompanharam essa evolução e algumas aprendem línguas...

Para alguns daqueles homens, gringos, começou a interessar que as meninas fossem para Europa. Eu mesma sei de dois casos que deram certo, que as moças conseguiram se casar, mas na maioria das histórias é um terror... Elas ficam submetidas como prisioneiras, mas é uma servidão moderna, mascarada, quase como escravas... A coisa funciona mais ou menos assim: os caras que vêm, porque não falam a língua ou não conhecem o país direito, passam a depender um pouco delas. No quarto fechado, são eles que mandam e fazem o que querem, mas fora do hotel elas são as donas. Com o tempo, foi organizado o trânsito delas para a Europa e a ponte para isso foi feita pelo mesmo grupo que arruma a vinda dos europeus. A base do negócio é de homens, tudo é resolvido como se as moças não tivessem condições de participação. Elas permitem, até porque não teriam outra escolha. Os "carinhas" brasileiros tratam dos contatos na Europa e preparam tudo por aqui: arrumam passaportes, vistos, passagens. Fazem o necessário; mas, sobretudo, vendem uma ilusão: viajar pra melhorar de vida e, quem sabe, arranjar o tal casamento com gringo. Faz parte dessas providências uma espécie de treinamento para passar na imigração. Elas são preparadas para dizer que são artistas, massagistas, enfermeiras, cozinheiras, que vão por pouco tempo. Algumas vezes vão com cartas de aceitação de empresários de shows, de salões de beleza, restaurantes e até de hospitais. É claro que isso funciona mais para as moças aqui do que para a imigração lá – que nem leva em conta os papéis.

Sabe, é difícil explicar esse negócio. De um lado, não se pode dizer que se trata diretamente de "tráfico de mulheres" ou "mercado de escravas brancas" – até porque a maioria não é branca. Não que as moças não sejam iludidas, mas vão por causa do sonho de mudança de vida, coisa delas mesmas. E não é só dinheiro que conta, não... Tudo começa com a vontade delas de sair do Brasil. São elas que se deixam enganar, quase desesperadas por mudar de vida, isso porque a rotina de garotas de programa chega num ponto que exige mudança. É mais ou menos assim: tenta outra coisa, parte para novas aventuras ou entra em depressão, decai até a sarjeta, e muitas até tentam suicídio... Como eu, muitas são as pessoas que saíram da pobreza, chegaram à Copacabana, mas depois... Depois querem se afastar do próprio passado e criam uma nova relação com os familiares. É muito estranho, tudo. Muitas – essa é a minha história – deixaram as famílias e não têm futuro fora da prostituição. Casar é mais do que um sonho para elas... Casar com estrangeiro passa a ser um objetivo, porque elas acreditam que a sedução do país, do Brasil, faz parte da fraqueza do visitante. Conheço umas vinte moças que vieram para a Europa. As que ficaram contam casos terríveis, humilhações, medo, fome, nossa!... Eu mesma já vi isso acontecer aqui na Espanha. Em primeiro lugar, elas mesmas pagam a passagem e se endividar é parte do negócio. Entendeu? Elas vendem tudo o que têm, tudinho. Compram a passagem à prestação, em dez vezes, pagam pelo passaporte uma fortuna, pelo visto então... Eu tenho certeza que muitos desses caras apostam também na deportação.

Quando acontece das moças conseguirem entrar no país, elas são informadas que devem esperar no aeroporto pela vinda dos "contatos". Esperam... Ah, como esperam! As coitadas chegam sempre com pouco dinheiro, com uns 30, 40 euros, mais ou menos. E ninguém esperando... Pelo menos ninguém que elas identifiquem imediatamente. Certamente os "contatos" estão no aeroporto, mas não se apresentam. Faz parte do tratamento de choque: deixar as coitadas em desespero. Quando elas estão sozinhas, o pânico é crescente: e se não aparecer ninguém? Quando vão em dupla, começam a brigar umas com as outras. Sabe quanto tempo demora uma espera dessas? Adivinha?... Às vezes dura de oito a doze horas... Doze horas esperando alguém no aeroporto, com malas, sem falar direito a língua, sem ter para onde ir. Os caras ficam olhando, elas não se aproximam de ninguém, porque foram alertadas do risco de deportação se aparentarem medo ou desespero. Quando *as pessoas* acham que elas não aguentam mais, aparecem e dizem que estavam com o horário do voo errado. A primeira coisa que eles fazem então é tirar o passaporte delas. A segunda é levá-las para bem longe, em lugar retirado. No caso de Madri, levam para Aranjuez, uma cidade pequena. Depois de dois ou três dias trancadas, com pouca comida, sem passaporte, misturadas com moças de outros países, os caras aparecem e elas entram em desespero, na maior choradeira. Passado um tempo, depois de dar comida a elas, oferecem algum trabalho remunerado. Para fazer o quê?... Sempre começam com fotos delas se despindo e a isso chamam de "fotos artísticas". Aos poucos os programas vão evoluindo para saídas acompanhadas, trabalho em boates, filminhos de sacanagem... E elas sem passaportes, endividadas, com contas a vencer no Brasil... É assim...

Meu caso foi um pouco diferente. Conheci um italiano e ficamos juntos duas temporadas dele no Rio, por dois verões seguidos. Além do Rio, viajei com ele para vários estados, inclusive Minas. Fomos para BH. Foi uma loucura em minha cabeça, imagine... Um dia, enquanto ele trabalhava, fui de ônibus até Barbacena e de lá até a entrada da fazenda, de táxi. Cheguei até a porteira, olhei tudo... Fiquei um pouco, paradinha, e voltei. Não tive coragem de entrar. Foi a mesma sensação do caso do Damaso... Sempre choro quando conto essa história. Choro muito, viu?... Mas se é a minha escolha que manda ser assim, que seja. Então, como me dei bem com o italiano, nos divertíamos muito e na cama ele foi um dos poucos caras que beijei na boca, resolvi embarcar na proposta que ele fez: ir com ele para Milão e ficar como amante dele. Ele era casado, tinha filhos... Topei. Como felizmente eu tinha um dinheirinho guardado, não entrei naquela neura de dívidas e dependência de agentes para passaporte. Visto não precisava, porque era para a Itália, e a essa altura já estava com mais de 20 anos, muita experiência, e então fiz tudo mais independente, sem dever nenhum tostão. Ele só ajudou com uma parte da passagem, assim mesmo porque dei uma de coitadinha, que ia atrás de uma paixão... Paixão não era, mas havia alguma ligação. Foi difícil sair do Brasil. Dei um balanço na minha vida e notei que nunca voltava para os locais de onde saía. Doeu isso. Doeu porque tive o pressentimento de sempre. Ah, os meus pressentimentos!...

Milão foi um horror para mim. Chegando lá, o cara fez como todos os outros: mudou completamente. Arranjei um apartamentinho, muito apertado, e logo vi que a vida lá é bem cara. Tive que comprar roupa de cama, de banho, praticamente montar uma casa. E não tinha renda nenhuma. O cara sumiu. Às vezes falava com ele, mas atendia ao telefone e não resolvia nada. Só apareceu umas duas vezes, levou um lero, transou e tchau. Eu não falava italiano – sabia só umas palavrinhas – e não conhecia ninguém na cidade. Outra vez achei que tinha entrado numa fria, como na saída de BH. Por sorte, andando na rua conheci duas travestis brasileiras. Elas estavam montadas, falavam português, e não tive dúvidas, convidei as duas para um café e me abri. Uma delas estava chegando e quis conhecer meu apartamento. Para sorte minha, ela se ofereceu para comprar tudo e em dois dias eu estava pronta para sair. Mas... para onde iria? Achei que tinha gastado muito dinheiro para voltar pro Brasil assim, de mãos abanando. Pensei em Portugal primeiro, mas quando fui comprar passagem tinha uma oferta para Madri. Achei que dava para encarar, até porque tinha conhecido uns espanhóis e me virado bem em *portunhol*. Comprei a passagem e no outro dia as duas travecas me acompanharam até o aeroporto. Nem me despedi do italiano. Doeu um pouco, sabe? Cheguei a pensar que aquele italiano seria o amor verdadeiro que a cartomante tinha dito. Somei os números da idade dele com o meu e deu um número redondo... Achei que era sinal de sorte. Errei. Errei feio, ele não era mesmo o amor que eu esperava. Restava mudar de cidade.

Em Madri, logo arranjei um hostel na Plaza Del Sol. Adorei. Era mês de abril e o clima estava delicioso. Gostei logo da Espanha. Aquela agitação, povo na rua, todo mundo falando alto. Quando saí, logo que pus o pé pra fora do hostel, vi uma pessoa. Nossa, como meu coração bateu. Será ele? Será meu príncipe? Ele parou e eu gelei. Ele veio falar e comigo e senti que começava a dar sorte. O cara era lindo... LIN-DO! Eu fiquei amarradona. Ele me tratou superbem, convidou para tomar sangria na Plaza Mayor e lá fui eu. Estava pronta para transar com o cara, Miguel, mas ele me tratou como se fosse moça direita. Sabe que eu gostei muito dessa história?!... Imagine, eu, moça direita... No outro dia, ele quis me mostrar a cidade e lá fui eu de mocinha de família, de turista. Ele me pegou à tarde, deu umas voltas de carro e me levou pra jantar. Na hora de pagar, eu quis repartir e ele não deixou. Voltamos a pé para o meu hostel e nada dele tomar iniciativa. No terceiro dia estava já como namoradinha do cara, tudo sem sexo, mas aí aconteceu uma coisa inesperada. De repente, em plena Gran Via, ele me pegou pela cintura e me beijou na boca. Nossa! Aquilo para mim era uma novidade, coisa de cinema... Foi como se eu perdesse a virgindade pela segunda vez... Nunca ninguém tinha feito aquilo comigo. Fiquei tonta. Tonta, mas caprichei no beijo de língua...

E agora? Eu pensava... Tinha contado uma história danada de cumprida para o rapaz, disse que meu pai era fazendeiro de café, que tinha uma família maravilhosa, que tinha carro no Rio... Mas menti tanto que não sabia mais onde acabava a verdade e onde começava a mentira. Nessa noite, depois que ele me deixou no hostel, fiquei pensando muito e tive vontade de fugir. Fugir era melhor do que contar a ele quem eu era na verdade, o que fazia. Por pior que fosse, tomei a decisão de contar tudo. Quando no outro dia ele chegou com flores, eu mudei de ideia na hora. Eu não queria ficar sozinha... Não tinha ninguém com quem conversar. Ninguém. Sabe o que fiz? Liguei para a traveca que tinha conhecido em Milão, e conversamos por mais de uma hora. A Nora – o nome de guerra dela era Eleonora – foi categórica: tire essa história a limpo, isso está parecendo lenda de menininha de 13 anos. Então decidi ir para o "vai ou racha". À noite, quando ele chegou, lindo como sempre, resolvi logo atacar. Fomos jantar e disse para ele que queria conhecer o apartamento dele. Parece que ele estava esperando isso... Em pouco tempo lá estava eu, entrando em um apartamento de alto luxo, perto da universidade. Altíssimo padrão mesmo. Pensei: meu Deus, isso é demais, só falta agora o cara ser bom de cama... Musiquinha tocando, bebidinha, mãozinha, tudo ia bem, até que ele me ofereceu cocaína... co-ca-í-na, pode? O pior é que então começou a contar as aventuras dele como traficante... tra-fi-can-te... Na verdade, acho que ele pensou que eu fosse moça direita, filha de fazendeiro, e como fazia estampa, foi levando a história. De todo jeito, eu não tinha como sair daquela situação ali. Ele deu umas boas cheiradas, mas eu não. Transamos, e foi hor-rí-vel. Tudo se deu ao contrário. O cara lindo tinha pinto pequeno demais, era do tipo *faça tudo, porque eu não faço nada*. Rezei para o tempo passar e não quis dormir na casa dele. Chegando no hostel, nem importando a hora, liguei para Nora e contei tudo. Segui o conselho dela: sumi.

Tinha ouvido muito falar de Barcelona. Pensei: Barbacena e Barcelona, as duas começam por "Bar". Como as duas cidades também têm nove letras, intuí que isso era mais um sinal. No outro dia, cedinho, corri para a estação e comprei minha passagem. Passagem só de ida. E lá fui eu para Barcelona. Cheguei à noitinha e da estação fui direto para um hotel modesto perto das Ramblas. Gente, eu fiquei louca com Barcelona!... Que cidade linda, agitada, parecida comigo, melhor que Madri. Desde o primeiro dia sabia que era lá o meu lugar. Lembrei-me da cartomante, das minhas intuições. Barcelona é "o" lugar. Tratei de ser mais cautelosa e não cair na cilada do "amorzinho no estrangeiro". E logo me pus a buscar trabalho. Trabalho como puta, é claro. Afinal, já tinha gastado muito dinheiro sem nenhuma fonte. Na mesma noite, entrei num *sex shop*, no final das Ramblas, e vi vários folhetos de casas noturnas, endereços de garotas de programa. Tinha uma boa variedade de brasileiras e fiquei surpresa com os nomes e indicações: "garota de Ipanema"; "deusa da Bahia", "morena do Brasil", "garota tropical", "brasileirinha"... Peguei vários anúncios. Resolvi procurar algumas delas e pedir indicações. Foi uma coleção de telefonemas sem resultado: batiam o telefone, xingavam, gritavam. Resolvi então ir às boates durante o dia para ver se arrumava algo para fazer. No primeiro dia, visitei três durante a tarde, procurando os donos. Fui recebida por todos, que pediram endereço e referências. Não tinha nenhum dos dois. Pensei que deveria, então, procurar um lugar para morar. Lógico que o Raval, bairro boêmio, era o mais indicado. No dia que mudei, me senti muito bem, realizada. Fiz um exame da minha vida e vi quanta coisa tinha aprendido e me sentia mais madura, preparada. Eu não queria casar, então restava mesmo *a vida*.

Fiz as contas direitinho, medi o dinheiro e achei um quarto num apartamento pequeno com duas equatorianas. Conversamos e vi que dava para encarar. As duas faziam programas, é claro. Achei que era um bom começo para mim. Elas eram bem bonitas e muito concorridas. Foi assim que comecei a aproveitar os excedentes delas. Elas recebiam no apartamento, mas tinha algumas regras, só transavam no próprio quarto e cada uma tinha o seu. Na sala não podia acontecer nada demais. Não diria que ficamos amigas, mas nos demos bem, ou melhor, não nos dávamos mal. No começo, me contentava com o resto delas. Estava em fase de experiência e o que viesse era lucro. Além da segurança, os clientes eram acostumados e todos tinham mais ou menos o mesmo padrão: homens casados, mais velhos, profissionais estabelecidos. O preço era comum a todos: 50 euros por duas horas. Se quisessem beber, pagavam por fora 5 euros por taça de vinho ou dose de uísque. Eu pagava pelo quarto 250 euros por mês, então estava bom.

Tudo corria normalmente, eu ia aumentando minha clientela – na base da propaganda boca a boca feita pelos clientes – e as colegas não me perturbavam muito. Comia fora todos os dias e em casa a arrumação era bem repartida. Um dia, a Madalena, uma das moças amanheceu com muita febre. Não conseguia nem engolir e também não dava para ela ir ao médico de tão caída que estava. Como ela tinha alguns encontros agendados, eu naturalmente tive que assumir. Por um lado foi bom, porque eu faturava mais. Mas por outro, o fato dela estar doente, por dias seguidos, começou a preocupar a freguesia. Em casa ela tossia muito e estava ficando complicado o dia a dia com os clientes. Então me apresentei como *benzedeira*. Como elas eram equatorianas, logo aceitaram numa boa. Fiz umas rezas, uns chás e aos poucos a Madalena foi se curando... Ficava cada dia melhor, mas em Barcelona tem muita fofoca entre a clientela, e a nossa começou a cair. Correu um boato de que a Madalena estava com aids e isso se arrastou. Pronto, depois de uns quatro meses de calma, lá estava eu com problemas novamente... Mesmo melhor, Madalena perdeu todos os fregueses. Ela e a irmã então resolveram que era hora de mudar. Eu poderia ficar com o apartamento, mas teria que pagar tudo sozinha. Busquei trabalho na rua, mas *fazer rua* em Barcelona é um desespero. O pessoal disputa espaço, centímetro por centímetro, e tem uma lei proibindo *pista*. Uma loucura... Sai até morte nessa guerra, e ainda por cima tem a polícia perseguindo. O jeito era voltar às boates. Foi numa dessas buscas por boates que encontrei com Andrés, um leitor de tarô, cigano. Ele estava com barraquinha na rua. Parei... Resolvi pagar uma sessão. Ele adivinhou tudinho de minha vida. Até o caso de Madri ele viu e mandou eu buscar "uma casa fechada" para trabalhar e, para surpresa minha, disse que eu tinha poderes com as cartas e que devia desenvolvê-los mais. Disse também que eu era cigana na geração passada... Lembrei do amigo do Rio e fiquei animadona... Como ele dava aulas de leitura de tarô, naquele mesmo momento contratei seus serviços. Continuei minha procura por boate e, acredite se quiser, quando cheguei ao Bagdad Café, na horinha, tinha uma "moça" quebrando o pau com o dono. Esperei, quando ela foi embora me ofereci e lá estou até hoje. Tem três meses que faço ponto no Bagdad...

Minha carreira no Bagdad foi rápida. Comecei como garota atendente, logo passei a dançar *pole* – aquela dança sensual em torno de uma barra vertical –, depois comecei a atender por chamadas telefônicas. O Bagdad é supermoderno, tem tudo de eletrônica. Ah! Eu fazia também *strip* por chamadas captadas pelo celular. Tudo bem moderninho, nada daquela vidinha de Minas... Não fiquei rica, mas estou bem. Ao mesmo tempo, comecei a dar atendimento de tarô e acabei por ficar bem conhecida entre as moças de programa como curandeira, benzedeira, sensitiva. Isso também me garante um dinheirinho extra, porque não trabalho de graça. Aprendi, pela minha própria experiência, que as prostitutas são muito solitárias e precisam de amparo espiritual. Apoio todas as crenças, desde que sejam sinceras. Eu mesma sou católica e às vezes até vou à missa, à igreja. Não transo nos dias santos, em particular na Semana Santa. Tenho meus santos, como você pode ver pela casa, e respeito todos. Não conheço puta que não tenha uma santa de devoção. Como perdemos família, amigos, vivemos no mundo do pecado, precisamos nos agarrar em alguma coisa. Eu, por exemplo, ao sair de casa, acendo uma vela e, antes de fazer qualquer programa, dou uma rezadinha, peço amparo. Quando tenho medo de alguém ou de alguma situação, trato de chamar meu anjo da guarda para me proteger. E protege... Acredite. Mesmo os fregueses acabam me conhecendo como sensitiva. Continuei minha fama de curar velhos broxas. E tenho certeza de que isso ajuda muitos deles.

Depois de anos *na vida*, estando onde estou, hoje posso dizer que não estou infeliz. Não faria tudo outra vez. Algumas coisas eu faria diferente. Acho que o pior de minha vida de puta para mim foi ter que deixar o amor de lado, não fazer família. Não sei, talvez ainda a previsão aconteça e eu encontre a paixão da minha vida... Se tivesse que resumir minha história em palavras, diria que *"Bar" é o meu céu e o meu infer*no. Barbacena e Barcelona...

UM "NÃO LUGAR"

Cleide tinha quase 30 anos à época da finalização da entrevista. Nasceu em Minas, no interior, num lugarejo tão pequeno que nem sequer figura no mapa. Tive a curiosidade de conhecer o espaço descrito, a fim de precisar melhor a história pessoal. A chamada Estrada Real, onde se situa a fazenda em que foi criada, reponta com força na lembrança da moça pequena, bonita, morena, de cabelos cacheados e soltos ombros abaixo. Quando quer dizer de onde veio, a fim de facilitar, diz com sotaque mineiro: "sou de Barbacena". Sem perder o ar provocante, Leide, como é conhecida no "meio", sugere que sua terra natal é um espaço inventado "que não existe". Em descrições atinadas, pude conferir aquele lugar suposto como um cromo, perdido entre montanhas que deslizam em ondulações sucessivas, dessas em que uma só irrompe a outra quando surgem pequenas séries de casinhas descontinuadas. E eram mesmo vias toscas, trançadas em ruelas de ladeiras cansadas do tempo. Foi de um desses retiros perdidos que a moça saiu, sem jamais supor que um dia chegaria a Barcelona. "Barbacena e Barcelona, as duas começam com 'bar'" – diz, cortando um riso possível. Como cena mágica e pós-moderna, agora na cidade grande, a moça distraía sua origem distante e, nas luzes abafadas do Bagdad Café, onde atuava, no clima provocador do salão noturno, frente a um espelho envelhecido, explicava o ambiente refletindo sua imagem. O bairro Raval, onde vive, traduzia tudo, na lógica dos acontecimentos sem razões postas. Não que aquela situação não demandasse histórias, mas a movimentação vertiginosa da bem-sucedida boate não se mostrava coerente com as vidas que a movimentam. Essas sim faziam desconfiar de amanhãs sem ontens revelados. Tudo na boate respira o presente, o momento – pode-se dizer. Só ele vigora e o inevitável imediato seguinte é sempre curto, marcado por um relógio de horas pagas.

E como foi extensa a caminhada de Leide! Aprendi isso ouvindo as longas e tortuosas *contações* plenas de muitos lances – previsíveis alguns, outros nem tanto. Quem vê Leide hoje trabalhando na noite pode entender a naturalidade do cenário bizarro composto por múltiplos detalhes de metal e espelhos nas paredes, e em seu rosto a maquiagem enganadora que transforma olhos brejeiros em amêndoas exageradas, no corpo as roupas extravagantes que reforçam curvas exuberantes. Tudo disfarce de histórias traiçoeiras; porque, vistas na rotina da vida de prostitutas, desmentem fatos detalhados na intimidade de narrativas sempre únicas. Em sua casa, sem os tais acessórios, Leide nem parecia a mesma *moça da noite*. Observando-a em dois cenários, entendi melhor o que no jargão antropológico "inversão do cotidiano" significa. Entendi também o sentido da expressão, usada por ela: "preparada para matar" ou "vestida para a guerra". Mas "as duas" eram uma só pessoa...

Cheguei à Leide por indicação. Uma colega dela sugeriu que a entrevistasse em continuidade de um tema que insistia em se repetir nos contatos com as moças brasileiras *de vida fácil*: a dúbia religiosidade, ou melhor, a tensão frente à sorte ou ao apego a determinados modos de pensar o destino e prever o futuro. Leide é algo mística. Aliás, quase todas as putas o são. Mas ela se colocou acima das colegas por ter poderes certificados pelas companheiras e até por clientes. Aceitar isso foi tão imediato como constatar o fato, transparente em dizeres, gestos, amuletos e santinhos. Foi intrigante entender o plural devoto que se rendia a tantas práticas. Tantas... Sim, reinava uma confusão crente que, contudo, haveria de lograr sentido especial naquele meio: sem família, longe do Brasil. Era exatamente essa condição que me intrigava e a qual me propunha a compreender. Como se tivesse um dom específico, algo próximo à predestinação, Leide se tornou respeitada, e até mesmo temida em certas situações. Havia algo interdito entre o respeito e o temor a ela, diga-se. Leide é vista, dependendo da ocasião, como uma espécie de adivinha, rezadeira. Aí, aliás, reside parte considerável de seu poder. Sempre que podia, ostentava suas ligações com o divino, fosse para o bem ou para o mal, e isso a qualificava além de prostituta.

Entre colares, quase perdidos em um pescoço pequeno e sempre exibido, na noite em que a conheci, tinha um escapulário com dois santinhos, numa ponta Nossa Senhora Aparecida e no extremo oposto São Jorge. Carregava ainda contas de Iemanjá, que no colar azul e branco se misturavam às joias de imitação com muito brilho e colorido. Havia também uma figa prateada pendurada numa espécie de rosário que ela exibia como talismã. Devo me referir ao anel, enorme, de pedra escura, de um azul noturno intenso, que, preso no dedo mediano esquerdo, tornava tudo mais teatral, em virtude dos gestos largos animados por fartas pulseiras em ambos os braços. Na bolsa – ela me revelou –, num canto específico, trazia um patuá dado por um pai de santo. Leide traduzia nessa indicação um temor misturado com certeza protetora. Mas nada se compara à sua história de vida...

Leide é apenas mais uma das tantas brasileiras que se prostituem na Europa. Sua narrativa, no entanto, é singular, na medida em que mesmo destilando situações comuns a tantas outras, se distingue por não assumir a postura de vítima, "coitadinha". Chega a ser surpreendente como alguém com suas origens, vindo de situações tão adversas – interior de Minas, de família pobre, solitária, despossuída de bens e indefesa –, tenha conseguido alguma autonomia. Na altura dos tempos, dona de um contar de nuanças singelas, mas também épicas, pode-se dizer muito de alguém que se chamava Cleide, menos que era simples vítima de destino impiedoso. Daí o paradoxo contido na adoção do nome *Leide*. "Quase" é palavra frequente em suas narrativas. Frequente e intrigante, pois, ao mesmo tempo que "quase" implica impossibilidade de realização de desejos ou metas, também equivale ao reconhecimento do esforço para chegar ao que desenhava como sucesso ou lugar. Saber aonde se quer chegar explica o empenho contido nessa palavra, que poderia ser mudada para "perto" de algum alcance. Dizendo de outro jeito, Leide nunca perdeu de vista a aproximação da felicidade, da vontade de ter alguém, uma família sua, quiçá.

Menina ainda, de maneira natural, como se fosse parte de um impulso de sobrevivência comunitária, ela trabalhava. Fosse na "ralação da mandioca", arrumando a casa, lá estava ela, menina ainda, com suas irmãs, cumprindo o destino das legadas à própria sorte. Os irmãos, dois, saíram de casa, cumprindo o destino de homens que conseguem deixar as barras familiares. Às moças, tal ruptura era mais difícil, se não impossível. Casar, continuar a rotina das sertanejas que perpetuam um tipo de vida lhes era fatalidade imposta por enredos seculares. Ter que quebrar o jugo patriarcal – ainda que de um mandonismo masculino pobre – implicava nutrir rebeldias. E Leide, desde menina, foi diferente. É fácil imaginar a cena familiar à noite, na sala: todos parados enquanto ela se movimentava ao som do rádio. E o que dizer do seu fascínio também pelo circo, pela televisão, pelo mundo de espetáculos supostos no superlativo? Sem nunca ter ido à cidade, garota ainda, adivinhava significados e no movimento urbano empenhava seus melhores sonhos. Talvez, dentre tantos detalhes, o que marca mais e melhor a atitude dessa moça seja o "não lugar". Leide não pertencia a nenhum espaço. Não cabia em estruturas organizadas e sempre se deu mal quando impelida a elas. Mesmo nas redes de prostituição, não se ajeitou. Ao contrário de suas irmãs, não virou camponesa conformada. Não se ajustou ao convívio da própria família nem logrou pertencer a outra qualquer. Sua trajetória foi sempre solitária; e, se sua estrela brilhou, foi em céus emprestados, pagos por clientes sem lustros consequentes.

Também não achou seu lugar como mulher cabível nos padrões convencionais. Menina queria ser moça; moça, desde logo, soube que o caminho melhor seria o da sedução e do uso do corpo. E o impulso desde muito cedo lhe foi bússola. Ela sabia que havia algo mais e, sobretudo, tinha claro o que não queria. E foi caçadora de seus alcances, contando com o mínimo de afeto e farta intuição. Entre o desejo e o amor, Leide também não encontrou ninhos acolhedores. Experimentou, sim, um romance juvenil e, mais tarde, na cidade, um ensaio de outro, ambos frustrados, mas se conformou com a renúncia e a evocação sempre a distância. Ao se dar bem com "velhos", a moça do Triângulo Mineiro viu uma "especialidade", descobriu um "dom". Importante, nesse quesito, notar que também aí ela ficava num conveniente "entre" ou "não lugar". Seus fregueses não eram sequer amantes, figuras paternas, protetores. Clientes ocasionais. Só. E usava seus supostos atributos esotéricos como mecanismo de facilitação explicativa dos sucessos miúdos. Seria inviável dizer se ela mesma acreditava nos poderes que dizia ter. Horas havia em que se investia na realidade da "menina das ervas", e então dimensionava poderes. Em outras passagens, porém, Leide forçava a barra, aperfeiçoando poções, orientando-se com outros e com livros. E onde estaria sua sorte, o futuro, seu lugar? Maga da vida alheia, Leide nunca fez milagres para si própria.

 Vale notar que a trajetória dessa moça foi sutil e retraçada por ela própria. Primeiro dominou o espaço natal. Ao se tornar amante do detestável capataz estuprador, menina ainda, estava sugerido um caminho sem volta. Leide jamais retornou. Dói pensar na cena dela na porteira da fazenda, sem coragem de entrar. E o que dizer do reencontro algo místico com o irmão em BH? Retraçava-se, contudo, na superação da violência sexual infantil o destino contido em uma escolha de mulher. Certos estereótipos do feminino prostituído são de identificação fácil: aprendeu a enganar, se insinuava sensualmente e se instruiu no uso do corpo de maneira a materializar suas vontades de pertencimento a "outro lugar". E qual logro seria maior do que ganhar o mundo? Nesse sentido, a Europa – como antes fora Belo Horizonte e o Rio de Janeiro – era mapa a ser conhecido. Tudo, porém, sem comprometer o seu íntimo sagrado: Leide não beijava qualquer um. Podia até fazer outras coisas – muitas outras coisas, aliás –, mas seus beijos eram sagrados, eram seus. Território da resistência mais pessoal, beijar na boca era decisão sua. E não tinha preço. Os custos da prostituição foram todos pagos por ela, mas soube também controlar o próprio corpo e até usufruir gozos possíveis.

 As peripécias de Leide se complicaram progressivamente quando deixou o campo rumo ao mundo. Aliás, à medida que a cidade lhe servia de cenário, cada vez mais e maior, seus descaminhos aconteciam. Ela se perdeu na amplitude dos espaços metropolitanos. Até onde deu, conseguiu se movimentar por conta própria e assim se suster. Mas, a partir de Belo Horizonte, passava a depender de relações temerárias. Intriga sua solidão assumida e luta sempre desabitada. Delegava seu corpo, empenhou os afetos presumíveis, acomodou-se com uma sobrevivência encarada como melhoria de padrão social. E não teve amigos. Não obstante, seus espaços sociais sempre foram de disputa, desde menina. O uso do corpo como moeda, contudo, mostra a perversidade do mundo da prostituição "desclassificadora" por diferentes proscrições. Tanto no Brasil, exercendo atividade legal, mas culturalmente condenada, como na Europa, onde a profissão é legítima, Leide não se enquadrou.

 Desprotegida do pai, sem amparo de amantes, que apenas negociavam prazer, Leide não se tornou mãe, não se casou e, pelo menos até o momento, não tem herdeiros afetivos. Não se arrepende, é verdade, mas faria algumas coisas diferente. É possível que seja dada a hora de Leide encontrar o amor previsto nas cartas de tarô, mas se não acontecer... Se não acontecer, ela repetirá que está bem e que é "quase feliz" e que esse é lugar provisório para quem lutou para ter espaço pessoal definido.

EM BUSCA DE DIÁLOGOS

> "É da brincadeira que nasce o hábito, e mesmo em sua forma mais rígida, o hábito conserva até o fim alguns resíduos da brincadeira. Os hábitos são formas petrificadas, irreconhecíveis, de nossa primeira felicidade e de nosso primeiro terror."
>
> Walter Benjamin

Mas além de entreter e permitir o mergulho nos mares íntimos de uma vida singular, para que serviria a história de Leide? E as respostas se sobrepõem em camadas. Desde logo emergem questões de:

- ordem pessoal e familiar, da vida de moça pobre, do interior que resolveu virar um jogo dado;
- relações de gêneros e papéis sociais, transparentes nas peripécias derivada das condições de meninas do campo em seus contextos parentais e de classe social;
- escolha de caminhos e decisão de enfrentar metrópoles e assumir riscos na buscar de alternativas para si em espaços expressivos do domínio do masculino, no Brasil e fora dele;
- empenho pela sobrevivência e afirmativa pessoal no arriscado mercado da prostituição internacional.

Do lócus pontual, da perdida fazenda em Minas Gerais, de um ambiente onde o destino asseguraria traçados, às ousadias de viver onde tudo lhe era novo, se deu a formulação do projeto pessoal desenhado em incertezas e improvisos. Foi a partir do reconhecimento da experiência de Leide que comecei uma sequência articulada de ações que, em conjunto, ganhou lógica. E não há como deixar de lado o esforço para explicar os impulsos subjetivos, instintivos, contidos nessa experiência vista sob os procedimentos de *história oral de vida*. O arranjo argumentativo apresentado em entrevistas demonstra escolhas temáticas e exemplos que se articulam, dando forma a um enredo que faz sentido na evolução dos fatos selecionados pela *colaboradora*.[1] E o resultado é uma imagem ideal de si emoldurada como um retrato redentor da experiência continuada. De migrante a emigrante, de solitária impetuosa à busca de profissionalização valendo-se da única coisa que tinha e que era seu, o próprio corpo, fiou-se a motivação do entendimento da trajetória dessa moça, contextualizada na história amplíssima, que nos compreende a todos, sob a égide da globalização. Não basta, porém, dar voz, ouvido e forma textual a tal narrativa. É preciso mais: compreender e explicar.

Legar essa fala solta seria perder a oportunidade de inscrevê-la também no diálogo proposto por outros discursos analíticos. Uma das críticas mais pertinentes que se faz aos exames sobre prostituição é o apagamento das tramas geradas pelos próprios agentes que, afinal, em primeiro lugar, as implica.[2] O clamor realizado com eloquência por Cristina Garaizabal indica a necessidade de inclusão das vozes das prostitutas no concerto analítico que preza seus testemunhos. Sob a pena de ser apenas mais um "cruel silenciamento", a historiografia, sem o protagonismo dos implicados nessa atividade, é passível de se tornar "outro" – mais um – discurso autoritário. Ao relativizar as pesquisas que insistem em tons "pseudocientíficos", são reclamados elementos que instruam exames além de dados estatísticos, aportes teóricos sempre preestabelecidos e julgamentos que nunca perdem o teor de censura.[3] Padecendo do risco de moralismos e juízos exóticos, sem a presença legitimada das pessoas diretamente implicadas no processo, apenas continuaríamos falando de transtornos ou "desvios" psicológicos, anomalias sociais, explicações que derivam quase que exclusivamente de abusos sexuais sofridos na infância, de mulheres pobres que procuram como putas pertencer a um mundo que pretensamente não lhes é seu, tudo como se fossem bandidas, pervertidas e, no máximo, toleradas. Somados, esses pressupostos se emendam em outro pleno de aparente e pretensiosa objetividade analítica, ligando exclusivamente essas pessoas às máfias, como se não houvesse voluntarismo nessas experiências.[4] Contra a facilidade explicativa calcada na simplificação das moças como seres apenas estigmatizados, explicados pelas quadrilhas, Adriana Piscitelli adverte que

> as mulheres brasileiras que trabalham na indústria do sexo europeu tendem a ser imaginadas como mães muito jovens e pobres, de pele escura, com baixos níveis de educação formal, provenientes de estados mais pobres do país e sem qualquer história prévia de trabalho na indústria do sexo. Imagina-se igualmente que elas foram amplamente expostas à fraude e/ou violência por parte das "máfias do tráfico" que manipulam as vulnerabilidades socioeconômicas dessas mulheres para enredá-las em uma situação análoga à escravidão.[5]

A trajetória de Leide coloca na berlinda algumas das premissas mais comuns e reforçadoras do suposto dominante da "vitimização" dessas mulheres. E, em vista de suas histórias, não se quer apenas reconhecê-las como vítimas, agentes passivas, ainda que circunstâncias de vulnerabilidade lhes sejam sempre sombras.[6] Mas é de se considerar a sequência de fatos da vida dessa moça. O que não lhe faltou foi determinação na escolha de um caminho: ser prostituta.[7] Ser e manter-se, diga-se. O reconhecimento da vontade pessoal, pois extrai o determinismo que explica as prostitutas sob a condição de eternas subalternas, coitadinhas, infelizes.[8] Nesse caso específico, não há como deixar de reconhecer certa autonomia e luta pessoal, isolada, que, contudo, se perde na vastidão dos problemas sociais e urbanos. Até onde conseguiu, a moça de Minas fez vigorar sua vontade e autonomia, de certa forma, subvertendo histórias dadas como padrão.

Saindo dos limites da fazenda mineira, ainda adolescente, Leide, sem conhecimento da amplitude da legislação, compôs o contingente alargado da prostituição infantil no Brasil.[9] Tanto em Belo Horizonte como depois, no Rio, ela experimentou os dois lados dessa atividade.[10] O importante no caso de Leide é que em suas aventuras jamais passou pelo crivo da lei e sua história esteve à margem do alcance legal permitido constitucionalmente e depois detalhado no Plano Nacional de Enfrentamento da Violência Sexual Infanto-Juvenil.[11] Também, tanto no Brasil como na Europa, Leide usou os dois espaços convencionais para o exercício da prostituição: a rua e os ambientes fechados.[12] De certa maneira, ao fazer *tapetão* ou *pista*, na rua, em boates ou recintos fechados, Leide viveu a dicotomia consagrada que lega "o espaço ideal da mulher à casa e ao homem a rua".[13] Também ficou claro nessa experiência que Leide não se enquadra no perfil da prostituta brasileira média.[14] Mais do que sua essencialidade, porém, vale propor a história de Leide como lupa para leituras plurais sobre o assunto. E como então é possível achar atalhos que exibem a complexidade do uso do corpo por determinado segmento de brasileiras e brasileiros.

Interessa sobremaneira abordar a questão de sua saída do Brasil para a Europa. No caso de Leide, deu-se a ida para a Itália, Milão, em primeiro lugar. Depois a Espanha tornou-se o lócus escolhido, ainda que Portugal lhe estivesse na mira. O que surpreende acima de tudo é a espontaneidade dessa moça e sua determinação na busca de lugares para si. Esse fato merece atenção, pois se faz necessário também cuidar de aspectos ligados às ações realizadas além das máfias e do tráfico. É claro que existem linhagens de exploração e que as caracterizações feitas em relação às redes russas, búlgaras e romenas merecem condenações; mas, ao largo dessas correntes, há intensa movimentação feita em favor das circulações individuais ou de grupos atomizados que não cabem nos critérios organizacionais. Nesse sentido, vale considerar a distinção feita por Piscitelli entre a ação condutora das máfias e a circunstância "de apoio". Assim explica a autora:

> apoio está ligado às viagens realizadas com ajuda de redes informais feitas por pessoas que estão próximas ao migrante. Envolve empréstimos temporários de dinheiro que são pagos com juros semelhantes ao que foi cobrado por um clube para serviço semelhante. Pode também envolver a oferta de uma vaga em um apartamento de alto preço e/ou o auxílio para na inserção em um dado ponto na rua.[15]

Pesquisadores, como Thaddeus Blanchette, têm alertado sobre a ação implicada no turismo sexual de estrangeiros, em particular no Rio de Janeiro. A experiência de Leide mostra como isso acontece de maneira sutil e anuncia os dramas decorrentes da ausência do Estado como agente preparado para dar garantias cidadãs.[16] Aliás, a participação direta dos personagens em tramas analíticas é o que mais ressalta da contemplação da história de Leide. O fato de ela deixar, na narrativa, seu futuro em aberto, permite supor sentido na retomada do tema, que vai além de questões de migratórias ou de Direitos Humanos. Sobretudo, a experiência de Leide deixa entrever necessidades de amanheceres humanizados nas ciências sociais e na história pública.

NOTAS

[1] Optou-se pelo conceito de *colaboração* em vez dos usuais e criticáveis usos de *informante, ator social* ou *objeto de pesquisa*.
[2] Jéferson Afonso Bacellar, *A família da prostituta*, Ática, São Paulo, 1982.
[3] Cristina Garaizabal, "Presentación", em Celeste Arella et al., *Los pasos (in)visibles de la prostituición: estigma, persecusión y vulneración de derechos de las trabajadoras sexuales em Barcelona*, Barcelona, Virus Editorial, 2007, p. 18.
[4] Importantes linhas analíticas se apresentam para a discussão do tráfico de mulheres; poucos, porém, se dispõem ao exame da prostituição voluntária, que, aliás, se constitui na maioria dominante dos casos. Exalta-se o cuidado com temas ligados ao tráfico internacional de pessoas, mas busca-se também considerar situações paralelas.
[5] Adriana Piscitelli, "Entre os discursos sobre o tráfico e o agenciamento sexual: brasileiras profissionais do sexo na Espanha", em *Oralidades: Revista de História Oral*, n. 9, São Paulo, Neho-USP, jan.-jul./2011, p. 197.
[6] Distingue-se o conceito de *vítima* do de *ofendida*, dependendo da natureza do crime. A palavra *vítima* se aplica aos crimes contra a pessoa e *ofendido* aos delitos contra a honra e os costumes. No primeiro caso, admite-se o engano, o embuste, a coação, e, no segundo, a possibilidade de defesa mediante questões de Direito.

7   A prostituição no Brasil é uma atividade profissional reconhecida pelo Ministério do Trabalho e não possui impedimentos legais quando praticada por maiores de idade.
8   Sobre o assunto, leia-se o texto "O mito de Maria, uma traficante exemplar: confrontando leituras mitológicas do tráfico com as experiências de migrantes brasileiros, trabalhadores do sexo". Disponível em: <http://www.csem.org.br/remhu/index.php/remhu/article/viewFile/278/253>. Acesso em: 22 nov. 2013.
9   O Direito brasileiro distingue a "violação sexual mediante fraude" (art. 215) do "estupro de vulnerável", situação em que pessoa fica impossibilitada de qualquer resistência (art. 217-A, § 1º, *in fine*). O caso de Leide se enquadra na segunda situação.
10 A exploração sexual infantil em diferentes partes do mundo tem sido contemplada a partir do "tráfico internacional de crianças e do turismo sexual". Pouca atenção tem sido dada à exploração sexual da criança e do adolescente no Brasil. Já em 2004, em artigo intitulado "Brazil struggles to curb sex tourism", de Sergio Folgill, então presidente do World Tourism Forum, declarou que "o Brasil também é vítima do próprio mercado". Disponível em: <http://news.bbc.co.uk/2/hi/americas/4061325.stm>. Acesso em: 8 jul. 2013. Recentemente, notícias jornalísticas têm alertado sobre o tema. Entre outros artigos, leia-se na *Folha de S.Paulo*: <http://www1.folha.uol.com.br/cotidiano/810569-levantamento-aponta-1820-areas-de-risco-de-exploracao-sexual-nas-estradas-federais.shtml>. Acesso em: 8 jul. 2013.
11 No Brasil, apenas a partir de 1988, pela Constituição Federal, a criança e o adolescente passaram a ser considerados "sujeitos de direitos". Segundo o artigo 227 da Constituição Federal, é dever "da família, da sociedade e do Estado assegurar à criança e ao adolescente, com absoluta prioridade, o direito à vida, à saúde, à alimentação, à educação, ao lazer, à profissionalização, à cultura, à dignidade, ao respeito, à liberdade e à convivência familiar e comunitária, além de colocá-los a salvo de toda forma de negligência, discriminação, exploração, violência, crueldade e opressão". Devido ao aumento alarmante da exploração sexual infantil, criou-se em 2000 o Plano Nacional de Enfrentamento da Violência Sexual Infanto-Juvenil, que possui seis eixos básicos, a saber: análise da situação, mobilização e articulação, defesa e responsabilização, atendimento, prevenção, protagonismo infanto-juvenil.
12 Sobre o uso dos espaços público e privado na cultura brasileira, leia-se Roberto DaMatta, *A casa & a rua: espaço, cidadania, mulher e morte no Brasil*, Rio de Janeiro, Guanabara, 1987, pp. 11-29. Entre outros, dois trabalhos discutem o uso dos espaços na atividade da prostituição no Brasil: Maria Dulce Gaspar tangencia a situação vivenciada por Leide em *Garotas de programa: prostituição em Copacabana e identidade social*, Rio de Janeiro, Zahar, 1985: o texto de Taddheus G. Blanchette e A. P. Silva, "Sexo, amor e turismo na Copacabana", em *1º Congresso Latino Americano de Antropologia*, 2005, Rosário, Argentina. Os *Anais do 1º Congresso Latino Americano de Antropologia*, de 2005, mapeiam a atividade em espaços abertos na orla da avenida Atlântica; e, ao tratar dos espaços fechados, Margareth Rago, circunscrevendo a São Paulo da virada do século XIX para o XX, determina o trajeto em *Do Cabaré ao lar: a utopia da cidade disciplinar – Brasil 1890-1930*, Rio de Janeiro, Paz e Terra, 1985.
13 Manuel Delgado, "La mujer en la calle: gênero y ambiguidad em espacios urbanos", em Celeste Arella et al., op. cit., p. 128.
14 O Jornal *O Beijo da Rua*, no número de abril de 2002, traz pesquisas sobre o perfil da prostituta brasileira, revelando estatísticas regionais e tendências no consumo do sexo. Disponível em: <http://www.beijodarua.com.br/materia.asp?edicao=1&coluna=6&num=0>. Acesso em: 21 mar. 2013.
15 Adriana Piscitelli, op. cit. pp. 206-7.
16 Sobre o assunto, leia-se de Thaddeus G. Blanchette, "Fariseus e gringos bons: masculinidade e turismo sexual em Copacabana", em Adriana Piscitelli, Glaucia Oilveira Assis, José Miguel Nieto (orgs.), *Gênero, sexo, amor e dinheiro: mobilidades transnacionais envolvendo o Brasil*, Campinas, Pagu, Unicamp, 2012, v. 1, pp. 57-103.

HISTÓRIA 2

A maranhense Lindalva, ao chegar ao Rio, se viu lançada no cotidiano da prostituição e do tráfico nas malhas da modernidade excludente. Difícil foi criar saídas. Conseguiu algumas, as possíveis num mundo excludente, tramado por conflitos dramáticos.

Sandra Regina Nunes – pesquisadora do Diversitas/USP
especialista em narrativas fantásticas

LINDA, LINDALVA

Soube por uma companheira de Lindalva que poderia ir a Girona, Espanha, entrevistá-la. Antes, ouvira falar dela com entusiasmo. Suas amigas a tinham em consideração e várias recomendaram o encontro, pois, "ela era a tal". Fui ao seu encalço. Girona, ao norte de Barcelona, era novidade em minha movimentada vida de turista e pesquisador. Cidade linda, de traços medievais mantidos, esconde em suas cercanias alguns refúgios do novo e intenso fluxo de prostitutas, em particular para um segmento de brasileiras, colombianas, equatorianas, latino-americanas em geral. Era, portanto, para lá que precisava ir, a fim de colher relatos de pessoas dispostas a contar trajetos insuspeitados, desconhecidos e, sobretudo, atualizados em termos dos trajetos internacionais. Soube em Girona, exatamente por Lindalva, que aquele ponto se tornara o lócus mais importante da prostituição europeia e, quiçá, do mundo ocidental pela constelação de "casas". Novo conceito de meretrício, diria, pois reunia boates de todos os tipos, em recantos isolados, ainda mais ao norte, pouco além da encantadora cidadezinha de Figueiras, de Salvador Dali, com seu enigmático museu surrealista. Aliás, os princípios do surrealismo justificavam o cenário que se abria pleno de seres que, em conjunto, não caberiam na lógica de um mundo moralizado segundo tradições severas.

Fiquei intrigado ao descobrir que ao lado, logo ali, estava a fronteira da França, distando apenas seis quilômetros de La Jonquera, movimentado parque industrial e de trânsito rodoviário. De toda forma, foi lá que medi a imponência dos maiores prostíbulos da Europa, o Paradise, o Lady Dallas, o Desire e o Madam's, entre muitos outros. Junto com casas de jogos, principalmente de bingo, *sex shops* e lojas de roupas eróticas, o lugar é frequentado majoritariamente por franceses, posto que lá os consumidores de sexo pago são criminalizados com severas penas. Estar nesses sítios deu-me a dimensão do sistema internacional que justifica a prostituição em escala global. E era nele que Lindalva se movimentava em sua consequente insignificância, ajudando a girar uma roda monumental de negócios milionários e de riscos insondáveis. Tal é a magnitude do mercado que seus participantes perdem o teor da própria vida e se tornam peças ou números nas estatísticas, compõem listas étnicas de tipos dispostos ao comércio com o próprio corpo. E Lindalva tentava nesse emaranhado viver seu enredo existencial, estranha à engrenagem formidável que, na intimidade histórica, enlaça culturas, negócios, redes de traficantes de mulheres, situações de gênero em disputas resolvidas principalmente pelo alcance do dinheiro. Tudo veiculado na tensão transacional do uso do sexo como moeda e compensação de prazeres. A exacerbada busca de satisfação elevada à potência máxima do código sexual, vertida em comércio, encontra ali uma síntese perfeita do mundo globalizado, que exacerba as contradições dadas pela história. Tudo é mercadoria nesse mundo onde o capitalismo se vale do corpo também como moeda transnacional.

Entrevistei Lindalva pela primeira vez em princípios de 2010, no fim do ano da inauguração do Paradise. Gentilmente, ela me esperou na estação de trem, em Girona. Primeiro tomamos um café, nos apresentamos. Gostei demais dela e acho que ela viu em mim páginas de sua história a ser contada. Falei do esforço em entrevistá-la por representar aproximações com o que vulgarmente se julga *"tipicamente brasileira"*, mulher ajustável nos estereótipos presumidos: moça pobre, do Nordeste, mulata, jovem à procura de algum sucesso com o uso do corpo, disposta a ir para o exterior. O conteúdo estereotipado, porém, não lhe parecia *script* fatal. Tinha antes tentado aproximações, mas o súbito desaparecimento dela de cena, contudo, frustrou minha tentativa de estreia. Pela mesma amiga comum que a indicara, fiquei sabendo de seu amedrontamento, supondo que eu fosse da polícia, de alguma rede de traficantes ou de instituição vigilante, da polícia federal espanhola. Soube também de encrencas em que estivera metida no Rio, quando do seu retorno provisório, em 2011. Felizmente consegui reencontrá-la em seguida, naquele novembro registramos a primeira entrevista e articulamos temas importantes em sua experiência. Em 2012, outra vez, agora em Barcelona, ela veio me visitar, atualizando uma trajetória que foi mais uma vez verificada, em maio de 2013. Rimos muito, mas também choramos; e ela por fim disse, entre emocionada e atrevida: "Pode pôr minha vida no mundo. Tenho o que mostrar".

"SOY UNA CHICA EN ESPAÑA"

Aqui, em Girona, sou Linda. No Brasil sou Lindalva. Lindalva Silva Pereira, bem brasileira, né? Nasci em São Luís do Maranhão, e lá sempre fui muito pobre. Meu pai – Lindolfo era o nome dele – foi para o Rio de Janeiro na seca de 1989. A seca em São Luís não é tão braba, mas o pessoal aproveita e engrossa a romaria pro sul. Eu nasci um ano antes, em 1988, tenho agora 24 anos. Sou do dia 13 de maio, dia da libertação dos escravos. Sempre que falo a data de meu nascimento, junto essa história da abolição... Sei lá por que faço isso, talvez por ser bem mulata, da "cor do Brasil", como dizem aqui. Também dia 13 de maio é dia de Nossa Senhora de Fátima, de quem sou fiel devota. Sabe, eu rezo muito. Muito mesmo. Sou mulata, mas não negra; sou religiosa, mas não carola; estou na Espanha, mas não sou espanhola... Acho até que sou meio santinha e meio putinha... O pior é que sou tudo isso num mesmo dia... Pode?!

Meu pai foi para o sul, para o Rio, deixou minha mãe, Tiana, e quatro filhos. Mais tarde nasceu mais um irmão, filho de outro homem. Ficamos muitos anos sem notícias do pai, que desapareceu de vez. Sumiu: assim *puhm*... Desapareceu e pronto. De-sa-pa-re-ce-u, acredita? Um belo dia, sem mais nem menos, ele surgiu de volta, brotou do nada... Aí, menino, foi um susto!... Susto e acontecimento, né? Quando ele voltou, foi a maior confusão: a mãe com filho de outro homem; ele já era avô... Nossa, nem sei contar o bode que deu. Para mim foi bom... Olha, nem consigo dizer o que a mãe, sozinha, fez para sustentar os cinco filhos enquanto o tal de seu Lindolfo estava fora... Meu irmão menor, esse que nasceu depois que o pai partiu, se chama Gusta – o nome dele é Gustavo – e os outros são Lindomar, Lindeci, Lindirene e eu. O Gusta é bem mais clarinho e deve parecer com o pai dele, que nunca conhecemos. Sabemos que o pai do Gusta existia porque vivíamos do dinheiro que ele dava para o filho. É claro que minha mãe, além de lavar roupas na beira do rio, fazia "outras coisinhas". Coitada, ela vivia apaixonada, mas só arranjava tranca, um pior que o outro... A mãe dizia que era "vítima do amor". Sabe, a mãe vivia cantando música de fossa. Eu cresci sabendo que mulher ama para não ser amada, que homem não presta. Vivo cantando músicas de apaixonados infelizes, bregas, mas é pra me lembrar que não devo me apaixonar. Ai, ai...

Cresci assim, bem solta, soltinha mesmo. O Lindomar saiu de casa cedo e com uns 14 anos também sumiu, nunca mais soubemos dele. Até hoje escuto a voz da minha mãe dizendo "O Lindomar pegou a estrada"... Uma vez fizemos uma compra no mercado e, quando desembrulhava o pacote, vi um retrato no jornal, era a cara de um bandido... Acho que era ele, por causa de uma cicatriz que tinha no rosto, bem na testa, mas não tenho certeza. A Lindeci embuchou com uns 13 anos e depois teve cinco filhos. Cinco, um depois do outro. Cinco... A Lindirene caiu na vida, mas depois tomou jeito, se juntou com um dos pais dos seus três filhos, um negão brabo, feio como o demo. Eu não tenho filhos. Nem preciso, né? Não preciso porque já tenho que sustentar os filhos dos outros, meus sobrinhos. Tá de bom tamanho assim. E não são só eles não: mãe doente, vizinhos, parentes. Todo mundo sabe o que eu faço para sobreviver. Na minha família isso é natural, ninguém condena ninguém. Eu acho que tive mais sorte, me dei bem. Comecei como "menina levada da breca", virei "biscate", depois "putinha" e "puta", "mulher da vida", "quenga" e agora *soy una chica en España*, no maior puteiro do mundo, no Paradise, aqui na fronteira com a França... Melhorei, né?!... Poderosa. Imagina se tivesse ficado lá, em São Luís, no Rio... Imagine...

Fui menina bem pobre... Pobre daquelas que no tempo do Natal entra nas filas, espera um tempão, tudo para ganhar uma boneca qualquer, panelinha de plástico, bambolê, e acha que é a pessoa mais abençoada do mundo. Sabe como é: pobre que ganha brinquedinho no Natal!... Ai, ai... Vivi largada... Todas as crianças eram largadas na Liberdade, bairro onde moramos por uns bons tempos. Eu cresci na rua da Vala, que hoje se chama 24 de Agosto. Minha maior vitória nessa vida é ter comprado uma casa lá. Devo dizer que tenho ainda mais casas em São Luís: uma na Vila Santa Clara, uma na Vila Cafeteira, outra na Vila Cascavel, além da casa da Liberdade onde minha mãe vive. Comprei faz pouco tempo, mas são minhas. Vila em São Luís é favela, muquifo, mas de todo jeito é com os aluguéis dessas casas que ajudo todo mundo lá. Minha vida agora é assim "faço o dia", guardo dinheiro, compro casa. Em vez de ficar mandando graninha pro povo, como as outras fazem, eu prefiro guardar e comprar casa para render. Eu penso muito no meu futuro... Sabe como é futuro de puta, né!...

Um dia vou voltar e quero ser patroa, não empregada. Como puta, aprendi muita coisa, mas o que mais gosto é de saber que agora tenho onde cair morta. Sou orgulhosa disso. Sou respeitada.

No meu tempo de menina, em São Luís, tudo era muito miserável. Miserável de dar dó. Tinha uns padres do Convento Nossa Senhora do Perpétuo Socorro que iam lá, mas eles queriam mesmo era ensinar o catecismo. É... a gente até ia aos encontros para ganhar umas balinhas, uns docinhos. Eu gostava de rezar, de ir à igreja, e me sentia bem olhando os santos, mas nunca gostei de padre, de pastor, de pai de santo, de gente que vive para dizer o que é certo e o que é errado, dessas pessoas que só sabem julgar e condenar. Sabe, eu sempre desconfiei desse povo rezador. Também não gostava de ir à missa, com igreja cheia e hora marcada. Prefiro estar sozinha nas igrejas e sempre que posso dou uma escapadinha e vou numa, sento, converso com os santos. A-do-ro fazer isso. Sabe, esse povo muito beato nunca passou o que passamos e gosta de pregar bonitinho, sem saber da vida. Eu rezo. Rezo muito, mas não vivo na igreja. Gosto mesmo é de procissão. Acho lindo, andor, irmandade, banda, gente rezando... Sei cantar muitas músicas de igreja... E canto sempre. A minha preferida é *"à 13 de maio, na cova da Iria, no céu aparece a Virgem Maria"*... Adoro a parte que diz *"Ave, Ave, Ave Maria"*...

Mudamos depois para Vila Santa Clara e minha mãe com os filhos foram dos primeiros moradores de lá. Era uma invasão e os organizadores acharam que se fosse uma mulher, mãe, com filhos no colo, com uns grudados na barra da saia, ficava mais fácil convencer as autoridades da necessidade de deixar os pobres por lá. E tem os jornalistas, que gostam de fotos de mãe e filhos querendo terreno... É engraçado isso que vou dizer, mas sinto saudade de minha infância na Liberdade. Naquele tempo não tinha ainda tudo aquilo que hoje faz a fama do bairro, principalmente o *hip-hop*, a rádio comunitária, a roda de capoeira, mas a gente se divertia com o bumba meu boi, com o tambor. Eu, desde menininha, fui muito boa no *cacuriá* que o pessoal conhece como *catimbó* e que se dança na Festa do Divino. Olha, eu acho que fui feliz mesmo pobre, porque não tinha muita diferença entre menino e menina, branco e preto, certo e errado. Todo mundo era muito igual, muito pobre. A gente ia crescendo em bando e pronto. A vida era sempre fora de casa, porque dentro nem dava para ficar muito tempo. A casa tinha quatro cômodos, pequenos, sem ar, escura demais, sem assoalho, sem nada e o banheiro ficava do lado de fora, uma pobreza só... Até hoje quando volto a São Luís, vou para a Liberdade e quando vejo o povo reclamar eu fico pensando no que era antes e, por dentro, comigo mesma, dou risada imaginando se eles soubessem como tudo era mais difícil, sem água, sem encanamento. Ah! Se eles soubessem... Hoje todo mundo lá tem celular, televisão com parabólica, computador. Antes...

Olhe bem, eu não sei dizer quando perdi minha virgindade. Para ser bem sincera, nem sei se um dia tive, se fui virgem. Sabe como é, a gente vivia em bando e fazia de tudo. Eu, como era bem bonitinha, fui namorada do Ribamar, o Riba, que era maiorzinho, mais fortinho, e que mandava em todos os pivetes. Eu gostava de ser namorada dele porque tinha mais poder e me sentia protegida. Pra falar a verdade, eu era mesmo uma rainha, dona do pedaço... Quando digo "namorada", estou dizendo que era mulher dele... Mulherzinha, amante, entende? Às vezes não era só dele, não. Desde garotinha eu fui meio malandra e, de vez em quando, eu dava para os outros meninos, mas tudo em segredo, porque se o Riba soubesse, ai, ai... Eu bem que gostava da brincadeira de ser mulher do carinha poderoso e que todos respeitavam. E gostava de ter meus segredinhos. Sabe, eu aprendi que tendo meus namoricos longe do Riba eu também tinha força, era cobiçada.

Desde menininha, eu brincava com os machinhos e eles também gostavam bem de mim. Imagine que me sentia uma senhora, uma madame importante... E fazia tudo, tudo que era imaginado de sexo. Fazia e fazia muito bem, eu sabia das coisas... Acho que nasci sabendo. Não beijava muito, não, mas chupava, dava, fazia o que pediam... E fazia muito bem feito, viu?! Agradar machinho era comigo mesmo. Na Liberdade, tinha muitas putas, *mulher da vida*, tinha também a *casa da luz vermelha*, famosa, e o engraçado é que tudo era bem natural, todos se misturavam, uns iam às casas dos outros. Digo isso porque foi com uma puta, a Madá, que aprendi o que era *paquete*. Quando sangrei pela primeira vez, quando *fiquei de bode* – acho que tinha uns 12 ou 13 anos –, foi com uma puta que aprendi a usar "paninho". Foi também com elas que soube que não devia deixar homem gozar dentro. Dei sorte, né? Contei que minha irmã ficou prenha ainda novinha? E não parou mais. Acho que ela demorou a aprender a evitar cria. Eu não... E olha que eu dava de verdade. "Dava" é pouco, eu distribuía... Sabe, até acho que biscate esperta evita filho fazendo a coisa por trás e acaba gostando da brincadeira. E como os homens querem!... Não é brincadeira, não... Vou contar um segredo, meu sucesso como puta se deve a isso:

dou tudo, e os europeus a-do-ram... Sou famosa por causa disso. Se eles querem, é só aumentar o preço e lá estou eu dando tudo, fazendo o que eles fantasiam: mamo, dou, empresto, alugo, faço qualquer coisa mesmo... Só não beijo à toa na boca... A boca é minha e não vendo, não alugo, não arrendo... Só eu mando nela, viu...

Quando mudamos para a Vila Santa Clara, eu tinha uns 13 anos. A vila ainda estava se formando e tinha só umas casinhas sendo construídas. Coisa de pobre, né, sabe como é: tijolo baiano, sem caiação, sem ladrilho, porta de qualquer jeito, fios elétricos soltos... Tudo emendado, remendado, é muito "dado"... E quem construía eram uns pedreiros da região. Por sorte, logo apareceu um, o Durval, mais velho que eu uns dez anos, mas bonitão e cheio de pinta, tocava gaita de boca e era bem *marrudo*, andava sem camisa, mostrando o peitão grande. O Riba, o carinha lá da Liberdade, estava preso na Detenção de Menores e eu, em outro bairro, precisava arranjar um protetor. Não deu outra, fui ficando com o Durva. Minha mãe gostou muito disso, porque dava um jeito de fazer o cara trabalhar para ela na casa: um consertinho aqui, outro ali... Era uma coisa meio louca, porque os dois se davam muito bem. Até bem demais, entende o que eu quero dizer?! Entende?... Eu também não estava lá tão incomodada... O que não queria era ficar sem homem. Como nunca tive muita escola – eu apenas fiz, muito mal, até o quarto ano do grupo escolar –, não tinha muitas prendas pra trabalhar. O Durva dava umas coisinhas para mim, umas roupinhas, e eu confesso que fazia meus programas por fora, mas nada que rendesse bastante. Eram apenas umas escapadinhas para alegrar a moçada e me fazer conhecida. Eu gostava de ser falada, de ser motivo de cochicho... Era meu jeito de aparecer. Queria mesmo é passar na rua e ouvir que falavam de mim.

Um dia soube que na praia de Ponta d'Areia, bairro chique que estava abrindo, tinha uma família precisando de empregada. Era bem longe, e que, por isso, eu teria que dormir lá, ficar na casa. Achei que era uma boa oportunidade para dar uma virada na vida e fui até lá sondar. Gostei e tratei com eles. Depois, logo uns dias, fiquei danada quando soube que o Durva estava morando com minha mãe, na casa nossa, de cama, mesa e banho. Eu aproveitei isso como desculpa para poder ficar longe. Não briguei com minha mãe, não. Não, de jeito nenhum, mas me afastei, fiz um teatrinho e até chorei para dar mais verdade ao caso. Arrumei minhas coisinhas e me mandei. É claro que dei uma choradinha, fiz tudo como manda o figurino... Até parecia música do Odair José... Sinceramente, acho que os dois combinavam. Ele era mais do jeito da mãe do que de mim. Ela era mais velha que ele, mas isso não fazia importância...

A família da Ponta d'Areia, do pessoal com quem fui trabalhar, tinha os filhos morando fora de São Luís, estudando: um em Fortaleza e outro em Vitória, no Espírito Santo. Um ia ser médico e o outro engenheiro. Fiquei uns tempos, uns dois meses, só com o casal e uma senhora, a mãe da dona da casa. A velha – dona Matilde era o nome da malvada – me dava muito trabalho, porque era encrenqueira e não gostava de nada que eu fazia, vivia me chamando de empregadinha, de neguinha. A mulher do patrão era muito chata também, mas não me atrapalhava. O patrão... ah! Esse sim era muito legal. Seu Homero tinha uns 50 anos, era bem divertido, bebia muito e quando ficava alegre tirava a camisa e gostava de cantar. É claro que ele jogava um charminho pra mim... E eu para ele, né?... Mas não acontecia nada. Sabe, eu dava pinta de menina de família, séria... Representava bem, viu... Por essa ocasião comecei a namorar outro pedreiro, Ernesto, mas ele – o Nesto – era muito burro, e muito devagar com as coisas da cama. Ah!... Eu ficava agoniada com a lerdeza dele. Ele era muito romântico, metido a dizer coisas bonitas... Um chato. Troquei por outro, depois por outro, e nada de me acertar. Também comecei achar que ganhava pouco e não gostava de ouvir que tinha "casa e comida de graça", que "devia dar graças a Deus por achar uma casa tão boa", que "não existia mais emprego como aquele". Um saco... Mas eu ia levando porque afinal estava longe de casa, tinha onde dormir e comer.

Eu já estava ajeitando outra casa para trabalhar, ganhando mais, quando soube que o filho menor, o engenheiro, Agenor, ia chegar de férias. Resolvi esperar para ver o que aconteceria. Tinha visto uns retratos dele de calção de banho, sem camisa e fiquei curiosa, animadona. De repente, apareceu o rapaz com mais dois amigos, um do Rio e outro de Santos, colegas de faculdade. Olha, mudei de ideia na hora... Resolvi ficar pelo menos mais uns tempos, até que eles passassem as férias lá. Logo vi que era minha chance e pensei que deveria dar bola para os três. Achava que o primeiro que caísse na rede era peixe, eu pegaria: sabe como é, né, aquela coisa de empregadinha e filho do patrão... E foi logo o Agenor que eu escolhi. Foi assim: no primeiro dia que eles chegaram, como a família não estava esperando visitas além do filho, eu tive que dar meu quarto para ele. Os dois visitantes dormiram no quarto de dentro e o Agenor foi para o meu, porque a velha, a mãe da patroa, ocupava o outro. Eu ia dormir na cozinha, atrás da dispensa num colchonete... Aceitei sem problemas, mas minhas roupas, minhas coisas em geral, estavam no quarto dos fundos, e então tinha boa desculpa para sempre ir lá toda hora. Ah, o banheiro da empregada também era colado no quartinho, então... Olha, não foi preciso muito esforço, não!... Os três eram bem esportistas e logo foram ficando à vontade, sem camisa, de shorts, descalços.

Achei os três bonitos, mas o Agenor me agradou mais. Eles chegaram cedo e eu improvisei um bom almoço, lembro bem, caprichei, fiz um bom baião de dois e galinha ensopada e ainda de sobremesa preparei um pudim de leite muito gostoso. Arrasei... Servi toda cheia de fogo, me esbarrando em cada um quando punha e tirava os pratos... Mas fiquei meio agoniada quando eles foram para a sala, todos, e começaram a conversar sem parar. Eu queria logo atacar o Agenor, mas ele demorava muito e eu estava impaciente. Uma hora resolvi servir açaí e fui pra sala de bandeja e tudo. Devo ter dado alguma pinta, porque a patroa começou a olhar feio para mim. Olha, eu não estava nem aí pra ela. Depois, preparei o lanche e fiquei esperando ver o que aconteceria à noite. Para azar meu, os meninos resolveram sair pra balada e chegaram de madrugada. Bêbados. Os três bem chupados... Fiquei danada de raiva e o pior é que tava de TPM e logo vinha a *paquete*... Mas foi bom, porque se eles atacassem eu podia dar uma de difícil. Os meninos estavam muito a fim de praia e saíam de manhã, só voltavam à tardinha. E eu lá na cozinha, lavando, passando. Lavando e passando, mas ligadona esperando a primeira oportunidade.

Ainda estava de namorico com o Nesto, o pedreiro, que não rendia nada, mas era melhor do que ficar sem ninguém. Devo dizer que, se o Nesto não dava no coro, tinha outros que compensavam. Eu sabia fazer a coisa... Era bem danada, e ainda não tinha nem 16 anos... Ficava com o Nesto porque para a família que eu trabalhava era mais seguro, a patroa se sentia mais confiante e o Nesto não atrapalhava os outros. E, sabe, eu sempre gostei de ter homem fixo – do tipo um na mão é melhor do que muitos voando, mas também acho que muitos voando é melhor do que só um fixo... Olha, isso é bobagem, eu quero mesmo é o fixo e os que voam. Tudo ao mesmo tempo. O chato é que o Nesto queria me apresentar pra mãe, tipo coisa séria... Eu queria é mais aproveitar a vida, imagina, menina eu queria mais é viver. Pra ser bem sincera, achava ele legal, mas não era o que pensava para mim. Era um bom amigo, sempre estava por perto querendo me agradar. Só. Ah! Devo dizer que ele também fazia estampa para quem quisesse saber de minha vida: era tipo compromisso sério.

Bem francamente, aprendi a lidar com sexo muito cedo. Naquele tempo não se falava de camisinha, de anticoncepcional, nada dessas coisas. O cuidado maior que tinha era não deixar o cara gozar dentro e permitir que o sujeito tenha criatividade para fazer por trás. Essa coisa de tabela pra mim não funcionava, eu sempre me atrapalhava com os dias. Olha, não sei como nunca tive problemas de gravidez, não sei mesmo... As maiores dificuldades que tive sempre foram de relacionamentos. Mesmo com os meninos em casa, com os filhos da patroa e com os amigos deles, eu dava um jeito de marcar com um aqui, outro lá... Eu era a "dama"; dama dos pedreiros e pescadores, barqueiros, entregadores, guardas... O engraçado é que não me apaixonava, nunca. Tinha raiva da história de minha mãe, que vivia caída por homem. Com ela era assim: transava, gamava, na base do "amor de pica, bate e fica", entende? E minhas irmãs também... Eu gostava mesmo é de trepar e quanto mais variado melhor. Logo, logo, perdi a conta de quantos caras eu tive, mas também pra que ficar contando?

Uma das coisas que aprendi depressa é que, quase sempre, pobre transa melhor que rico – tem exceção, o Nesto, por exemplo. Ah! Mas, em geral, pobre transa bem mesmo. Principalmente se for fora do casamento. *Ixi*, eles adoram uma festinha improvisada. Pobre não tem essas besteiras de ricos, essas minhocas na cabeça, essa coisa de pecado, culpa, de pode, não pode. Pobre safado gosta de transar e pronto. Eu não tinha me acertado com o Nesto, mas com os outros!... E pobre com pobre se entende na cama, deitado, em pé, de lado, de cabeça pra baixo... Pois, como vê, concluí que é bom transar com pobre, mas não dava grana, né? Então a saída é ensinar rico transar do jeito que a gente gosta. Ah, transar bem tem que ter pelo menos um pouco de alegria, né? Senão não vale a pena, vira tarefa. E acho que o maior segredo de ser puta é tirar proveito do freguês. Não só dinheiro, mas aproveitar o que eles podem dar. Morro de pena de puta que não sabe ser puta. Isso deve ser a pior coisa do mundo. Puta de verdade tem que saber fazer o cara gozar, mas tem que gozar também. Se não for assim, a "vida" não vale a pena. Para isso também tem que ser um pouco artista, porque não é todo cara que procura puta só pra transar. Tem muita gente maluca e sempre temos que fazer um pouco de amiguinha, que ouvir as histórias e fazer carinha de quem entende. Com o tempo, aprendi a ser "PP": puta psicóloga. Você nem imagina o que a gente tem que escutar, dar conselho, fingir que sabe das coisas... Nossa! Tem dia que a gente passa o tempo só ouvindo... É!... Tem muitas coisas que acontecem na "vida" que ninguém leva em conta. Todo mundo fala mal das putas, mas a gente tem que ser um pouco padre, um pouco mãe, um pouco professora. Ah, e tem que ter paciência... Paciência é tudo... Veja só o caso que contava, do filho da patroa...

Eu dei em cima do Agenor até conseguir alguma coisa. Deu trabalho e, afinal, quebrei a cara. Pô, o cara era bonitão, meninão, peitudo, perna grossa, do jeito que eu gosto; mas, quando transamos, ele tirou o pau pra fora e logo, logo gozou, *pumba*, em dois minutos, um, dois e pronto... Gozou e me deixou ali sem alegria nenhuma, a ver navios... Olha, eu disfarcei, disse que foi bom, dei uma de satisfeita, mas foi uma decepção total. Imagina que fiquei uns cinco dias dando bola, aguardando a oportunidade, esperando a "coisa secar"... Ele também queria, me tentou, mas sangrando eu não gosto... Quando deu chance, ele chegou, armou a barraca e, num *vapt-vupt*, acabou. Gozou, saiu de cima, colocou a roupa e pronto. Pode? Ah, por dentro, fiquei danada de brava. Tive, naquela noite mesmo, que apelar para um carinha que estava no bar da esquina e que sabia das coisas. É por isso que digo: pobre fode melhor. Mas não pense que desisti dos riquinhos... Não mesmo, no outro dia estava pronta para pegar o outro amigo – ah, não consigo lembrar o nome dele!... Esse foi mais fácil, porque acho que o Agenor tinha dado a ficha e ele ficou de butuca. Acredito que o Agenor tinha contado vantagens, essas coisas de homem, machinho, bobalhão... À noite, quando os dois outros saíram, ele ficou escondido no quarto de empregada e assim não foi difícil disfarçar da família. Olha, foi melhorzinho, mas eu tive outra vez que me satisfazer com os pedreiros que estavam sempre de plantão no bar. "Fiz" dois de uma vez naquela noite e foi muito bom, lembro até hoje. Mas, em casa, eu queria experimentar também o terceiro, o Edu, o carinha do Rio de Janeiro. E é claro que ele sabia que eu já tinha traçado os outros dois e que agora era a vez dele. O terceiro era o mais feinho, mas dos três foi o melhor. Não que fosse um luxo, mas fez a coisa direitinho, variou bastante. Eu tenho um ponto fraco: o cangote... Não é que o danado descobriu?! De todo jeito, mesmo assim, ainda precisei buscar amor lá fora, e como o Nesto que não dava mesmo no coro, tratei naquela noite de fazer um programinha com mais dois pescadores. Acertei, nossa, lembro até hoje, transamos numa barca, na praia... Transei com os três riquinhos, separadamente, outras vezes, mas foi mais para não dizer que deixei passar a oportunidade. Com o Edu a coisa foi melhorando e quase chegou num ponto bom. Mais tarde eu me encontrei com o Edu no Rio, mas aí a coisa foi diferente.

Mudei de emprego logo depois que os meninos voltaram das férias. Fui trabalhar em outra casa na Ponta d'Areia mesmo. Foi engraçado, porque no começo pensei que fosse uma família certinha: marido, mulher e duas crianças. Nesse emprego, eu pedi para dormir fora algumas noites, então quando queria podia passar a noite lá, mas se tivesse necessidade... É lógico que contei uma história triste, do tipo mãe doente, precisando de mim alguns dias da semana. Passados uns dias, logo no começo de meu trabalho nessa casa, numa noite, de repente, lá estava o maridão da patroa no meu quarto. Olha que não sou de recusar um bom prato e o seu Artur não era de jogar fora, mas quis fazer de difícil e disse que sentia um pouco de medo da mulher descobrir e eu perder o emprego. Dei uma de difícil, mas com cara de safadinha. Não demorou, porém, e logo concordei. Caprichei... O cara gostou e repetia sempre. Ele era bem atrevido – do jeito que eu gosto – e vinha no meio da noite, com a mulher e os filhos em casa. Eu topava, né? Ia desperdiçar? Ia?!... O cara entendia da coisa, era bem safadinho. Parece que o risco esquentava mais a transa. Tem gente que gosta...

A coisa começou a pegar quando o tal de seu Artur deu com a língua nos dentes e passou a falar pros amigos deles... *Ixi*! Nem te conto, era um tal de pintar visita dos amigos do patrão, gente que vinha para churrasquinho na praia, pra birita, churrasquinho. Foi quando comecei cobrar. Bobona, cobrava pouquinho, pouquinho. Os caras vinham visitar e davam um jeito de acertar hora. Eu marcava para encontrar longe da casa, e dava um trabalhão, porque às vezes tinha até que pegar condução, fazer tudo meio que correndo e voltar. Foi quando comecei a gostar de ganhar um dinheirinho extra. Fui então passando noite fora. Dizia pra patroa que minha mãe piorava, piorava, que fazia tratamento... É claro que meu trabalho na casa só foi decaindo. Piorou muito. Ficava cada vez mais tempo fora, chegava tarde e, no outro dia, tava cansadona. Começaram as reclamações da patroa, mas acho que o marido dela estava bem mais feliz... De vez em quando sobrava um pouco para ele também. Fui aprendendo como funcionam as coisas e comecei a dar regras: saía, marcava encontro num bar ali perto mesmo – não era o mesmo bar do pessoal da região, dos pedreiros – fiquei muito amiga do dono, que gostava da nova freguesia. O pessoal ia lá, melhorava a venda do bar e eu tinha um ponto fixo de encontro. E sabe como fazia o contato?... Na casa do seu Artur, nos churrasquinhos, principalmente nos de fins de semana. Muitas vezes, as coisas não davam certo porque os caras não apareciam nos encontros. Quando eles não iam, para não perder tempo eu me virava com os fregueses do bar. Quando isso acontecia, era por ali mesmo que resolvia a questão... Sabe, fui ficando conhecida, menina ainda. Eles me chamavam de "levada da breca"... Logo aprendi aquele ditado "bode velho gosta de capim novo" e eu estava ali para servir, mas não só para os velhos, para os novos, ricos, pobres, preto, branco...

Pois a coisa ia indo... Eu fiquei nessa situação mais ou menos um ano. Quando ainda não tinha 17 anos, aconteceu um grande problema: a dona da casa pegou seu Artur na minha cama. Nossa, foi um sururu. Nem te conto. Fui pra rua na hora, de madrugada, de mala e cuia. Fui salva por um cara que tomava conta de uma casa em construção. Antes de sair, aproveitei a confusão da casa e disse umas boas verdades para a dona, atualizei ela da sua incompetência como mulher. E na hora, nervosa que estava, entreguei todo mundo: o maridão, os amigos, os vizinhos, até do tamanho do pintinho do tio dela eu falei. Foi uma con-fu-são danada de feia... Resultado, não podia mais ficar ali, né? Naquela noite, mesmo nervosa, tive que transar com o vigia de uma casa em construção ao lado e, no outro dia, quando os pedreiros chegaram, eram três, tive que transar com todos. O pior é que eles nem pagaram, e ainda eu não podia ficar ali muito tempo. Como a notícia correu, era um desfile de pedreiro, encanador, marceneiro pela casa, e eu, o dia todo, tinha que dar "atendimento" para a "população". Pensa que parou aí?! Que nada. Ainda na hora do almoço tinha que esquentar a comida deles e dar uma de empregadinha. Fiquei esgotada. Resolvi que tinha que ir de volta para a casa da mãe. Era a única saída... Agora imagina que situação: ela morando com o Durva, meu ex, e eu junto. Não preciso dizer que o Durva começou dar em cima de mim, né? E eu topei, é claro... Umas vezes, mas topei. Foi quando a coisa começou a se complicar de verdade. Olha, complicar é pouco, porque, imagina só, o meu pai – sim, o meu pai–, o seu Lindolfo, apareceu... Sim, do nada o pai voltou.

Você pode imaginar a situação. Depois de mais de 12 anos, sem mais nem menos, de uma hora pra outra, o pai voltou. Nem sei como, ele achou a gente e foi pra a casa. Chegando, encontrou lá o Gusta, filho de outro homem; a mulher morando com meu ex; e eu, que cheguei sem ter pra onde ir. Ainda assim ele resolveu ficar lá, acredita?

Todos juntos. Não preciso dizer que os sobrinhos que moravam perto passavam o dia por lá, todo mundo sem trabalho. A gentarada na casa parecia uma multidão, povo de uma cidade inteira. Tudo junto. Afe! O pior eu ainda não contei... Como não tinha cama pro pai dormir, ele teve que ficar comigo. Sim, ele ficou na mesma cama que eu, na sala. Já viu, né!... Na primeira noite ele apareceu "mamadão" e eu já tinha feito um programinha com o motorista do táxi que levou, sem cobrar, minhas coisas da Ponta; e já estava deitada quando ele chegou e se deitou comigo. Não tive jeito: transei com ele. Olha, eu preciso dizer que sabia que ele era meu pai, mas foi como se não fosse. Ele tinha ficado tanto tempo longe, eu nem conhecia ele direito. Não estou falando de estupro, não. Eu concordei. De início não quis, mas logo cedi. Quer saber mais? Não foi ruim não. E olhe, fizemos bastante barulho. Acho que ele queria provocar a mãe, que estava com o Durva. Eu queria provocar o Durva, que estava com a mãe, então deu jogo. No outro dia, ninguém falou nada: boca de siri. Não se falou nada daquilo; mas, quando a Lindeci e a Lindirene chegaram e ficaram sabendo, pela mãe, foi um bafafá tremendo. Se não fossem os vizinhos, acho que tinha saído até morte... O Durva e o pai se peitaram e não dava mesmo para os dois ficarem no mesmo lugar. O pai e eu resolvemos então ir para uma pensão. No outro dia saímos. Eu tinha um dinheirinho guardado e, claro, tive que gastar. Não dormi mais com o pai, mas ficamos parceiros. Foi quando comecei falar que o melhor era ele voltar para o Rio de Janeiro. Com jeito, eu estava dizendo que iria com ele. Não dava mais para ficar por lá. Não dava mesmo...

Para comprar a passagem precisava de grana. O pai não tinha um tostão, nada, nada. Resolvi, então, procurar alguns daqueles caras que conheci na casa do seu Artur. Não deu outra: logo estava cheia de fregueses. Como eu sabia das coisas que eles gostavam – e que não faziam com as mulheres –, fui faturando logo. Olha, teve um dia que fiz uns dez ou mais programas. Usava a pensão onde estava e o pai ficava na sala de espera tomando conta... Pode? Meu pai virou meu cafetão!... É claro que também ia a motel e outros lugares, dependia dos clientes, mas a pensão era meu quartel-general. Em menos de duas semanas juntei o dinheiro necessário e, com o pai, fomos para o Rio, de ônibus, mais de três dias de viagem, um horror... De vez em quando, mesmo no ônibus, ele passava a mão em mim, eu tirava, mas era tudo. Aguentei bem o pai, só não gostava quando ele enchia a cara e aí ficava muito chato. Saímos de São Luís numa quarta-feira e chegamos na rodoviária no Rio em um domingo pela manhã. Era a primeira vez que saía do Maranhão e estava gostando muito, cheia de esperança. Engraçado: eu não tinha medo. Pelo contrário, pela primeira vez na vida estava muito feliz, achando que tinha feito a coisa certa. Não dava mais para ficar em São Luís, lá eu era muito conhecida e não passava de putinha sem futuro.

No Rio, o pai se sentia em casa. Fomos para o morro do Borel, onde ele tinha morado antes, e ele avisou para não dizer que eu era filha dele. Pra mim tanto fazia... Dizia que era amiga, da mesma cidade. Entendi logo o porquê. Ele tinha outra companheira. Foi assim que conheci o "resto da família". A mulher dele, Lina, estava morando com outro cara, mas foi gracinha comigo e com ele, nos recebeu direitinho e esperou que nós achássemos um barraco para a gente ficar. Matei logo que o menino de uns 8 ou 9 anos era meu irmão. O coitado tinha a mesma vesguice do pai, não tinha jeito de negar. Mas fiquei boca de siri. O dono do barraco livre era um amigo de farra do pai e da Lina, permitiu que pagasse no final do mês. Resultado: tive que sair pra luta. Meu pai conhecia muita gente e logo foi indicando alguns fregueses; e devo dizer que ele fazia isso muito bem, tão bem que logo desconfiei que havia alguma mutreta. A freguesia apareceu rapidinho, rapidinho. Eu usava o barraco como lugar de encontro. Olha, não era nada do que pensei quando cheguei na comunidade, toda cheia de frescura. O pessoal era muito legal, gente bem amiga, mas tudo controlado. Tinha a turma do tráfico de droga e isso obrigava a ter vigia armada. Eles viviam com fuzis, até metralhadora, exibindo tudo, mas eu sabia que se não fizesse nada errado tudo estava bem. Fiquei logo "fixa" de um traficante escalado para tomar conta de mim. O cara era legal, sabia da minha vida, mas desde que eu desse pra ele quando ele quisesse tudo bem. Como ele tinha outras mulheres também, não me ocupava muito.

Foi no Rio que aprendi a usar camisinha e assumi que era "quenga". Sabe, achei chique virar "garota de programa"... Acho que a minha pouca idade não assustava o pessoal. Tinha muita gatinha da mesma idade e até menor que fazia a mesma coisa. Comecei a ficar conhecida como Maria do Norte ou Menina do Dolfo, como o pai era chamado. Aceitei as condições gerais, mas sabia que tinha que sair logo daquele lugar. A comunidade é como qualquer lugar, tem gente de todo jeito, família direita, família torta, gente trabalhadora e vagabundos. O ruim para mim é que não conhecia muita gente e não sabia andar direito pela cidade. Tinha até medo, porque o Rio era muito diferente, muito maior do que qualquer lugar que eu conhecia.

Chegamos no mês de junho, logo no começo. Como menina nova, "nordestina arretada", fiquei bem exposta. Os traficantes de drogas até começaram a ajudar e indicavam para alguns fregueses que subiam para pegar droga. Logo vi que minha saída estava naquele grupo, mas também fiz outras amizades. Eu fiquei amiga do padre, por exemplo... Como sempre, quando dava, eu ia à igreja. O padre era um cara muito legal, diferente de outros que conheci, também do Nordeste, foi ficando camarada. Ele sabia lidar com o pessoal do tráfico e um não atrapalhava o outro. Logo me enturmei com o grupo da quermesse e, como sabia armar quadrilha, combinei com o padre de ajudar nas festas juninas. Foi um sucesso. Montamos a quadrilha para o São João e esse foi um jeito legal de ser aceita por outras pessoas na comunidade. É claro que o padre sabia de mim, de minha vida, mas não atrapalhava em nada. Nem as mães das crianças achavam minha participação ruim. Sou bem agradecida a essa gente, sabe?!... Olha, pela primeira vez eu via um jeito de sair da "vida", poderia ser tomadora de conta de criança, de velho, trabalhar em creche, ser cozinheira, fazer limpeza. Sabe que cheguei a pensar nisso?... Pensei, mas logo, logo, mudei de ideia, até porque tinha que pagar o aluguel, pôr comida em casa e sustentar o pai, que achava que não fazia nada. E também porque eu gostava da coisa...

Os problemas começaram exatamente com o carinha que eu ficava, o sujeito do tráfico. Ele andava armado e isso significava que era perigoso. Ele não era usuário, sua função era dar proteção aos clientes, avisar os chefes quando chegavam os policiais ou suspeitos, dar atenção aos familiares da turma que ajudava, mas logo ele começou a usar meu barraco para encontros de usuários. Primeiro começou só passar a droga. Fiquei assustada, mas o pai disse que era assim mesmo. Tudo começou a piorar quando ele, além de receber os carinhas em casa, passou a deixar o pessoal consumir no meu barraco e, pior ainda, guardar a muamba em minha casa. Combinamos logo um preço por aquilo e eu então recebia uns trocados a mais pelo "aluguel". Olha que não era só homem, não. Vinha muita mulher, algumas já senhoras, dessas bacanas, meninas finas... Eu não tinha muito como recusar nada. Afinal, eles me ajudavam. Em menos de dois meses minha casa virou outra coisa. Era uma mistura de ponto de encontro para transar com lugar de uso de cocaína. Eu nunca tinha visto aquilo e fui avisada para não experimentar nada. Levei isso a sério. O movimento da casa aumentou muito; mas eu, em compensação, ganhei uma mesa com cadeiras, guarda-roupa, um fogão bem bonzinho, televisão e uma geladeira pequena, mas novinha...

As coisas iam indo assim, quando descobri que o pai estava envolvido. Então ficou claro por que o tal amigo facilitou o aluguel do barraco. Acontece que o pai tinha papel pequeno nessa história. Ele descia e subia o morro avisando quanto cada carinha queria comprar e indicava o local exato para pegar o bagulho e fazer o pagamento. Mesmo sem entender bem a história, eu participava e não procurava saber o que acontecia direito. Era tudo muito confuso: padre, traficante, festa junina, usuário, freguês, famílias direitas. Logo decidi que deveria sair dali e que a saída estava nos usuários, seriam eles a tábua de salvação. Foi assim que comecei a dar em cima dos frequentadores. Conheci um goiano, Guaraci, rapaz simpático que trabalhava num hotel, na Zona Sul. Eu nem sabia direito o que era Zona Sul. Pra falar a verdade, pensava que zona era puteiro. Ri muito quando descobri que era uma região. O Guará – como era chamado – subia o morro para ajudar outras pessoas. O hotel em que ele trabalhava recebia gringos que pagavam para ele pegar a muamba. Como o Guará era um morenão bem-apanhado, não foi difícil dar pra ele. Acho que ele também se encantou comigo, menina ainda, né?... E eu tratei de descer o morro logo. Foi ele que me levou para o hotel XXX. Ah, o hotel! Foi como chegar no céu: lugar para dormir, salário, uniforme, comida e... os gringos para brincar. Soube logo que tinha umas regras certas, porque tinha uma escala de moças que estavam no *book*. O tal livro de moças que "prestam assistência" pros gringos. Confiei no meu taco e sempre dava um jeito de furar a fila.

Olha, como eu era "de menor", tinha salário, mas não registro. Eu ficava sempre meio escondida e tinha que fazer o que mandassem: cozinha, arrumação, limpeza, cuidar do lixo, lavar privada. O ruim é que ficava meio camuflada sempre, mas dava meus pulos. As moças do *book* eram bonitas demais, arrumadas. Um dia eu vi o *book* e logo pensei que precisava chegar lá. Sabe como fiz? Comecei pelo pessoal do hotel. Um por um fui ficando amiga, fazendo um favorzinho, uma chupadinha aqui, uma punhetinha ali... Eles foram legais, mas, como não podiam quebrar as regras, arrumavam programas por fora com carinhas que conheciam, com uns coroas dos botecos. Comecei a ir às festinhas e devo dizer que fiquei conhecida nas surubas, mas sabe como é, em suruba não se arranja caso, não se conversa, só se fala sacanagem. Ia me virando, como dava...

Perdi meu pai de vista. De vez em quando alguém que ia ao morro dava e trazia notícias. O Guaraci me aconselhou a me afastar da turma da droga e eu obedeci. Da minha família no Nordeste eu não tinha mais notícia, a não ser quando alguém precisava de dinheiro. Eu evitava ligar para não ouvir lamentações, mas eu tenho mãe, né?!... Meus novos conhecidos eram da Prado Jr. e eu comemorei meus 18 anos numa daquelas boates, depois de um tempão trabalhando no hotel. Foi um barato... Exatamente no dia do meu aniversário, conheci um argentino de nome Rodrigo. Era um coroa muito danado, de uns 50 anos ou mais. Ele queria ficar comigo por uns bons dias, acho que uns 10, mas disse a ele que tinha que trabalhar. Ele então foi ao hotel e conversou com o gerente, que, além de me dispensar, resolveu que me daria chance de entrar no *book*. Provavelmente fui bem recomendada. Foi a glória! Fiquei mais de uma semana com o Rodrigo e com os amigos dele, que estavam hospedados no tal hotel em Copacabana. Eles compraram roupas para mim, me apresentaram a outras pessoas, me levaram a restaurantes, ao shopping... Mas acabou. Não vou dizer que tudo foi festa. Houve brigas entre eles, até pancadaria saiu, mas eu fiquei na minha e curti muito aquilo tudo. Depois que eles voltaram para a Argentina, eu passei a ser do time das atendentes. O problema era que, estando no *book*, eu teria que morar fora do hotel, ter local próprio. Começava aí outra etapa.

Tive que arranjar uma *vaga*. Vaga é um lugar com cama, em apartamento, repartido com outras pessoas, gente que nunca tinha visto. Também precisei comprar mais roupas, bijuterias melhores, perfumes. E como fazer isso? Comecei a me endividar. Nossa foi horrível. Primeiro tomei uma grana emprestada do Guaraci – que está até hoje esperando o dinheiro de volta, mas eu vou pagar um dia, não me esqueço. Depois pedi algum das colegas que tinham pouco e cobravam juros altos. Por fim fui parar nos agiotas. Olha, foi um sufoco sem fim. Eu que era independente, de uma hora pra outra, achando que estava me dando bem entrando pro *book*... Minha primeira decepção foi saber que estar no *book* não é garantia de nada. Depende de tanta coisa: você tem que ser escolhida pelas fotos; os clientes acertam tudo com o pessoal da portaria do hotel, pagam no cartão, no final da permanência; você tem que dar uma porcentagem pra eles. Olha, o *book* só funciona para quem quer fazer um extra, um complemento, o que não era exatamente o meu caso. As outras meninas tinham agendas cheias, todas eram experientes, tinham também outros pontos, principalmente atendiam as boates da região, em particular a Help, que ainda existia. Aprendi que só poderia entrar na boate acompanhada e então precisava fazer rua... Mas se fizesse rua, não pegava bem com o pessoal do hotel. Entrei num beco sem saída. Mesmo quando conseguia fregueses pelo *book,* eu só pegava cara duro, gente pra transar e pronto. O bom é quando o cara quer beber e a gente ganha porcentagem na conta final, mas eu dava azar sempre: era só pão-duro que me aparecia. Demorei muito pra entender que o segredo estava no cara da portaria. Quando o cliente pede o *book,* ele solta uma palavrinha do tipo "essa é boa", "novinha", "acabou de chegar e faz tudo". Entendeu?... Além de não saber essas manhas, tinha que me virar com o resto.

Olha, foi depois de muito pelejar que arranjei um lugar pra ficar, ali mesmo, bem perto do hotel. Acho que era a pior "vaga" de Copacabana: uma caminha apertada num quarto pequeno, com mais três colegas que faziam mais ou menos a mesma coisa. Foi difícil demais. Tinha que deixar as coisas nas malas trancadas, porque não tinha guarda-roupa nem havia espaço para nada. O banheiro era pequeno e no total éramos seis moças em dois quartinhos. Tive que comprar cama e colchão, esconder tudo que eu tinha e amontoar roupas, maquiagem, apetrechos de enfeite. Isso sem falar na miséria que era a geladeira. Cada uma tinha que tomar conta de suas coisas e sempre dava confusão, porque uma comia coisa da outra. Comia não, roubava pra comer... Uma miséria, uma sujeira no fogão, credo!... Fui ficando agoniada; as contas subindo, subindo, e eu não fechava o mês com dinheiro guardado. Logo eu que gostava de ter sempre um dinheirinho extra. Nem preciso dizer que, nessa época, a mãe fez um aborto em São Luís, foi parar no hospital e precisou de grana. Logo em seguida, o pai foi preso por tráfico de droga – bem ele, peixe pequeno – e eu tive que bancar advogado. Pode?... E haja dinheiro emprestado...

Eu estava tão danada da vida que não conseguia entender o que acontecia. Na verdade o Leonardo, o cara que me emprestava dinheiro, ia dando a grana e a partir de um ponto começou ele a me agenciar. Sim, entrei na roda viva da cafetinagem, dos gigolôs. Eu ainda tinha que estar às ordens para o hotel, pro *book,* mas também tinha que ficar de plantão para atender os clientes do Leonardo. Tudo virou uma loucura. Não tinha hora pra nada. Atendia de madrugada, durante a manhã, à tarde, à noite. E não pense que era tudo por ali: tinha que me deslocar, ir a motel longe, festas no interior, suruba na Baixada... Olha, foi um inferno completo. Sabe, aquela alegria e safadeza de antes, tudo foi por água abaixo. Quando me tornei prostituta profissional, só perdi... Eita vida puta. Trabalhava, trabalhava, ia pra lá e pra cá e nada de sair da penúria. Alguma coisa tinha que acontecer...

Sem perceber, fui me tornando uma espécie de presa do Leonardo. E tudo só piorava. Piorava também o nível dos fregueses. Era o que aparecia e, como ele é quem mandava, o que caísse na rede era peixe. Tive que aguentar cada coisa, gente de todo tipo, drogados, sujos, bêbados, velhos babando, mulheres que queriam ser homens, casais descontrolados, masoquistas arriscados. Tudo, tu-do... Sabe, tinha saudade do tempo de São Luís em que eu era dona do meu corpo e o que fazia era sob minha responsabilidade. Entendi, estando na "vida", a diferença entre ser "biscatinha" e ser puta e ainda não ser respeitada profissionalmente. No Rio, nessa fase, tudo deu errado. Sim, deu errado, pois até doença venérea eu peguei. Pra piorar, peguei também uma infecção urinária da braba. Tive herpes genital, gonorreia e outras coisas mais, e como não tinha plano de saúde... Olha, nem sei bem como peguei essas coisas. Eu tomava cuidados, mas muitas vezes em festinhas tinha banheiro sujo, transei com caras que não se limpavam direito... Nossa!... Era ainda mais conta pra pagar, porque não podia tratar essas coisas no posto de saúde, né... Como eu, o Leonardo – o nosso cafetão – tinha mais umas cinco, todas obedecendo a ele. E, se não fizéssemos a coisa direitinho, ele batia na gente. De vez em quando, ele cismava com uma e mostrava o poder: quebrava a cara, deixava a coitada no chão, machucada. Um dia, a Candô, uma garota do Ceará, resolveu peitá-lo e apanhou tanto, mas tanto, na nossa frente, ali mesmo, no apartamento em que tinha a "vaga". Nossa, foi horrível, e a tal nem podia dar parte na polícia. Eu comecei a ver que o melhor era continuar como estava, aguardar o tempo passar até que pagasse as dívidas e tentar fugir dali. Sabia que era besteira tentar fugir sem pagar. Esses caras têm mil olhos, mil ouvidos, gente por toda parte. Sinceramente, pensei em me matar... Foi rápido, mas pensei em acabar com minha vida.

Sabe, se me perguntar o que foi pior nesse tempo, eu diria que não foi a dívida, que o Leonardo calculava em dólar. Eu vi que estava completamente sozinha, vi que só tinha meu corpo para me defender... E estava doente, parecia uns 10 ou 15 anos mais velha. Olha, eu tinha 20 anos... 20 aninhos. Não tinha amigas. Amiga, amiga mesmo, nenhuma. Às vezes aparecia um carinha mais maneiro, mais carinhoso, mas logo tudo mudava. As companheiras eram concorrentes e uma detestava a outra. Lembro que eu devia na padaria e, um dia, o dono proibiu vender um pão com manteiga pra mim. Pedi algum dinheiro para uma delas e ela negou... Foi quando percebi que tinha chegado ao fim, que precisava mudar de vida. O hotel onde tinha o *book* nem me chamava mais, minha fama de "programeira" tinha atrapalhado tudo. E assim mesmo tinha que mandar dinheiro pra casa. Ninguém do Norte sabia o que estava passando e meu pai... Meu pai estava na dele, na cadeia.

No desespero, um dia apareceu um cliente que fez a diferença. Foi tudo muito louco. Meu celular tocou pouco depois das 7 da manhã. Eu tinha chegado lá pelas 3h. Era o Leonardo dizendo que teria um atendimento às 8h. Tem clientes que gostam desse horário. Era um senhor paulista, um tal de dr. Lúcio, de uns 60 anos. Levantei, rezei um pouco – como sempre faço –, me aprontei e fui para o local, um hotel ali mesmo, pertinho. O cara era feiosão, mas muito simpático e até cheiroso – o que é raro em fregueses que buscam putas. Ele me esperava de roupão e me convidou para tomar café no quarto. Aceitei, é claro, e assim ele começou o papo, perguntando da minha vida, aquela mesma história: nome, de onde veio, há quanto tempo está no Rio? Quando o papo chega nesse ponto – "há quanto tempo está no Rio?" –, quando o gajo é turista, conta o que está fazendo lá e começa a contação da sua história... É sempre assim. Uns logo dizem se são casados ou não, se são separados, outros falam de trabalho, reclamam da vida e só depois começam a "coisa". Com o dr. Lúcio não foi diferente. Contei um pouco da minha história, dei uma choramingada – clientes adoram histórias tristes –, disse do meu pai preso, da mãe doente, das irmãs cheias de filhos. Ele avisou que tinha mulher e filhos, que era empresário conhecido na área de petróleo e que estava ali por três dias, blá, blá, blá. Eu prestei atenção quando ele disse que teria que ir ao Rio todos os meses, dali pra frente. "Oba", pensei logo...

O preço do programa estava acertado com o Leonardo, que se esquecera de me avisar que o cara queria serviço até às 4 horas da tarde. Eu tinha marcado para fazer cabelo às 15h, mas resolvi ficar na minha. Vi que o cara tomou o tal "remedinho azul", mas tudo bem, melhor assim, porque eu não precisaria fazer muito esforço. Olha, vou revelar um detalhe que nunca conto: logo vi que o coroa tinha um fetiche especial, gostava de passar os pés no peito e brincar com o dedão do pé na minha xoxota. Deixei e ele ficou loucão. Ficamos umas duas horas na cama e ainda continuamos no banho – não se esqueça que ele tinha tomado o tal "remedinho azul". Eu sempre finjo que gozo muitas vezes e sei que os caras adoram, principalmente os coroas. Sinceramente, dessa vez até que senti umas cosquinhas... Acabada a segunda sessão, já vestida, perguntei: "E agora?" Sem falar muito, ele disse que tinha que fazer uns telefonemas e depois ir ao shopping comprar umas coisas e almoçar. Convidou para ir junto e aceitei, claro. Quando eu liguei para desmarcar o horário no salão, ele disse que eu poderia fazer tudo no shopping: cabelo, unhas, limpeza de pele. Topei; ele pagaria, é claro. E lá fomos nós. Ajudei o cara a comprar presentes para toda família e assim aprendi detalhes gerais: da mulher diabética; dos filhos que iam mal na escola; da filha que tinha namorado muito mais velho e que ele desconfiava que o cara era até casado... Depois de tudo, ele me pareceu tristinho ao se despedir e pediu meu telefone. Foi aí que a coisa começou a pegar: e o Leonardo?... Arrisquei... Arrisquei porque tinha gostado dele e estava pronta para continuar.

Exatamente naquela noite, depois de muito tempo, o hotel me chamou. Tratava-se de uma "festinha" e eles precisavam de mim. Quando estava saindo, mais ou menos às 11 horas da noite, o dr. Lúcio me chamou. Disse que estava ocupada, que não poderia naquele dia, mas que amanhã... Em 5 minutos, o celular tocou novamente e era o Leonardo exigindo que eu fosse para o encontro com o doutor. Expliquei pra ele, mas ele não quis entender. Que eu podia fazer?... Estava entre duas ameaças: ou o hotel ou o Leonardo? Olha, pensei no doutor e decidi. Perdi o emprego do hotel e resolvi investir no paulista. Passei a noite com ele e caprichei. Ele reclamou do meu perfume e disse que na noite seguinte traria outro de presente para mim... e não deu outra. Quando o dr. Lúcio foi embora, fiquei meio triste e disse pra ele que estava desamparada, que iria sentir saudade. Contei o caso do hotel e disse da dependência do Leonardo. Logicamente, fiz ele jurar pela mulher diabética que não contaria nada para o cafetão.

Os dias se passaram normalmente. Era um programa atrás do outro, mas a novidade é que o doutor me chamava sempre. Primeiro ele ligou pra dizer que todos tinham gostado dos presentes, depois começou falar umas sacanagens e notei que ele gostava de sexo por telefone. Caprichei. Não deu outra, no mês seguinte lá estava ele no

Rio. O problema é que ele não entendia que tinha o Leonardo no meio do caminho. Como o Leonardo trabalhava também para o hotel da firma do dr. Lúcio, eles ficariam sabendo. Foi quando resolvi abrir o jogo. Muito diplomático, ele perguntou quanto era minha dívida. Ele mesmo ficou horrorizado ao saber que era de mais de 10 mil dólares. Bem, os dois se acertaram e eu fiquei fixa do paulista, toda vez que ele ia pro Rio. Eu continuava sob as ordens do Leonardo e, sem o trabalho do *book,* tinha que me desdobrar. Estava assim quando se deu um problema sério. Durante um programa com rapazes menores, a polícia deu uma batida e fomos todos parar na delegacia: eu, mais duas garotas e os cinco rapazes. Foi uma denúncia, imagine. O Leonardo, que tinha arrumado o programa, não atendia o telefone e, como nós, mulheres, éramos maiores, os meninos – com os advogados trazidos pelos pais – foram liberados. Nós passamos a noite na delegacia, e apenas saímos na madrugada porque uma das moças transava com um policial que ajudou.

Para mim, foi a conta, a gota-d'água. Resolvi que ia sumir do Rio, largar tudo. Deixar pra trás aquela confusão toda. Pensava em recomeçar tudo, ser vendedora de loja, tomar conta de doentes, qualquer serviço longe daquele inferno... Alguma coisa me dizia que devia ir para São Paulo e que lá o Leonardo não me acharia nunca. Vivi essa ilusão... Naquela manhã, saí da delegacia e fui pra casa decidida. Arrumei uma mala pequena, pra não dar na vista, deixei o resto como se fosse para uma saidinha mais demorada, alguma coisa do tipo programa no interior e fui para a rodoviária. Comprei passagem no primeiro ônibus e, sem a menor ideia do que fazer, me mandei para São Paulo. Eu tinha uns 300 reais na bolsa e muito, muito medo. O que seria de mim? Durante toda a viagem, pensei se telefonaria ou não para o dr. Lúcio. Ah, como sofri com essa dúvida, mas o que fazer? Ele era a única pessoa que eu conhecia. Quando cheguei na rodoviária, quando vi o tamanho daquele lugar, caiu a ficha: ou ligava para ele ou voltava imediatamente. Não tinha escolha. Precisava tentar. Foi o que fiz... Pro meu desespero, ele não atendeu. Chamei, chamei e nada. Tentei me acalmar, me sentei, comi um sanduíche e tentei novamente. Nada. Fui até o balcão de informações, perguntei sobre um hotel barato, perto, e me mandei. Passei aquela noite em pânico. No hotel, uma espelunca, olhei no espelho e vi o que tinha feito da vida. Chorei muito e queria saber onde tinha ido parar aquela menina que achava que dominava o mundo...

Durante a noite tomei a decisão. Tinha que aproveitar o preço da passagem de volta, que era exatamente o que tinha. A diária dava direito a café, tomei o que pude, catei um pãozinho extra e voltei para a estação. Antes de comprar a passagem de volta, liguei mais uma vez pro doutor e dessa vez ele atendeu. Contei que estava em São Paulo e disse mais ou menos o que tinha acontecido. Ele pediu que eu esperasse até a hora do almoço que iria até a rodoviária pra falar comigo. Morrendo de medo, achando que ficaria tarde para voltar pro Rio e recomeçar, acabei concordando: não tinha outra saída. Fiquei rondando na rodoviária. Pensei em "caçar", mas não apareceu nada. Quando foi uma hora da tarde, no lugar marcado, chegou o dr. Lúcio. Olha, nem acreditei quando vi o cara. Até achei que ele estava mais bonitinho, de terno escuro... Ele me levou para almoçar num restaurante perto, disse que não tinha muito tempo, mas ouviu minha história toda. Ele notou meu desespero e prometeu me ajudar se eu voltasse. Ligou para o Leonardo, disse que ele tinha mandado eu ir pra São Paulo e que pagaria as despesas. Além disso, me deu mais 500 reais, desejou boa sorte e colocou-me no ônibus com passagem paga. Cheguei de noite, bem tarde, fui direto para casa...

De volta ao Rio, não contei nada a ninguém, mas todo mundo notou que alguma coisa tinha acontecido. O Leonardo também estava completamente diferente. No outro dia, recebi cedo uma chamada dele. Leonardo queria conversar comigo. Logo de cara ele mostrou as contas. Quase caí de costas e, antes que eu dissesse qualquer coisa, ele abriu o jogo: tenho um negócio pra você. Olhei espantada e mais ainda fiquei quando ele abriu o jogo: "Quer ir para a Europa, dançar numa boate chique?". Logicamente eu sabia que era para putaria, nada de dança... Fiquei muda, mas por dentro alguma coisa dizia que era para eu aceitar. Nada poderia ser pior do que o que eu estava passando, pensava. A decisão veio quando ele garantiu que zerava minha conta. Então, eu iria "vendida" por 10 mil dólares. Ia dizer que queria um tempo para pensar e ele cortou: é pegar ou largar. Topei. Topei na hora. Foi assim que me vi livre da dívida. Livre da dívida, mas... No outro dia começamos ver passaporte e passagem. Fazia parte do trato eu não contar nada para ninguém. Outra vez fiquei boca de siri... Continuei fazendo programas por mais um mês, e dessa vez o dinheiro vinha para mim. Juntei algum e comprei um pouco de euro, paguei umas dívidas que tinha com algumas pessoas.

O embarque para Madri foi fácil. O próprio Leonardo me levou para o aeroporto e eu não tive mais como esconder das colegas, que ficaram morrendo de inveja. Eu me sentia livre: sem família, sem dívida, sem cafetão... É lógico que eu sabia que não ia para dançar... Não nasci ontem, mas também não sabia o que me esperava. Fui arrumadinha, de roupa bem discreta e com cara de turista. Não tive dificuldade pra entrar, ao contrário do que disseram. Na chegada, lá estavam me esperando, tudo como o Leonardo tinha dito. Era uma senhora, Miranda, e um jovem, Dado, uma bichinha que mais parecia travesti. Pediram meu passaporte e eu entreguei na maior tranquilidade. Não sabia que começava aí meu suplício. Ao entrar no carro, tinha mais duas *niñas*, vindas uma da Colômbia e outra do Equador. A da Colômbia era bem bonita, mas já aparentava medo. No meio de malas e sacolas, em silêncio, fomos para uma região do interior. Esperava que fôssemos para Madri, mas não. Depois de quase uma hora de viagem, chegamos.

Na viagem, apenas Miranda e Dado falavam alguma coisa que não dava pra entender. Ao entrar na casa de móveis simples, perguntei o que significava aquilo, onde estávamos. Sem respostas, vi que se tratava de alguma encrenca. Logo, fomos levadas para um grande cômodo com colchões no chão e nossas malas e roupas foram amontoadas. Contei umas dez moças que já estavam ali, todas com ares estranhos, com medo... Havia loiras, morenas, negras, gente com cara de índia, tinha de tudo. Foi quando apareceu o tal de "El Gitano", com um cachorro enorme e agitado preso na coleira. Perguntei baixinho para a colombiana o que era aquilo, quem eram as pessoas, mas ela não soube responder. O tal Cigano falava espanhol, mas com sotaque forte, o que o fazia ainda mais amedrontador. A essa altura, tinha certeza de que havia saído de uma fria e entrado em outra muito maior. Acertei... Mesmo cansada da viagem, soube que à noite teria que trabalhar e entendi que um ônibus vinha buscar a gente às 7 horas da noite. Logo, o Dado apontou para um colchão no chão, mostrou para mim um pequeno armário sem porta e disse que aquele era o meu lugar. As duas novas companheiras ficaram longe, o que dava ainda mais sensação de desamparo. Vi um banheiro e alguns chuveiros e tratei de explorar o local. "Será que tem mais alguma brasileira?" – pensei. Tinha, Rosa Cristina, que era uma carioca que logo veio, com outra sulina, Mariana, falar comigo. Descobriram fácil que eu era brasileira, "pela bagagem", disseram. Elas pouco mais revelaram, e na verdade nem precisava.

Disse que estava cansada, mas de que adiantaria? Lá pelas 4 horas começamos a nos arrumar e pude então ver umas roupas bem bonitas, uns maiôs com rendas, paetês, coisa fina mesmo. Experimentei uns até achar o que mais me servia e me pintei, armei o cabelo... O local ficava longe da boate, nos arredores de Madri. Era um salão enorme, com bar muito iluminado, ao lado de salinhas meio escondidas, e no andar de cima tinha quartos para os programas. O esquema era simples: íamos, caçávamos e os fregueses podiam nos levar para algum lugar fora ou ficar na própria boate. Pela manhã, o ônibus nos levava de volta para a "casa". Esse esquema tinha mudado bastante, antes as moças dormiam lá mesmo, mas a polícia deu uma batida e acharam melhor abrigar as meninas longe do local de trabalho.

Logo no primeiro dia dei sorte, peguei um turista americano que gastou bastante, e então, ao contrário da moça do Equador, não levei bronca. Mas me apavorou quando, na manhã seguinte, uma das meninas que havia cuspido num dos guardas que a empurrou apanhou muito, na cara, ficando toda marcada. Logo aprendi que de vez em quando, por qualquer motivo, eles escolhem alguém, quase sempre as mais valentes, e quebram a pessoa para mostrar às outras do que são capazes. É incrível, eles escolhem sempre as líderes, para provar que podem e que são os donos da bola. Olha, eu, depois de um mês, não podia dizer que conheci Madri. Apenas uma noite eu fui convidada para sair, para ir a uma festinha. Os fregueses da boate eram quase sempre senhores acima de 50 anos e muitos turistas. Os jovens que iam eram sempre estrangeiros. Poucos espanhóis. Aliás, a crise não permitia aos espanhóis gastar dinheiro em boates.

Aprendi muito com o convívio com essas moças. Como eu falava português, não era difícil as hispânicas me entenderem. A grande maioria, porém, vinha de outros países. Havia muita menina da Romênia, mais da metade. Eram umas loiras, muito jovens, acho que nem tinham idade para prostituição ainda. A gente chamava as outras moças de qualquer país, da Croácia, Hungria, Russas, de polacas. Sei lá por quê, mas bastava ser loira para chamar de polaca. Da América do Sul tinha de vários países. Eu fazia sucesso porque era mulata e os europeus gostam bastante. Tinha duas negras africanas, mas elas não ficaram muito tempo. Também fui aprendendo como se dá o tráfico de pessoas. Olha, é muito pior do que se pensa. O Leonardo é fichinha perto deles. Aliás, só quando precisam de alguém do Brasil é que eles procuram gente como o Leonardo. Os caras são muito violentos e batem bastante nas moças. Todas ficavam devedoras deles. Todas... No meu caso, fui enganada duas vezes. Pensei que vindo pra Europa eu tinha pagado minha dívida. Achava que meu passe tinha sido vendido por 10 mil dólares. Nada. O Leonardo ganhou uma grana com a minha venda, mas ao chegar soube que devia uma nota – passagem, roupas, documentos – tudo pra turma do Cigano. Entrei noutra fria... Foi quando fiquei muito mais deprimida do que nunca. Depressão de puta é coisa séria. A gente vai ficando sozinha, sentindo que todas as companheiras concorrem com a gente. Dói muito saber que não temos apoio, família ou mesmo alguém que nos socorra. Então comecei a viver uma vida louca: tinha que aparentar alegria, mas com uma gastura danada por dentro. Coisa difícil mesmo. E nessas horas você vê que muitas passam por isso. Algumas chegam a se suicidar. Soube até de uma brasileira que foi ao cinema e lá tomou veneno. Tomou, mas não morreu... Melhorou depois e parece que voltou para o Brasil.

Não é que a gente viva ligada em família, amigos. Não... mas quando estamos nessas situações dá muita angústia e tem gente que entra em desespero. Algumas vezes eles deixavam a gente falar com os parentes. Imagine quando liguei pela primeira vez para a minha família, dizendo que estava na Espanha, nossa, eles quase morreram de alegria. Pensaram que eu estava rica e daí veio a chuva de pedidos. Sei lá se era verdade, mas todos estavam precisando, e principalmente minha mãe, que não tinha mais nem onde morar. Foi quando resolvi que tinha que me virar de verdade e deixar de ser boba. Coloquei na cabeça que ia fazer 21 anos e que precisava comprar uma casa pra família. Perto de minha cama dormia uma moça russa, Natacha, que falava um espanhol que dava pra entender. Ela era quietona, mas sabia das coisas. Um dia ela resolveu fugir com a ajuda de um freguês... Eu fiquei boba com a esperteza dela. Acontece que uma noite, meses depois, o tal freguês apareceu na boate. Eu o reconheci e notei que ele me procurou. Dormi com ele umas três vezes e, um dia, perguntei pela Natacha. Sem esconder nada, disse que ela estava bem e que tinha fugido de lá para a embaixada da Dinamarca. Com cuidado, me explicou que a embaixada da Dinamarca dá abrigo e proteção a pessoas traficadas. Eu guardei bem essa mensagem: *embaixada da Dinamarca...*

Sabe, com o tempo a vida de prostituta traficada entra numa rotina. Tudo apenas era cortado quando alguém fazia algo errado, tentava fugir. Também não podíamos ficar doente ou, o que era pior, engravidar. Vi muita menina sofrer, mesmo doente, com dores, tendo que ir pras noitadas. Agora, quando o caso era gravidez, nossa! Tinham que tirar a cria e, além da dívida aumentar, algumas nem voltavam... morriam... Morriam, entendeu?! Como a comida era muito ruim, muitas ficavam anêmicas e, porque tínhamos que beber, havia quem se viciasse. Conheci meninas que se viciaram e essas pagavam caro por isso. Muitas eram abandonadas nas ruas e sei de uma que até se tornou mendiga. E tinha também os clientes violentos, que batiam na gente, ou que reclamavam, e então éramos vítimas de espancamento pelos guardas. Esse regime fazia com que sempre houvesse mudança de moças. Umas iam e outras vinham no lugar. Havia uma rede de bordéis comandados pelas mesmas pessoas. Não sei o que aconteceu com a equatoriana, que ficou menos de duas semanas no abrigo. A colombiana parece que deu sorte e foi comprada por um ricaço, mas também sumiu. Tinha uma Rina, moça romena, bonita demais, que ficou grávida, mas como tinha parceiro fixo, ele pagou tudo para ela tirar o filho em lugar melhor, mas logo ela também sumiu... São comuns as mudanças, entre nós dizíamos que a cada menstruação se dá uma mudança, às vezes na mesma cidade. As que ficam são sempre as que rendem mais.

Eu só pensava em desaparecer. Não queria ficar ali muito tempo. Temia acabar como algumas que achavam que aquela vida era destino, carma ou castigo do céu. Eu rezava muito, pedia pra Nossa Senhora de Fátima me ajudar. Rezei tanto que um dia, enquanto arrumava um quarto, achei uma carteira com cem euros. Pensei que era um sinal. Como estava fazendo a limpeza da parte da frente da boate, juntei minhas forças e fugi com a roupa do corpo... Olha, vou contar uma coisa: acho que o Manolo, um guarda, viu... Viu sim, mas fez boca de siri. Tenho certeza que ele me viu e deixou... juro. Sempre penso nele... Lógico que fugi para a tal embaixada da Dinamarca. Por que não fui à polícia?... Ora, todo mundo sabe que a polícia tem coisa a ver com o pessoal do tráfico. Ah, se tem!... Na embaixada, fui bem recebida e imediatamente me deram proteção. Morria de medo, mas eles entraram em contato com uma agência internacional que ajuda mulheres vítimas do tráfico. Fui encaminhada, abrigada no mesmo dia e uma semana depois estava de volta ao Brasil.

Pedi para voltar pra São Paulo. Depois de quase dois anos, voltei a ligar para o dr. Lúcio. Ele não só me reconheceu, como disse que me ajudaria. E ajudou me arranjando um emprego de diarista, como empregada da empresa em que trabalhava. Arrumou um lugar para eu ficar por uns dias e foi assim que eu comecei vida nova, mas... Mas logo vi que não dava. Não tinha nascido pra ser empregadinha. Mas voltar pra "vida", como? Minha única saída era mesmo o tal de dr. Lúcio. Resolvi investir nele e propus ficar caso fixo dele, mas depois de tanto tempo ele nada mais queria comigo, ainda mais morando em São Paulo. Tentei muito, sem sucesso... Um dia, depois de pedir pelo amor de Deus, ele disse que me apresentaria para uma pessoa da empresa que arranjava programas para os executivos da firma e principalmente para os estrangeiros que vinham negociar coisas de petróleo. Tive que jurar que não mais o procuraria.

Foi assim que conheci Sebastian, o cafetão empresário. Você sabia que muitas firmas importantes dão esse tipo de atendimento aos clientes estrangeiros, principalmente do mundo árabe? Olha, me joguei em cima do cara, do Sebastian, que, para minha felicidade, gostou de mim. Fizemos uma boa parceria e ganhamos uma boa grana juntos. Em um ano – eu nunca mais procurei o dr. Lúcio –, eu tinha dinheiro para comprar a primeira casinha em São Luís. Foi quando surgiu a oportunidade de voltar para a Espanha. Apareceu um pessoal de uma firma e me engracei com um tal de Juan Juarez, que na verdade era mexicano, mas trabalhava em Santander, na Espanha. Coloquei na minha cabeça que era pra lá que eu ia. Como agora eu não dependia mais de ninguém, mesmo sem patrocínio nenhum, resolvi que voltaria para a Espanha. Logicamente, nem pensava em passar por Madri e assim comprei passagem para Barcelona. Antes de ir, fiz muitas perguntas para os clientes espanhóis. Foi assim que soube de Girona e Figueiras, na fronteira da França. Então iria para Santander e, se lá não desse certo, tinha uma alternativa. E não deu outra. Santander é uma boa cidade, rica, mas não é turística. Tentei alguma coisa por lá, mas o tal de Juan Juarez achava que eu era exclusiva dele. Fiz mais algum dinheiro com ele, mas logo dei no pé... Voltei para Barcelona, de lá fui para Figueiras trabalhar por conta. Ah! Figueiras é o centrão das prostitutas do mundo todo...

Não pense que é fácil. Em Figueiras tem os maiores prostíbulos da Europa. Eu trabalhei em dois: no Madam's e, principalmente, no Paradise. Faz mais de um ano que trabalho aqui. Acontece que há vantagens. Como fica na fronteira, os franceses vêm muito para cá: é mais barato, podem beber à vontade. Além dos franceses, tem motoristas da Europa toda. Agora, Figueiras já é conhecida e chove gente que quer fazer "pornoturismo". Olha, Figueiras é o maior centro de prostituição que se conhece na história. É mesmo uma loucura... Trata-se de um esquema ultramoderno, cheio de inovações. Não existe nada igual no mundo todo, garanto. E o esquema do Paradise é bem conveniente. A gente aluga os quartos – e tem quase cem deles. É como se fossem apartamentos de hotéis. Há, no centro, um enorme salão de encontros, muito bonito, moderno, bem decorado e muito alegre. Além disso, tem saunas, salas de jogos, lugares para descansar, restaurantes. Nossa! É um luxo!... Moças do mundo todo vão para lá, alugam aposentos e recebem seus "convidados", sem agentes. Eu gosto muito desse esquema, porque tenho até tempo de sair, de vez em quando rezar na igreja, ir ao museu, fazer compras... Não estou dizendo que é o melhor dos mundos, não é. Mas com um ano de trabalho lá consegui comprar mais propriedades em São Luís, e é com isso que mantenho minha família.

Olha, ser puta, onde quer que seja, não é boa coisa. A gente sofre muito, apanha, tem que aguentar fregueses de todo jeito, gente limpa, suja, doente, gordo ou magro, fedido. Tem tarado de todo tipo e é com a gente que eles dão vazão ao que não conseguem na vida. Hoje estou bem, até tenho onde cair morta, mas se tivesse que começar outra vez, não sei se faria tudo do mesmo jeito. Quando vejo minhas irmãs com filhos, mesmo muito pobres, tenho certeza de que elas têm gente por perto. Não posso dizer que amei alguém na vida. Pior do que isso é garantir que nunca amarei ninguém. Gastei meu carinho com todo tipo de baixaria do mundo. Vou voltar para o Brasil, mas com dinheiro... É o que eu posso fazer por mim mesma. Gostei de contar minha história. Vi como as coisas aconteceram e como tudo tem uma raiz. Tomara que minha vida valha a pena para os outros... Sabe? Sou alegre, mas fiquei meio tristinha vendo minha vida toda, contada assim...

"DA COR DO BRASIL"

Sem ser bonita, Lindalva é atraente. Muito. Seu magnetismo resultava de uma combinação que poderia ser, na Europa, taxada de *tipicamente brasileira*: mulata queimada, sorriso fácil, olhos escuros, brejeiros e bem delineados, boca contornada por batom brilhante, os cabelos cacheados, fartos e presos por uma flor de plástico com pedra brilhante ao meio. Colares, muitos colares e anéis em quase todos os dedos. Usando, no último encontro, um vestido de estampa colorida e indefinida, deixava à mostra os seios generosos. Desde a primeira entrevista, como ponto de atenção, sua estatura média garantia uma centralidade à altura de suas peripécias. Quando se movia, Lindalva parecia uma princesa africana que sabia de seu poder. A força de sua narrativa indicava o longo caminho percorrido e, mais do que isso, convidava a pensar nas transformações daquela moça que poderia ter se confundido com as irmãs, que permaneceram fiéis ao curso da história daquela família.

Contada pelas próprias palavras, Lindalva lembrava personagem saída de um livro tropical, desses de mulheres fogosas, erotizadas na fecundidade da cultura local exposta em outro quadrante. E não lhe faltava certo ar de fatalidade contemplativa. Sua história cheia de entremeios foi narrada de maneira progressiva e sedutora, concatenada, trançando lances marotos, alguns escandalosos, com linguagem característica dessas maranhenses que aprenderam com a vida. Sem grandes dotes escolares, fico imaginando de onde teriam sido arrancados os recursos espertos que fiavam casos tão apetitivos e, logicamente, explicadores de uma vida predestinada e assumida como única e assenhoreada por ela própria. E tudo com voz modulada em tons altos e baixos, com gestos que faziam suas mãos dançarem. Feitiço puro. De tal forma a narrativa de Lindalva era fabulosa que não saberia dizer o que encantava mais, a moça ou os enredos. Aliás, teria existido uma sem o outro? Aconteceu em nossos encontros algo que se tornou comum. De início, nossos contatos foram quase protocolares, assim como se espera de entrevistada e entrevistador. Devo dizer também que, na raiz de nossos encontros, para ela, eu me afigurava como um cliente e até se discutiu se pagaria pela entrevista. Felizmente ela entendeu que não fazia parte do processo qualquer coisa que implicasse pagamento em espécie. Aos poucos, porém, Lindalva mudou bastante seu desempenho. Mesmo sem perder a graça, à medida que a história ganhava estrada, ela me olhava com certa cumplicidade e houve até momentos em que senti certa familiaridade, como se fôssemos mais próximos. O desencanto do mundo, a perda da inocência, ficou evidente na história de Lindalva, na medida em que o ganho com o corpo se tornou elemento divisor de suas relações. Mas nada foi mais fatal do que a cidade grande. Na metrópole, a moça dimensionou o sentido da prostituição como atividade inscrita no mundo capitalista. Ela perdeu o controle absoluto, aos poucos. Mas não sucumbiu.

Entrevia-se, de início, nas façanhas narradas por Lindalva, um Maranhão, ou pelo menos uma São Luís com tambores, *hip-hop*, danças, intimidades de grupos pobres e atrevimentos expressos na inquietude de um bairro que ironicamente se chamava Liberdade. Diria mesmo que o crescimento da cidade ficou traduzido nas andanças de uma "menina levada" que perambulou por novos sítios correspondentes ao alargamento do mapa urbano disposto ao turismo. A religiosidade, porém, traço permanente, tão comum entre as prostitutas, assegurou sentido nas palavras dessa Lindalva. E a linearidade da "contação" deixava entrever surpresas sempre empolgantes. De suas histórias vislumbram-se situações estranhas, proibitivas, repletas de detalhes esculpidos com exemplos exagerados que, contudo, só não chocam mais pela naturalidade da emissão. Aliás, viver circunstâncias tão polarizadas lhes era um sortilégio. Feliz – ou pelo menos alegre –, até alçar a condição de prostituta teve sua autoridade pessoal arrancada quando ingressou no mercado do corpo. Mas seria errado supor arrependimentos. Dificuldades, sim, mas a definição pelo uso do corpo lhe garantiu sempre alguma redenção. Seu corpo lhe pertencia, sobretudo.

A segurança e a consciência de si, no redemoinho das atividades implicadas na prostituição em metrópoles, inclusive no circuito internacional, lhe garantiam um eixo capaz de permitir coerência com um objetivo marcado, que, aliás, acabou por mostrar, na busca de estabilidade espelhada na compra de casas para garantir seu futuro, a benesse esperada: dinheiro para assegurar seu futuro. E foram casas – no plural – compradas. Exatamente residências que, em vez de abrigar prole sua, pagava o sustento de familiares. Lindalva, por fim, não se mostrou apenas sombra do enorme e aterrorizante processo que a implicava. E, nesse sentido, muito mais do que expressar dores e mágoas inerentes a quem entra no processo de se prostituir, refletia a luz do amadurecimento feminino, que, apesar da submissão que beirou por vezes o limite do suportável, soube fazer valer seu espaço pessoal. Menos vítima, mais dona de suas ações, a menina sapeca das praias de São Luís chegou a Girona com o mesmo empenho de deslocamento do epicentro da prostituição para a realização de propósitos da própria vida.

A história de Lindalva traz elementos sinuosos para a reflexão de quem quer compreender o fenômeno da prostituição de brasileiras dentro e fora do Brasil. E tudo começa aqui, primeiro com o uso do corpo desde criança, nas imediações de sua casa. A situação familiar é, nesse caso, emblemática dos desdobramentos: filha de mãe oprimida, mas que se compensava com o corpo, ela também seguiu a sina. O pai que sumiu, retornando anos depois, lhe era um estranho e o incesto não lhe foi algo exótico. Nem o fato de a mãe namorar seu pretendente e, na intimidade da casa, manter o ex-namorado da filha em troca do ex-marido que dormiu com ela. Tudo sob o mesmo teto. Sua inscrição em diferentes fases da vida de prostitutas brasileiras vai além do detalhamento. Da atividade pessoal, quase inconsequente, às linhas do tráfico de pessoas e depois à conquista da própria independência, há toda uma história que abriga minúcia que borda a epopeia fermentada por personagens de um mundo que merece consideração. Dados os perigos de identificação, depois de muitas mudanças de detalhes, optamos pelo nome alterado dela. Com apuro, a moça escolheu Lindalva e graciosamente se reconheceu: "Linda sim, mas não alva".

CONTINUANDO A CONVERSA...

> "Onde está a fronteira entre o permissivo e o inaceitável? Ninguém sabe".
> *Gabriel García Marquez*

Há pontos em comum entre as narrativas de Leide e Lindalva. Eis alguns: a procedência pobre, indicando que a mulher deveria se suster nos padrões estratificados e mantenedores da estrutura interna da comunidade básica, seja no campo ou nas cidades; os papéis dos filhos, homens ou mulheres, frente aos desafios impostos pela condição humilde; as figuras paternas polêmicas também são questionadas como catalisadoras e denunciantes de nova ordem familiar; a busca de espaços urbanos maiores, das grandes cidades, e o despreparo para o enfrentamento dos esquemas citadinos e internacionais; e ainda – como traço de permanência – o sentido devoto manifesto em práticas religiosas peculiares, aspecto que revela uma tendência comum entre as prostitutas, acentuado na medida em que as possíveis instituições de apoio se mostram inoperantes. Sobretudo, clama atenção o fato de ambas terem entrado em esquemas internacionais e aprendido a lidar com a relação pessoal no âmbito da exploração sexual. Essa postura, sem cair em "glamorizações baratas", compromete os esquemas que as simplificam como "vítimas" ou coitadinhas, como pessoas incapazes de gerir a própria trajetória. Somados, esses aspectos convidam a considerar também o reverso, as particularidades. Destaquemos alguns pontos para a reflexão sobre essa história:

- Quando se inicia um processo de prostituição? Avaliando que Lindalva nem sequer soube como perdeu sua virgindade, teria ela natural vocação para a "vida fácil"? Levando-se em conta a experiência da moça em São Luís do Maranhão, sua "evolução" teria a ver com a expansão da cidade? Paralelos?
- Incesto ou violência doméstica? Como explicar a relação de Lindalva com o pai? Vulnerável? Perda de limites?
- A geografia da prostituição em espaços internacionais teria algo a ver com a reputação das brasileiras no exterior?

Das questões mais perturbadoras extraídas desse relato, sem dúvida situam-se a "naturalidade" e a pouca idade de iniciação na vida sexual.[1] De regra, para fins estatísticos, as enquetes levam em conta problemas de contágio/ doenças e, assim, os cortes/amostragens são quase sempre relativos aos grupos inscritos – mesmo que de maneira periférica – nos processos de urbanização, desenvolvimento ou planificação. Lindalva foge do padrão, inclusive pela indefinida precocidade de sua atividade sexual. O que, no entanto, confirma as estatísticas é a estrutura familiar como determinante da conformação psicológica e circunstancial de sua *vida puta*. Em qualquer esquema de classe social, o significado da família é preponderante na orientação dos filhos.[2]

Mas lateja ainda a pergunta: quando teria Lindalva se iniciado como prostituta? Seria importante marcar o início da prostituição dessa moça como uma nova etapa de sua vida, como período que demarca um antes e um depois. Ainda que pareça tudo concatenado, sem quebras, convém distinguir momentos. Ao especificar que se sentiu prostituta "quando comecei cobrar", mesmo reconhecendo que era uma "bobona, cobrava pouquinho, pouquinho", estava dada a partida. Ademais, note-se que as estratégias para poder exercer a própria sexualidade demandavam artimanhas, "jeitinhos". A definição flagrante, porém, decorreu do aparecimento do cliente como personagem fundamental da trama.[3] Remuneração ou vantagens, fregueses e circunstâncias para o uso do corpo como atividade paga, ou pelo menos compensatória, determinam supostos para que se delineie a prostituição como carreira, por tosca ou sofisticada que esta possa ser.[4] Aliás, a extração do sustento com o uso do corpo, ou mesmo o favorecimento fortuito ou provocado, primordialmente, conceitua a prostituição em relação ao cliente ou ao patrocinador. Faces da mesma moeda, um lado não existe sem o outro. Essa "aliança" é produto de transformações históricas importantes.[5] Nessa linha de reflexão, o fato de Lindalva nem sequer saber quando deixou de ser virgem pouco – ou nenhum – valor tem.

Importa para o entendimento da experiência dessa moça relevar posturas estabelecidas por autores que salientam o significado da primeira relação como ponto crucial – seja para o homem ou para a mulher – na qualificação da vida sexual. Nesse enredo, diz Maria Luiza Heilborn que

> o discurso das mulheres sobre a virgindade e a primeira relação revela a persistência de uma moral relacional, na qual a experiência individual está sempre submetida à avaliação do grupo e à preeminência das considerações sociais. A mulher existe como pessoa através da apreensão de sua conduta pelos outros. Para os homens, as correlações entre atividade sexual e gênero masculino são particularmente proeminentes na construção da imagem de si, a despeito da classe social a que pertencem.[6]

A história de Lindalva mostra que a moça não caberia em modelos comuns. Será que isso significaria desvio de padrão, desorganização psicossocial ou simplesmente que tais situações não têm sido contempladas pelos registros em geral? Ressalta-se que ela nem se lembrava da perda da virgindade. Tal indicação permite perscrutar o caso específico de grupos pobres de cidades como São Luís do Maranhão. Dizendo de outra forma, como equilibrar circunstâncias de uma atividade biológica, humana e natural com os efeitos da cultura local? Sem uma postura pendular, podem-se propor mediações entre o específico e o universal nos casos como o de Lindalva que, menina aceita no meio "marginal", agia segundo as regras do grupo. Margareth Rago, ao falar da cidade de São Paulo, leva em conta a transformação do cosmo urbano e cultural, salientando "a geografia do prazer". Ao tratar de mudanças operadas entre 1890 e 1930, mostra que

> o processo de modernização, de crescimento econômico, de explosão demográfica e de desterritorialização das subjetividades impulsionou o alargamento dos territórios do desejo. Esse também era espacial.[7]

Nesse contexto, segundo Rago, "crescia a prostituição profissionalizada, enquanto o bordel se tornava o ideal de toda uma geração". Será – pergunta-se pensando em outro espaço e tempo histórico – que o mesmo ocorreria em São Luís do Maranhão? Em que medida o caso de Lindalva serviria para esclarecer a relação entre um meio urbano industrial na crescente capital dos paulistas e outro, bem mais pobre e de vocação turística tardia? Difíceis diferenciações, postos tão diversos conjuntos. O que não se pode negar, contudo, é que a ampliação do espaço citadino viabilizou a "despervertização do sexo" segundo a noção proposta por Giddens.[8] Aliás, a transformação dos espaços de prostituição, desde a Antiguidade, saindo dos locais reservados para alcançar as ruas, cidades e chegar à condição virtual, à internet, dimensionou uma tendência típica do capitalismo moderno, que se ajeitou no arranjo da atividade sexual como mercadoria. Nesse complexo processo, como mostra Norbert Elias, as questões de manejo do sexo se tornaram fundamentais para se entender as relações interpessoais nos circuitos atuais.[9] O esgarçamento dos laços afetivos e a relativização dos compromissos, segundo Zygmunt Bauman, produziram o que ele nomeia "amor líquido".[10]

Chama a atenção o caso do relacionamento íntimo desenvolvido com o próprio pai. Diante dessa situação, o tema incesto se levanta comprometendo a naturalidade inscrita na narrativa. Mas, considerando o dizer da própria moça, abrem-se espaços para certa relativização. Não que tecnicamente haja atenuantes, mas os argumentos apresentados elidem qualquer ato de violência, estupro ou mesmo de constrangimento. O peso da cultura e da moral cristã se mostra franzido por uma ética social marginalizada. Assim, ela se expressou como que se justificando pelo que, aos olhos gerais, se mostra como incesto:

> [...] não tive jeito: transei com ele. Olha, eu preciso dizer que sabia que ele era meu pai, mas foi como se não fosse. Ele tinha ficado tanto tempo longe, eu nem conhecia ele direito. Não estou falando de estupro, não. Eu concordei. De início não quis, mas logo cedi. Quer saber mais? Não foi ruim não.

Autores como Giddens discorrem sobre relações entre pais e filhas, sempre atualizando posturas estabelecidas por Freud, mas não se notam no caso os lances psicológicos, acometimentos derivados de traumas ou dramas, fatores que marcariam "os impulsos para a submissão e o domínio" que se tornam interligados. Na simplificação dos motivos, Lindalva mesma declarou que "fizemos bastante barulho. Acho que ele queria provocar a mãe, que estava com o Durva. Eu queria provocar o Durva, que estava com a mãe, então deu jogo". Há autores que procuram quebrar a mitificação do incesto, em regra tratado como patologia, gerando culpa e fim trágico. Débora Breder, por exemplo, comentando o esforço do cineasta Louis Malle, mostra, num caso de intimidade entre mãe e filho, o alcance de outras visões, muito menos trágicas.[11] Ainda que em outra chave, esse episódio anima a compreensão do relacionamento de Lindalva e seu pai. É preciso considerar, ademais, outra diferenciação significativa do caso do filme *Le Souffle au coeur*, pois foge do âmbito do segredo: a família toda fica sabendo, fato que deflagra a saída de ambos da casa. É importante, porém, lembrar que o pai acaba sendo uma espécie de cafetão da filha quando chegam ao Rio.

A figura masculina do mediador chega a inquietar nessa história. Ao mesmo tempo que a trama vivencial de Lindalva a exibe como uma espécie de guerreira, lutadora por um lugar no mundo, ela sempre se vê constrangida a aceitar atravessadores que "facilitam" sua atividade. E nessas circunstâncias são revertidas as formas de pagamento: elas é que favorecem os sujeitos. O tema do empoderamento se firma nesse processo. O homem, o cafetão em particular, ganha destaque. Sob a aparência de protetor, de agente, são os machos que se distinguem pela violência e pelo poder de decidir os rumos das moças. Interessante nessa linha notar o paradoxo: as prostitutas tidas como "mulheres de vida livre" ou "fácil", seres em busca de autonomia, acabam por se enredar em mandonismos convencionais. O resultado, a finalidade em certos casos, se dá quando elas se libertam do jugo dominador. Lindalva conseguiu.

De casa para a pensão, e da pensão para o mundo. Os espaços vivenciados por Lindalva até chegar a Figueiras comprometem as definições de ambiente de prostituição. O lugar privado e o público são cenários de diferentes atuações. O fundamental da reflexão sobre o uso dos espaços é o entendimento das formas de abordagem dos pares e os arranjos para o desempenho da prostituição. De regra, a rua é o lugar público, submetido à vigilância policialesca e ao controle institucional, lócus de regulamentação que visa ao uso coletivo do espaço. Isso complica deveras a atividade da prostituta, que muitas vezes é vista como poluidora social da ordem. Seu estatuto de cidadã se vê corrompido por uma atividade não desejável. É no intervalo desse direito que se situa o debate sobre a legalização (ou não) da prostituição. Sob essa ótica, coloca-se ainda em cheque a tradição que consagra a mulher como "rainha do lar" e que, por contraste, exalta o espaço aberto, público, como de domínio masculino.[12] Singular a trajetória de Lindalva, que experimentou diversos ambientes, tendo inclusive transitado da prostituição voluntária para os circuitos do tráfico, da casa onde trabalhou para a pensão e depois para hotéis, ruas, boates. Mais impressionante ainda é o fato de ter conseguido autonomia e força para superar demandas enredantes.

A experiência da moça que ostenta ser "da cor do Brasil" implica considerações sobre a reputação da mulher brasileira nesses círculos. O programa Observatório da Imprensa reproduziu um artigo intitulado "Chega de preconceito" em que fica assentado que

> Um programa de animação exibido na estatal portuguesa Rádio e Televisão de Portugal (RTP2), em rede nacional, traz uma prostituta que fala com sotaque brasileiro entre os seus personagens principais. O *Café Central*, transmitido todos os dias desde setembro, tem sido alvo de protestos em Portugal e fortalecido as teses de que o preconceito contra as mulheres brasileiras no país tem sido recorrente em virtude, sobretudo, do viés politicamente correto por parte da mídia. Um grupo de entidades e brasileiras residentes em Portugal criou na internet um "Manifesto em repúdio ao preconceito contra as mulheres brasileiras em Portugal", em protesto contra *Café Central* e a estigmatização das brasileiras nos meios de comunicação de Portugal.[13]

Longe de ser apenas uma questão portuguesa, de modo geral os brasileiros, em particular as brasileiras, sofrem grave preconceito. Uma mostra pálida pode ser vista no artigo publicado na *Folha de S.Paulo*, sob o título "De cada 5 barrados em 2007 na Espanha, 2 eram brasileiros".[14] Diz o texto:

Segundo estatísticas do aeroporto de Barajas, em Madri, dois em cada cinco barrados na principal porta de entrada na Espanha em 2007 eram brasileiros. Cerca de 55% dos estrangeiros que entram no país passam por Barajas. No controle de fronteiras, ainda segundo os dados oficiais de 2007, 50 pessoas, em média, são impedidas de entrar diariamente e devolvidas ao país de origem. Desse total, 20, em média, são brasileiros. Os números, às vezes, superam e muito a média estatística. No dia 3 de agosto de 2007, por exemplo, de 97 imigrantes impedidos de entrar, 66 eram brasileiros.

E o problema não está superado. Ao lado das mulheres do Leste Europeu, como cita Lindalva se referindo em particular às romenas ou às "polacas", as brasileiras figuram como protagonistas destacadas.[15] Nas malhas das referenciações, como a própria maranhense se propagandeia – "da cor do Brasil" – elas próprias se classificam por estereótipos, como é o caso das "polacas" distinguidas na narrativa.[16] Sobretudo, é impressionante como se dão as tramas que acabam por implicar pessoas que de outra forma não teriam destaque em um bordado complexo no tecido globalizado. Contada a partir de um momento de triunfo, quando Lindalva se diz senhora de si, cabe dizer que permanece uma espécie de conta ajustada com a vida: sem dúvida, ao comprar casas para garantir seu futuro, a mola logrou a autonomia desejada. Não ter filhos e desacreditar o amor, contudo, parece pagamento indevido ao destino de quem aprendeu seu lugar num mundo que não parecia ser seu.

NOTAS

[1] Em pesquisa realizada por equipe do Bemfam sobre a iniciação sexual de estudantes jovens entre 10 e 24 anos de idade em seis escolas da rede pública de ensino de João Pessoa, Recife e Natal, segundo amostra de 1.268 alunos, a iniciação sexual de adolescentes mulheres se inicia com pouco mais de 16 anos. Disponível em: <http://www.abep.nepo.unicamp.br/encontro2006/docspdf/ABEP2006_561.pdf>. Acessado em: 12 nov. 2013. Já o PACD (Pesquisa de Conhecimento e Atitude e Prática), em 2008, afirma que, para grande parte da população brasileira, em geral, a idade de iniciação se dá com menos de 15 anos. Sobre o assunto, leia-se: <http://www.agenciapatriciagalvao.org.br/index.php?option=com_content&view=article&id=74&catid=34>. Acesso em: 25 jun. 2013. A história de Lindalva se iniciou em São Luís do Maranhão e sugere-se que as aproximações com capitais do Nordeste não seja muito diversa do comum.

[2] Os padrões de comportamento sexual dos jovens, regulados pela sociedade, como mostra Maria Luiza Heilborn, em "Uniões precoces, juventude e experimentação da sexualidade", não dão conta de experiências como a de Lindalva. como se lê M. L. Heilborn et al., *Sexualidade, família e ethos religioso*, Rio de Janeiro, Garamond, 2005. De toda forma, mesmo se mostrando fora da curva estatística, nota-se que ela se explica mais pelo comportamento das mulheres da periferia das grandes cidades segundo Heilborn, P. F. Gouveia, 1999. "Marido é tudo igual: mulheres populares e sexualidade no contexto da aids", em R. Barbosa e R. Parker, *Sexualidades pelo avesso*, São Paulo, Editora 34, 1999.

[3] Francisca Ilnar de Sousa, *O cliente: o outro lado da prostituição*, Fortaleza, Secretaria da Cultura e Desporto, São Paulo: Annablume, 1998. O texto "Desde dentro: los clientes vistos por una prostituta", assinado por Carla Corso, retraça o perfil do cliente segundo o olhar feminino, em *Trabajador@as del sexo: derechos, migraciones y tráfico em el siglo XXI*, Ediciones Bellaterra, Barcelona, 2004, pp. 121-31.

[4] De regra, a prostituição é admitida como prática a partir da consciência da troca de atividades sexuais por interesses que não impliquem obrigatoriamente afetos. De maneira usual, o dinheiro atua como motivador, mas pode-se pensar em outras formas de favorecimento, seja por presentes, acesso social, vantagens variadas e até proteção.

[5] Nickie Roberts, *As prostitutas na história*, Rio de Janeiro, Rosa dos Tempos, 1998, p. 77.

[6] Disponível em: <http://www.clam.org.br/bibliotecadigital/uploads/publicacoes/97_1512_contrucaodesi.pdf>. Acesso em: 9 set. 2013.

[7] Margareth Rago, *Os prazeres da noite: prostituição e códigos da sexualidade feminina em São Paulo (1890 - 1930)*, São Paulo, Paz e Terra, 2008, p. 97.

[8] Anthony Giddens, *A transformação da intimidade: sexualidade, amor & erotismo nas sociedades modernas*, São Paulo, Editora da Unesp, 1992, p. 38.

[9] Norbert Elias, *O processo civilizador: uma história dos costumes*, Rio de Janeiro, Jorge Zahar, 1994, v. 1, p. 180.

[10] Zigmunt Bauman, *Amor líquido: sobre a fragilidade dos laços humanos*, Rio de Janeiro, Jorge Zahar, 2006.

[11] Débora Breder, "Das utopias e revoluções: representações sobre o incesto em Le Souffler au coeur", em *Tempos Históricos*, v. 15, 1º semestre de 2011, pp. 114-137.

[12] O livro *Los pasos (in)visbles de la prostituición*, em capítulo especial, analisa a situação da chamada prostituição de rua. Op. cit. pp. 127-157.

[13] "Chega de preconceito", artigo escrito por Fernando Moura, publicado em 15 nov. 2011 na edição 668 do jornal *Valor Econômico*. Disponível em: <http://www.observatoriodaimprensa.com.br/news/view/_chega_de_preconceito>. Acesso em: 18 jul. 2013.

[14] "De cada 5 barrados em 2007 na Espanha, 2 eram brasileiros", em *Folha de S.Paulo*, 8 mar. 2008, p. 7.

[15] Sobre a atividade das mulheres do Leste Europeu no circuito da prostituição internacional, leia-se o livro de Iana Matei, *À venda: minha luta contra o tráfico sexual na Europa*, Rio de Janeiro, Best Seller, 2013.

[16] O tema das "polacas" é tratado em livros como: Margareth Rago, *Prazeres da noite: prostituição e códigos da sexualidade feminina em São Paulo 1890-1930*, op. cit.; e Beatriz Kushinir, *Baile de máscaras: mulheres judias e prostituição: as polacas e suas associações de ajuda mútua*, Rio de Janeiro, Imago, 1996.

HISTÓRIA 3

> Mesmo dentro do "cativeiro pessoal", Miro foi capaz de questionar suas vivências de maneira aguda. Entre os desafios que nos apresenta, pergunta "quem irá reparar todos os danos sofridos e tantas perdas?".
>
> Anália Ribeiro – especialista em proteção a testemunhas e consultora da Secretaria da Justiça, Cidadania e Direitos Humanos do Governo do Estado da Bahia – SUPRAD

DROGA DE VIDA

Foi muito difícil estabelecer esta história. Poucas vezes em minha vida encontrei alguém com tamanho dilema, drama que se sintetiza no pêndulo do *voltar* ou *não*, algo próximo de *ser* ou *não ser*. E não foram apenas os presentes entraves existenciais de Miro que dificultaram minha proposta de registro desta história. Desde que li nos jornais que um grupo de jovens brasileiros havia sido enganado, forçado a se prostituir na Espanha, assim que vi a foto dos rapazes, decidi tentar encontrá-los. Foi árduo acertar agendas, mas contei com a ajuda de um grupo de componentes dos Narcóticos Anônimos (NA) de Valência, Espanha. Como havia trabalhado anteriormente em projeto de acompanhamento de histórias de jovens usuários de drogas no Rio de Janeiro, as tramitações foram facilitadas. Ainda em fins de 2009, escrevi explicando o propósito de minha pesquisa e pedindo a colaboração de mediadores. Atendido em resposta pronta, precisei do apoio de diversas pessoas locais, que ajudaram na aproximação com o rapaz.

Zeloso, tratei logo de dizer que na eventualidade da entrevista usaria nome e características de identificação diferentes e, então, ele escolheu ser chamado de Miro. Gostei da decisão por aproximar Miro de *mirada* e assim exercitar o "olhar" sobre aquela situação tão dramática. A estratégia do nome falso facilitou a narrativa de sua experiência. Estive com ele em três ocasiões diferentes: em novembro de 2009 e dezembro de 2011; vimo-nos também informalmente em abril de 2013, já em outra fase de sua vida. A primeira vez foi em Valência; a segunda em Barcelona, onde estava em busca de trabalho; e, na terceira vez, conferi o texto quando de sua permanência em Barcelona, já empregado e protegido por asilo judicial. O encontro de estreia foi complicado por vários fatores, pois era a primeira vez que Miro contava sua história articulando fatos marcantes, dando alguma linha continuada aos dramas vividos, expondo humilhações e processos de aceitação dos dramas. Quando nos vimos em Barcelona para a continuidade da entrevista, o rapaz já estava bem melhor, tendo superado uma longa fase de abstinência das drogas, esquadrinhando rumos para sua vida. Aliás, foi significativo notar a procura de emprego, porque isso era indicativo de decisões tidas até então como ponta de um dilema desdobrado. A busca de autorização para a publicação na primavera de 2013 possibilitou constatar a distância entre o projeto de volta e a decisão de permanência na Espanha.

Confesso que, ao conhecê-lo, fiquei surpreso diante do rapaz de 24 anos. No contato inicial, imaginei que tivesse bem mais idade. Mesmo magro, com roupas desalinhadas, sua postura chamava a atenção. Alto, olhar profundo, cabelos lisos caídos na testa larga, em nada evocava o estereótipo de alguém pobre, despreparado, oriundo de periferia de capital do Nordeste. Abatido sim, mas ainda capaz de sorrisos esboçados, o rapaz me recebeu alertado de minhas intenções. Sinais de vida difícil, no entanto, poderiam ser identificados nas mãos ásperas, na dicção de difícil entendimento, no uso de termos regionais nordestinos e, sobretudo, nos gestos contidos. As frases curtas e muitas vezes não concluídas, sempre iniciadas com voz mais baixa iam aos poucos ganhando sonoridade, à medida que ele mostrava que, apesar de toda dificuldade de expressão, tinha algo a dizer. No encontro primeiro, à medida que a entrevista ganhava fôlego, depois de idas e vindas, de repetições e rearranjos de datas, locais, referências, o moço recuperava algum brilho nos olhos, olhava mais frontalmente para mim e, às vezes, de punho cerrado, dava pequenos socos na borda da cadeira. Vimo-nos então por dois dias seguidos, numa média de duas horas de gravação por sessão. Até que Miro concatenasse a própria história, eu precisei emendar muitos de seus raciocínios, que se iniciavam e eram interrompidos. Num recurso estratégico, retomava suas últimas palavras, repetia o que tinha dito e fazia perguntas na base do "e então" ou "depois disso o que aconteceu?". Na segunda fase, sentados em um restaurante nas Ramblas, parecia outra pessoa, mostrava controle da própria narrativa, ainda que os fatos o emocionassem bastante e eu pressentisse o esforço para manter-se "limpo". Não que houvesse miraculosamente retomado a direção de sua vida; mas, por mais de um ano, estava sem usar drogas, algo vivaz. Além do sorriso menos esboçado, ao me receber, deu-me um abraço fraterno e ainda me emociono com o sentido daquela luta pessoal. O difícil, ao fim do processo de estabelecimento dessa narrativa, reside em admitir a persistência do impasse entre ficar ou, de novo, ver a própria família; de sentir que o emprego conquistado junto com os papéis de legalização não lhe serão suficientes para recobrar o passado brasileiro.

Depois de trabalhar no estabelecimento do texto desta entrevista, contando com a ajuda de amigos do NA que mediaram trocas de mensagens, consegui acertar o encontro para a autorização de publicá-lo. As mudanças operadas no texto, todas foram negociadas entre mim e ele, a fim de protegê-lo. Ao finalizar o processo, pude verificar que esta foi das poucas entrevistas em que a persistência do tom dramático atravessou toda a narrativa. Mais impressionante que qualquer aventura deste projeto, porém, foi notar a luta do moço que parecia elevar o plano vivencial diante da insistência da publicação da própria narrativa.

NÃO SEI O QUE FAZER

Sou um dos 15 caras enganados pelos traficantes. Vim naquele grupo de nordestinos de 2009. Hoje estou um pouco mais esperto, mas pago caro por ter sido cretino, bobo, idiota, e entrar na *lenga* de uma quadrilha de bandidos, filhos da puta. Atualmente tenho 24 anos, sou do interior do Rio Grande do Norte, de Parnamirim, perto de Natal. Meu nome aqui na Espanha é Miro, mas me apresentam como *brasileño*. Acho que sou o mais velho daquele grupo, muitos ainda são garotos. Quase todos são do Nordeste do Brasil, a maioria do Rio Grande do Norte e do Maranhão, mas tem gente de todo lugar, até do Sul. Todos nós fomos enganados... Embrulhados. Trouxas... Estamos agora em Valência, mas já passamos por muitas cidades da Espanha. A gente fica mais ou menos um mês, mês e meio em cada lugar e depois muda. Muda não, a gente é mudado, vamos pra onde eles querem. Tem uma rede de "casas" e nós temos que ir aonde eles querem. Nem ficamos sabendo qual o nosso rumo, às vezes demoramos para saber o nome da cidade para onde nos levam. Eles chegam e dizem: "prepare tudo que amanhã temos viagem"... E lá vamos nós. Mudamos de um lugar pro outro pra despistar a polícia e renovar o mercado, que sempre quer gente diferente. Mudando tanto, indo de um lugar para outro, nós não temos como nos organizar. Vivemos misturados com pessoas de vários cantos do mundo, de muitos países, línguas diferentes, uma escravidão. É preciso denunciar o que passamos, porque alguém tem que pôr a boca no mundo pra valer. De que adianta apenas virar notícia de jornal? Todo mundo lê, fica escandalizado, vira a página e pronto. Isso não é certo. Nem se trata de caso de deportação, de mandar a gente de volta. Isso seria pouco... Quem paga as nossas contas? E nossas vidas, quem paga? Faz um mês que o N., de menos de 20 anos, tentou se matar: Quem paga por isso? E os sujeitos que caíram nas drogas – a maioria, né – quem paga? Quem paga pelos que ficaram loucos e nem sabem mais quem são? E pelos que não podem mais voltar e que se perderam para sempre? E aqueles que sumiram e ninguém sabe onde estão? Não quero mais virar notícias para vender jornal. Muita gente sabe de nós, todo mundo leu, e daí? Que fizeram?...

Vou contar minha história inteirinha, tomara que adiante para alguma coisa e que publique do meu jeito, como eu vou dizer. Sabe? Falamos pra jornalistas, eles cortam tudo, fazem sensação e acabou; vendem os jornais e pronto... Parece mentira a minha vida!... Às vezes, eu mesmo acho que estou sonhando e que um dia vou acordar e tudo vai ser como antes. Tenho dois filhos, um de 4 e outro de 3 anos, os dois meninos. Estou fora de casa há quase um ano. Perdi tudo, nem foto dos meus filhos tenho mais. Meu único documento que eu tinha é meu passaporte, que está como garantia na mão dos gigolôs. Mas nem sei com qual deles, nem onde está... Além das roupas, uns trapos, só tenho um relógio, mais nada. O dinheiro que consigo guardar eu escondo... Escondo sem saber se vão descobrir, se vou poder gastar. Agora estou melhor, sou ajudado pelo pessoal do NA e tenho alguma garantia. Graças a Deus...

Sou juntado com Dora, minha mulher – o nome dela é Auxiliadora e ela tem agora 22 anos. Estamos juntos desde que me entendo por gente, crescemos grudados um no outro, eu sempre sabia que ela ficaria comigo. Acho que eu tinha uns 18 anos quando nos ligamos. Ela era *moça* ainda, tinha uns 16 anos, se tanto. Ela foi minha primeira mulher e eu o primeiro homem dela. Antes dela, ai, ai, a gente "brincava" com bichos, coisas assim: cabra, égua... Sabe como é no mato, né?!... Sempre quis ter família, ser pai. Agora eu tenho... Tenho, mas não tenho. Entende?... Trabalhamos na roça onde a gente morava. A gente tinha umas criações, pouca coisa: uns porquinhos, duas vacas e plantávamos umas coisinhas pra viver. Eu ajudava o pai e assim ia indo. Nem imagino como estejam agora. Dói muito imaginar o que eles pensam de mim. Dói, dói, ai, ai... Penso neles todos os dias, mas não tenho coragem de tomar uma atitude. Tô melhor, mas morro de raiva do mundo. Tenho muita vergonha de tudo e de todos. Tinha nojo de mim, mas já melhorei disso. Tem dias que penso em quebrar tudo e fugir, desaparecer, acabar com essa bagunça; mas quando vejo, quando olho pro lado, está na mesma, eu continuo fazendo tudo do mesmo jeito. Sou um verdadeiro escravo. Olha, já pensei em me matar, juro... Será que essa não é uma saída? Tem dia que acordo pensando em resolver tudo, mas lembro da família e as horas vão passando. Fico imaginando como vão os filhos... Às vezes consigo contato com umas pessoas lá na minha terra, mas na roça não tem telefone. Falo com conhecidos da cidade que dizem umas coisas. Não sei o que fazer. Morava numa casinha, perto do pai e da mãe. Depois, antes de vir pra cá, deu a louca e resolvi trabalhar na cidade.

A gente é pobre, mas dava pra viver. Eu tinha uma bicicleta e sempre que ia pra cidade arrumava um jeito de fazer alguma coisa nela: via o pneu, ajeitava a corrente, regulava tudo. Minha bicicleta era como se fosse meu cavalo, meu carro. Tratava ela como alguém da família até, ficou comigo uns 10 anos. E era por causa dela que eu era amigo do dono da bicicletaria, o Cícero. Ele precisava de um ajudante e me convidou. Aceitei, né?! Era um modo de garantir algum pra família, principalmente quando a coisa apertava. Foi ele, o Cícero, quem deu o sinal e que começou tudo. Eu não era de ler notícias, fui pouco à escola, aprendi umas coisinhas com a professora quando era pequeno, e só. Sei ler um *cadinho* só, mas me viro bem se precisar. Sou bom de conta, ah. Contar eu sei... Acho que não sou burro, não, até um pouco de espanhol eu aprendi; não posso dizer que sei falar, mas me viro. Bem, como ia dizendo, eu não me inteirava das notícias, nem sabia onde ficava a Espanha e nunca tinha ouvido falar de Valência, Moncada, Ibiza, Sevilha, essas cidades daqui. Barcelona pra mim era time de futebol e só, nem o Real Madrid conhecia... Pra mim existia o sítio onde morava, tinha Natal, a cidade onde fui trabalhar e era lá que tudo acontecia. Só isso e pronto. Foi o dono da bicicletaria que alertou sobre a grande oportunidade de ir para o estrangeiro, ganhar uma boa grana. Ele viu notícia no jornal, me disse que uma agência de gringos estava buscando moços, gente forte, com vontade de trabalhar e que queria ganhar uns *cobres* rápido.

Ganhar dinheiro era tudo que eu queria. Queria não, era tudo que eu precisava. O *eito* na terra estava ficando cada dia mais difícil, o pai velho, a mãe doente, o gado morrendo, e ainda tinha os filhos, a mulher. Era: ou eu comprava um pedaço de terra, ou ficaria vivendo *de ameia* o resto da vida. Compreende? A gente vivia da terra, mas eu resolvi trabalhar na bicicletaria, então deixava a família na roça e ia pra cidade. Isso durou uns seis meses. Resolvi trabalhar na bicicletaria porque, sabe, né?... Trabalhar na terra *de ameia* é fogo. Você planta, cuida de tudo e a metade do seu trabalho vai pro dono da terra. Acontece que o dono também estava com o *pacová* cheio, queria vender um pedaço do lote porque a terra não dava muito, a seca matava toda a criação. O jeito pra ele era vender e comprar casa na cidade, viver de renda, dos turistas que vão para Natal. Então a hora era aquela.

Foi sabendo disso tudo que Cícero, o dono da bicicletaria, avisou que no jornal estava publicada uma notícia chamando homens – só homens – para trabalhar no estrangeiro. Dizia ele que o trabalho era pra qualquer coisa, pra fazer de tudo que aparecesse, e que não precisava muito preparo. Tinha só que ter vontade e força. Pensei que podia ser uma coisa como *ajudador* de obra, carregador de peso, construção, madeira, esses troços aí... Foi assim: toda vez que dava, ele *batia* no meu ouvido. E eu ia escutando, escutando. Um dia ele resolveu tirar isso tudo a limpo e ligou pedindo informações pros caras. E eu só vendo... Olha, não acredito que o dono da bicicletaria tivesse maldade. Ele gostava de mim, queria ajudar, coisa de nordestino. Queria, né, mas me meteu na maior enroscada do mundo, me fodeu todo. Tô aqui *azarado* fazendo o pior que um homem pode fazer. Burro, né, tenho que aguentar. Até que se fosse eu só dava pra segurar a barra. Mas e a família? E agora que saímos no jornal e que todo mundo sabe? Você viu nossa foto?... A polícia da Espanha pegou os caras, a quadrilha quase que inteira, mas tudo continua do mesmo jeito. Uns foram presos, mas o grupo é muito grande, espalhado pelo mundo todo. Depois disso, uns carinhas voltaram pro Brasil, é verdade, mas a metade continua aqui. Perdidos. Isso, essa história da polícia pegando os *cabras*, aconteceu em agosto, setembro de 2010; estamos quase em 2012 e eu aqui ainda.

Eu sempre fui bem-criado. O pai era pobre, mas nunca tirou nada de ninguém. Eu segui a *risca* dele. Nunca fiz coisa ruim pros outros, nada de muito errado. Sei rezar umas rezinhas, tenho fé em Deus, sou devoto de São Sebastião... Acredita? Mesmo quando fui trabalhar na cidade, minha vida era serviço-volta, serviço-volta, da roça pro trabalho, do trabalho pra roça. Tudo ia bem, mas a tentação de vir pra cá foi grande, né. Ganhar dinheiro, ser dono da terrinha. Eles diziam que era só por três meses e que a gente ia e podia voltar. Fizemos as contas e, se trabalhasse pra danar, se não gastasse nada, dava pra comprar um chão. O cálculo era pra ganhar até uns quatro mil reais por mês... Quatro vezes três, doze... Era tudo que queria. Tudo. O Cícero fez os contatos, marcou hora e me levou pra falar com os caras. "Gente boa", pensei; diziam que queriam ajudar os pobres e que três meses era pouco tempo, que passava logo. Antes de falar com o pai sobre essa situação, sobre a decisão de vir pra cá, fiquei uma semana *cismando*. E tudo dizia que era bom negócio. E o Cícero falando aquela *pataquada* toda sem parar no meu ouvido. Fiquei *acabrunhado*, acho que nunca pensei tanto na vida... Vi que precisava fazer uns papéis, tirar uns documentos. Eu, que nem tinha carteira de trabalho, de repente tive que tirar passaporte. Mas fui fazendo tudo, e o Cícero sempre me ajudando. Fui juntando um dinheirinho, vendi umas coisinhas – um relógio, o rádio de pilha, até a aliança que tinha comprado fazia pouco tempo eu vendi. Duro mesmo, difícil de verdade, foi passar a minha bicicleta pra frente. Nossa, doeu, mas o Cícero disse que garantia outra quando voltasse. Vender a bicicleta foi como se perdesse um olho, uma perna. Mas tinha certeza que ia valer a pena... A Dora não queria de jeito nenhum que eu viesse. Era ciúme, né? Ela achava eu bonito e que se saísse de lá não ia voltar. Por que não dei ouvidos? Fico pensando como seria tudo se não tivesse embarcado nessa fria em que estou agora... Mas eu ainda volto. Volto sim... Acho que volto...

Olha sempre fui um cara certinho. Nem pensava nessa coisa de sair do sério, de ter outra mulher ou, pior, dormir com homem. Transar com homem, isso nunca passava pela minha cabeça. Nem imaginava isso... Sabia que existiam essas coisas, mas não era para mim. Eu nunca conheci, até chegar aqui, nenhum veado. Sabia que tinha, que todo mundo dava risada deles, mas era só isso. Tinha *tentação* era com mulher, isso sim; tinha curiosidade de pegar outra, né – quem não tem? – mas nada que não fosse normal. Normal, entende: homem com mulher, mulher com homem. Podia até ser rapariga, se fosse homem com mulher, tudo certo, aceitava. Quando comecei trabalhar na bicicletaria, o Cícero trazia umas mulheres, *quengas da rua*, para dentro da oficina e, quando queria, fechava a porta e *pumba*! Eu acabei entrando nessa umas três vezes, mas não gostava não. Ia mais porque estava lá e também queria experimentar. Só... As putas eram muito sem-vergonhas, safadas, desbocadas e falavam muita merda, e eu não gostava disso. É... eu não gostava delas, mas elas gostavam de mim. Diziam que eu era um "jagunço gostoso", falavam que precisava aprender novidades, provar outras coisas e me atacavam bastante. Eu ia, né?... Foi nessa situação que aprendi a pegar mulher por trás, saber o que é sexo oral e outras safadezas. Nem beijar de língua eu beijava a Dora. Eu era assim mesmo, um bobão. Até hoje essa história de beijo é meio complicada pra mim. Beijar homem na boca eu não gosto. Faço outras coisas, mas o tal do beijo não.

Eu me sentia mal fazendo safadeza, sabendo da Dora, dos filhos. Mas sabe como é... E tem aquela coisa que diz que "o demo mora na cidade". É verdade. É claro que não contava nada pra ninguém e acho que a Dora era outra coisa, era minha mulher. É importante dizer isso, porque a cidade é mesmo o lugar de perdição, de pecado... Mas aqui se faz, aqui se paga, né?!... E quanto maior a cidade, mais perigo. Agora, que a mulherada dava em cima de mim, isso é verdade! Eu não era muito treinado em *sem-vergonhices* e não estava acostumado com raparigas. O Cícero, não. Ele era muito abusado. Casado, com filho, neto até, e dava em cima da mulherada. Já viu, né, na oficina, em horário de trabalho, porta fechada, era ele fazendo saliência com as moças. Como disse, eu evitava, mas às vezes era difícil escapar... É claro que fui me sentindo tentado, aprendendo a gostar de sacanagem, mas separava bem as coisas. De um lado minha mulher e do outro as putas... É gozado o que vou dizer, mas nem sei o que seria de minha vida se não fosse essa escola de sacanagem, essas coisas que vi e vivi na bicicletaria. O que aprendi com as *quengas* me ajudou muito depois. Quando eu morrer, não sei como vou ajustar as contas de tanto pecado que carrego. Nem imagino... Mas aqui com os fregueses é ou fazer o que os caras mandam ou apanhar... Tudo é controlado, eles sabem de tudo o que acontece. Os caras do tráfico até podem matar a gente. E matam mesmo... Sei de casos de pessoas que somem e ninguém mais tem notícias... Não temos pra onde correr: sem documento, sem dinheiro, sem conhecidos. E eles são amigos da polícia, tem altos negócios. Virei covarde. Puto e covarde. Nem pra chorar eu presto mais. Não sei o que fazer da minha vida...

Depois que me alistei pra vir pra cá, tudo começou correr depressa demais. E era tanta coisa pra fazer: fotografia, formulários, papelada, taxas. Eles fizeram uns documentos complicados, diziam que era contrato, mas eu não entendia nada. Só ia assinando, assinando... E tudo custando dinheiro. No começo, o Cícero emprestava, mas, depois que gastei tudo que podia, os caras da agência começaram a "ajudar". Eles tinham uma sala num prédio na av. Salgado Filho e lá eles recebiam as pessoas que queriam vir pra cá, ajeitavam os negócios, embrulhavam a gente. Era tudo muito confuso... Conheci umas cinco pessoas e, dessas, sei que pelo menos duas vieram na mesma leva que eu. Um desses carinhas eu vi uma vez em Barcelona, o outro era o Lázaro, um sujeito de Vitória, Espírito Santo, que até veio comigo. Ele era quase menino ainda, não tinha pelos, bem bichinha, tinha uns 18 ou 19 anos e eu ficava pensando nele trabalhando duro, como pedreiro, marceneiro. Nem imaginava essa coisa de tráfico, de contrabando de pessoas. Nada. A gente vinha em pequenos grupos, e eles explicavam que era pra não dar na vista. Nem nós mesmos sabíamos quantas pessoas estavam na mesma situação, só me lembro que tinha uns três grupinhos de três ou quatro pessoas cada um... Diziam que era para ficar assim, separados, porque o povo de cá não queria a gente, porque perderiam os empregos deles...

Saí de Natal no dia 27 de outubro de 2009. A despedida da família foi como um *saimento*: todo mundo triste, mulher chorando, filhos sem entender nada, o pai nem saiu na porta. Um caso sério... Não olhei pra trás quando saí de casa, não quis ver. O Cícero foi me levar no aeroporto, me deu uns 50 euros e eu nem sabia lidar com aquela grana. A passagem era para a Espanha, mas passava antes pela França, Paris. Eles fazem isso porque quando você chega a um país e os policiais veem que é passagem para outro, logo mandam você passar, logo, logo. Então fomos, o Lázaro e eu, primeiro de Natal pra São Paulo, mudamos de avião em São Paulo e embarcamos pra Europa. Eu não fiquei com medo de avião, como achava que ia ficar. Até gostei, mas não dormi a noite toda. Minha cabeça rodava, rodava. Será que fiz a coisa certa? Pensava muito... Não adiantava nada, né? Pra me distrair eu vim a noite toda sonhando: vou me controlar, não vou gastar nem um tostão; vou tentar trabalhar mais horas, porque assim, quem sabe, faria um dinheirinho a mais. Foram essas coisas que fizeram o tempo passar. Eu via a Dora, os filhos, o pai... Na verdade, acho que aquela viagem foi o momento mais complicado de minha vida. Eu saía pela primeira vez de Natal, andava de avião, ia para a Europa e tudo cabia no sonho de ganhar dinheiro, comprar uma terrinha... Foi uma "viagem" mesmo...

Eu não tinha carregado quase nada, pouca roupa, uma malinha de mão só. O Lázaro parecia mulher de tanta coisa que tinha levado. Isso atrapalhou um pouco quando passamos pela vistoria, porque ele teve que abrir as malas e mexeram em tudo. Foi quando levei o primeiro susto, na mala dele tinha roupa de mulher, e eu não entendi nada. Felizmente tinham outras pessoas que iam, no mesmo voo, de Paris para Madri e acompanhamos as pessoas pra mudar de avião. Foi a sorte, porque não entendia nada de nada. Na viagem de Paris, perguntei pro companheiro pra que aquelas roupas de mulher, se ele conhecia alguém na Espanha. Foi quando ele me contou que ia para fazer show de dança e canto de música brasileira, disse também que cozinhava e que ia também fazer caipirinha numa boate. Eu tinha notado que ele era meio amulherado, mariquinha, mas não pensei que fosse veado, travesti, essas coisas. Veja como eu era bobão... Pensei: "Ué, este cara vai para dançar e eu vou trabalhar de pedreiro. Estranho, né?" A ficha demorou pra cair.

Quando chegamos era mais ou menos meio-dia. Fazia um frio danado e eu estava com pouca roupa. Lembro bem do frio, nunca tinha sentido aquilo na vida. Tinha saído do Brasil com calorão e lá era inverno. E eu nem sabia disso, nem de mudança de horário, nada. Mas o pior é que não tinha ninguém esperando a gente no tal do aeroporto. Olho daqui, nada; procuro dali, nada. Andamos um pouco pra lá, outro pouco pra cá e nada. E o tempo passando. E a fome?!... Muita fome! Agora você junta tudo: fome, frio, medo, sem falar a língua, sem conhecer ninguém, sem dinheiro. No Brasil eles tinham nos dado uns números de telefone, mas nem sabia usar. Também tinham avisado que não podíamos falar com os policiais, de jeito nenhum. Pelo contrário, eles disseram que se víssemos policiais era pra entrar nos banheiros e ficar esperando o tempo passar. Foi assim que ficamos umas cinco ou seis horas andando no aeroporto. Desesperados. O tal do Lázaro com aquela *tralharada* toda começou a querer chorar. Eu então fui no restaurante e comprei dois sanduíches. Gastei uns euros que não contava. Pensei também que, se não aparecesse alguém, eu ia sim pra polícia pedir ajuda, explicar, né. Pensei em telefonar para o Cícero, mas não sabia como usar o raio do telefone, era muito número. Comecei a ver a merda em que tinha me metido. Agora, ainda mais com o Lázaro, que não largava do meu pé. Nem ir ao banheiro direito eu podia, porque a bichinha ficava apavorada. Sabe, até dormir, eu dormi um pouco enquanto os caras não vinham. Depois de um tempo apareceram uns sujeitos, três – dois falavam espanhol e um misturava português com espanhol, mas nenhum era brasileiro. Entendi que eles tinham recebido outro horário, mas que tudo estava bem. Para nós foi um alívio. Nos apresentamos, e o Lázaro disse que se chamava Lala e ficou todo contente. Eles nos levaram para um carro, de cara fechada, falando pouco com a gente, mas por fim estávamos com alguém. Eu ia carregando a minha malinha e mais coisas do Lázaro. Já estava escuro e saímos por uma estrada de asfalto. Demorou uma hora mais ou menos para chegarmos a uma casa no meio do nada, tudo escuro. Não tinha a menor ideia de onde estávamos e, quando dizíamos que a gente não tinha comido ainda, eles davam uma de desentendidos. Uma vez insisti e um deles olhou para nós fazendo cara de riso, como se não compreendesse.

A casa era bem retirada e depois soube que ficava na beira de uma estrada, num lugar chamado Colmenar Viejo, nunca vou me esquecer desse nome. Gravei. Não tinha cama na casa, só um estrado no chão. Isso pra mim era moleza, mas pro Lázaro, nossa... Ele olhava pra mim como se eu fosse a salvação dele, a tábua no mar, sabe? Eu ia ficando meio pai dele, mesmo sem ter como. Quando percebi que os caras iam embora, iam deixar a gente sozinho lá naquele ermo, eu comecei a perguntar o que ia acontecer, quando íamos comer, quando começaríamos a trabalhar. Eles não respondiam nada, faziam que não estavam entendendo e davam sinais de saída. Foi quando peguei um deles pela camisa e segurei. Foi só fazer isso e levei uma bofetada na cara. Uma bofetada pra valer, não um tapinha qualquer. Eu não conseguia entender. Os três de repente estavam ameaçando a gente, gritando, e um deles, o mais baixinho, tirou um revólver e disse uma coisa que achei que era amanhã trago um pouco de comida. Foi assim a minha chegada... Assim, acredita?... Eu, que nunca tinha apanhado, levei um tapa na cara e tive um revólver apontado na minha direção. Ficamos trancados e já sem os documentos, que eles tinham recolhido no carro. As janelas estavam com cadeados, nem cobertas deixaram. Nunca senti tanto frio na minha vida, nem tanta fome. E o medo?! Eles não deram as *tralhas* do Lázaro nem a minha. Resultado, tivemos que dormir abraçados para não morrer de frio. Dormir, não... Passamos a noite de roupa, grudados. E o Lázaro não parava de chorar, era como uma mulherzinha. Eu também estava apavorado. Mesmo tão cansado, não consegui dormir direito. A fome era um diabo... Nem se gritássemos adiantaria, porque a casa era no meio de um campo, sem vizinhos.

Vi o dia amanhecer e nada de comida. Pensei em quebrar um pedaço da cadeira e fazer um caldo com o pau, mas cadê fogo? E com que água? Não tive dúvida, comecei a chupar fiapos de pau pra matar a fome que já me deixava louco. E o Lázaro chorava. Só chorava... Acho que cheguei a desmaiar de sono, porque, quando chegou o carro com algumas pessoas, já no outro dia, eu só percebi quando eles já estavam dentro da casa. Eram outras pessoas, nenhum dos caras era brasileiro. De início, fiquei feliz, achando que finalmente vieram as pessoas certas, que os caras "de verdade" tinham nos encontrado. Nada disso. Esses traziam mais dois sujeitos traficados, um brasileiro e outro mexicano. Ficamos sem saber o que acontecia e quando um deles viu que o Lázaro não parava de chorar, encolhido num canto, deu um chutão que fez o coitado gemer como bicho. Éramos quatro pessoas, mas não conseguíamos reagir. As caras dos dois outros que chegaram era de muito medo. Outra vez alguém apontava a arma pra gente enquanto o chefão dizia que tinha um pouco de comida; mas que era para a gente comer pouco, porque eles poderiam demorar pra voltar. Era um pão que mesmo sendo grande não daria nem pra mim, ainda mais pros quatro. Tinha um queijo, um pouco de presunto, umas três garrafas de água. Avançamos no pão, os quatro. Eu tive que gritar para não acabar a comida, pra gente deixar um pouco pra depois. Claro: ninguém sabia quando eles iam voltar.

O brasileiro "novo" era de Imperatriz, também do Nordeste, de Maranhão. Ele contou uma história que se *parelhava* com a nossa: soube pelo jornal, foi até Natal, vendeu tudo, precisava fazer dinheiro pra começar um negócio, uma barbearia. Era casado, tinha uma filhinha e ia fazer 22 anos. O mexicano estava muito nervoso e falou pouco. Já fazia uns bons dias que eu não tomava banho, mas o pior era o cheiro da privada, que não tinha descarga. Naquele dia não apareceu ninguém mais. Nem preciso dizer que a comida acabou logo e que começamos a brigar sem parar. O Lázaro estava muito fraco, sem forças e tossia muito, chamava a mãe, pedia perdão por ter fugido, umas coisas meio sem jeito. O Chico, o tal outro brasileiro, disse ainda que era mecânico, mas tinha perdido o emprego e estava tentando a vida. Quando dava pra conversar, sempre depois de alguma confusão e de um tempo quieto, eu dizia que nós tínhamos que nos unir e ver se fugíamos quando eles chegassem. O raio é que, de repente, o mexicano tentou quebrar a janela, quis arrancar o cadeado e, com isso se machucou e começou a sangrar no braço. Olha, foi o desespero, ele se cortou fundo... No outro dia, pela manhã, os caras chegaram abriram a porta e deixaram um pacote com comida e água – dessa vez tinha um pouco mais – entraram, largaram as coisas e fecharam, saindo de carro novamente. Tudo sem dizer uma palavra, tudo muito rápido. Foi outro dia de muito medo. Medo e raiva. Eu pensava que eles iam nos matar, e o Chico começou contar umas histórias meio da louca, de operação para tirar órgãos da gente, coisas desse tipo. O Lázaro só piorava. Resolvemos dar mais comida e água pra ele, mas não adiantava. Ele ficava cada dia mais branco. Passamos mais uma noite assim... O Lázaro chorando, gemendo, fraco mesmo. Todos sem banho...

No outro dia ouvimos logo cedo que chegaram mais carros. Pelo que entendi, eram uns três ou quatro. Mesmo que quiséssemos reagir, como? Eles eram oito pessoas. Dois seguravam armas demonstrando que poderiam atirar. Ao ver o Lázaro caído, um disse: "*El maricón está morriendo*". O mexicano, falando espanhol, como um louco começou a gritar e disse que eles pagariam caro, que iria à polícia denunciar o tráfico de pessoas. Foi só ele falar que levou uma coronhada na cabeça que começou a sangrar. Como ele já estava ferido por causa da tentativa do arrombamento da janela ficou ainda mais machucado. Pensa que pararam aí? Dois caras foram por cima do cara e bateram muito, mas muito mais. Ele ficou caído no chão e a gente não podia fazer nada. Pensei que ele ia morrer, juro. Eles então me pegaram junto com o outro brasileiro e me puseram num carro. Os dois outros, o Lázaro doente e o mexicano ferido, foram em outro carro. Tempo mais tarde, quando já estava trabalhando em uma sauna, encontrei com o mexicano, que também estava lá e soube que Lala tinha tentado se matar, mas que foi socorrido a tempo, tirado de lá. Ele disse também que achava que, como ele não melhorava, tinham matado o coitado. Depois de uns dias, levaram o mexicano para outro lugar e nunca mais soube dele.

Desse primeiro lugar, da casa em que chegamos, fomos para Madri, onde ficamos num depósito, em uma sauna masculina. Vi a cidade pela janela do carro, mas não sei dizer o que senti. Era tanto medo! Eu nunca tinha entrado em um lugar como aquele, nem sabia direito o que era sauna. Mandaram a gente pra um quartinho escuro, cheio de peças de manutenção, com forte cheiro de cloro... Estava, de todo jeito, bem melhor que antes. Deram comida e finalmente, naquele dia, depois de quase uma semana, pude tomar banho. Um não, vários. Mas estava claro que eles iam usar a gente. Era uma sauna masculina, a gente via logo por causa da decoração, cheia de fotos da *macharada* pelada, das revistas e avisos de programas com homens nus. Não tinha freguesia ainda porque era cedo. Só tinha gente trabalhando, limpando, esfregando. Pudemos circular um pouco e eu fui entendendo logo o que aconteceria. Nem precisava ser muito esperto, porque o Chico foi cantando a jogada: "olha, isso aqui é puteiro de veado, de *invertido*, lugar de sacanagem braba"; E continuava: "vá se preparando, nós vamos ter que trabalhar nesse troço". Pensei: "trabalhar, tudo bem, não queria é fazer outras coisas". Eu não sabia que na Espanha prostituição é legal, que é um jeito de trabalhar e que a polícia até prefere casas daquele jeito em vez de prostituição de rua. De todo jeito, lá pelas tantas, formos chamados e mandaram a gente tirar a roupa. Nem pensei em resistir, porque sabia como eles reagiam. Com muita vergonha – eu nunca tinha feito isso na frente de gente que não conhecia – tirei a roupa com uns cinco homens me olhando. Foi quando eles mandaram a gente dar uma volta. O Chico parecia bem à vontade e foi fazendo tudo antes, e eu seguia. Eu estava com raiva, mas não tinha saída. Foi quando um deles nos mandou tomar outro banho e dessa vez deram sabonete bom e uma toalha da casa. Eles ficaram olhando a gente tomar banho com risadinhas... Depois deram um uniforme e, quando estávamos vestidos – eles sempre vigiando, uns quatro caras –, chamaram um outro sujeito, um carinha do Marrocos, escurinho bem forte, que foi ensinando como a gente deveria limpar as coisas. A casa tinha três andares, um acima, com cinemas e cabines; e outro abaixo, com sala de estar e bar. O andar do meio era a recepção e tinha armários com trancas. Os fregueses chegavam, pegavam a chave, se trocavam e começavam a andar.

O pior da história é que, se fosse só pra fazer a limpeza, eu enfrentava tudo. Fomos avisados de que, se algum freguês se interessasse, deveríamos ir até a recepção, avisar e acompanhar o cara pras cabines. Outra vez não tive coragem de dizer não, que não faria isso. Imaginei então que, se ficasse quietinho, de uniforme, escondidinho, fazendo limpeza, ninguém olharia para mim. O Chico, não. Ele logo foi dando um jeito de ficar mais à mostra. Bem, os fregueses começaram a chegar e, à medida que o fim do expediente de trabalho deles nas firmas, escritórios, terminava, começava o *happy hour*... Muitos senhores, alguns mais jovens também, entravam, ficavam só de toalha amarrada na cintura e iam pro bar ou ficavam zanzando. Nem sei dizer o que eu pensava nessas horas.

Sabe? Vendo aqueles homens andando pela sauna, parecia um bando de baratas tontas quando acende a luz, uns subindo, outros descendo, todos indo pra lá e pra cá. Tínhamos que limpar tudo, o tempo todo. Nosso trabalho era recolher o lixo, copos e garrafas, pegar toalhas molhadas largadas, recolher sandálias deixadas. É claro que tinha muita camisinha usada e eu, que nunca tinha visto uma, fiquei assustado. Minha cabeça parecia que ia explodir: homem passando a mão em homem, filminhos de veadagem, macho beijando macho... De vez em quando eu via o Chico, e então compreendi que ele manjava bem da coisa. Ele ia se ajeitando com as pessoas, sorria pros fregueses. Resolvi que, mais tarde, ia conversar com ele sobre o caso, abrir o jogo... Era muito trabalho. Tinha começado a limpeza lá pelas duas horas da tarde e até às duas da manhã não tinha parado. De comida deram um bom prato feito, na hora do jantar. Também dava pra pegar refrigerante na geladeira do nosso quartinho. Bem, no primeiro dia não aconteceu nada comigo, mas o Chico não apareceu para dormir no mesmo quartinho. Fiquei na minha. Soube no outro dia que ele, esperto, dormiu numa cabine. Aprendi: depois que todos fossem, podia usar as cabines.

No segundo dia, recomeçou tudo. Eu não sabia de nada, não tinha a menor ideia do que poderia acontecer: se ia receber, se podia sair, qual o horário de comida. Nada, nada, nada. E não tinha com quem conversar. Vi que o carinha marroquino fez café e soube que tinha um pouco de pão. Ataquei, né. Além de nós, brasileiros, tinha mais uns quatro caras trabalhando na limpeza, mas nenhum se entendia por causa das línguas diferentes. Cada um se defendia por si e o máximo que conseguíamos era trocar sinais. Sempre tinha alguém vigiando a gente. Quando encontrei com o Chico naquela manhã e perguntei o que tinha acontecido com ele, então ouvi o conselho dele, avisando que a melhor coisa era a gente fazer programa com os fregueses, que assim aliviava o trabalho. Achei absurdo. No começo era mesmo um absurdo... Enquanto limpava, ia vendo tudo que acontecia. Não acreditava no que estava vendo. Tudo era demais, achei que ia ficar louco. E lembrava da vida antes...

Fui aprendendo a pensar no presente e esquecer o passado. Tinha que sobreviver e era preciso saber como. Bem, pra piorar tudo, logo no segundo dia apareceu um carinha interessado em mim. Foi um problemão, um nó... Ele me viu limpando e começou a me seguir, ficou ligado no fato de eu estar de uniforme de limpeza, tem gente que gosta... Notei que o cara estava a fim porque eu ia pra lá e ele também, corria pra outro lado e lá estava ele. De repente, veio um gerente e apontou para uma cabine. Era para ir pro quartinho acompanhado, mas que antes devia tomar banho. Fez sinal indicando isso e jogou uma toalha. Quando acabei, fui pra cabine, tremendo que nem vara verde, e logo o cara apareceu. Fiquei gelado. O olhar do gerente era bem claro. O cara foi se aproximando e eu não tinha pra onde fugir. Quanto mais medo eu aparentava, mais tarado o cara ficava... Ele percebeu que eu não era do ramo e fez sinal para eu não ficar com medo. Ele começou a passar a mão em mim, me alisar, beijar meu corpo e ficou nisso um tempo grande. Ficamos pelados, mas meu pau não subiu. Nem podia, né!... Depois de um tempo o cara chupou meu cacete mole mesmo, gozou e saiu... Tudo sem falar nada. Eu aproveitei e não saí imediatamente, tranquei a porta. Fiquei na minha, quietinho, e ninguém me procurou. O Chico estava se dando bem. Logo passou da limpeza para o atendimento. Ele até que se virava bem em espanhol, estava alegre e ria pra todo mundo. Como ele estava acostumado a fazer programas, foi me contando o que acontecia, como tinha feito. Ele foi me ensinando que nós não devemos gozar e que o certo seria guardar a porra. Esse era o grande segredo: não gozar e fazer o par gozar depressa. Aos poucos iam aparecendo fregueses que me escolhiam e eu ia tentando seguir as lições. Vi também que muitos gostavam do fato de eu ser novo no meio e a notícia disso correu. Aproveitei essa história e ia dizendo pros fregueses que não sabia fazer a coisa, que era novato... Alguns compreendiam e achavam engraçado. Foi assim que fui aprendendo a me virar.

Eu estava sem ver a rua fazia um tempão. Um belo dia, eles me chamaram para ir ao supermercado carregar umas compras. Arranjaram roupas pra eu sair e me preveniram de que era para não dar bandeira, me comportar. Foi a primeira vez que saí, andei um pouco mais e vi gente. Vi o sol, senti um pouco de frio, mas foi uma alegria. No supermercado tudo era novidade pra mim. As pessoas, a língua, gente andando. Vi mulher, coisa que não via fazia tempo. Mas estava tonto... Quando passamos pela seção de coisas pra crianças, me lembrei dos meninos e senti medo de não vê-los mais... Depois da compra, carreguei e descarreguei tudo e novamente encarei o uniforme na sauna. Mais fregueses apareceram para mim e então me mandavam direto pras cabines. Fui ficando também conhecido pelo tamanho do meu pau e porque não tinha muito pelo no peito. No começo, comigo, a coisa funcionava mais ou menos assim: os caras vinham, avisavam na recepção, me levavam pras cabines, e eu tirava a roupa e eles me apalpavam. Eles gostavam de passar a mão em mim e muitos faziam sexo oral. Não ficava muito excitado, mas eles ficavam. Tive que me acostumar com isso depressa. Muito depressa... Bem, lição é o que não faltava porque naquele lugar – tinha filminho e, mais do que isso, sexo ao vivo e a cores. Fui me adaptando. Em uma semana já me sentia um pouco mais à vontade. O pessoal também passou a me ver como bem mandado e até saía umas vezes pra pequenas tarefas. Tinha muita curiosidade em saber como era Madri, como era a vida fora da sauna, mas também tinha muito medo. Sem documentos, sem "um puto" no bolso, sem saber a língua... E se a polícia me pegasse, prendesse e nunca mais soltasse? É assim que eu pensava. Sabia também que eles, o pessoal do tráfico, estavam junto da polícia...

Quando ia já pra segunda semana, apareceu um cara que queria transar comigo. Ele não queria só brincar, ficar passando a mão. Fiquei apavorado. Até aquele ponto era só preliminares, brincadeirinha de corpo no corpo, chupadinha, passada de mão. Fui chamado pelo gerente e ele disse que eu tinha que ir com o cara, que era um freguês bom, rico demais, poderoso e que tinha gostado de mim. Olha, pra ser franco, nem tentei dizer que não ia... Foi só olhar para o gerente, que estava com mais dois caras, e eu já sabia muito bem do que eles eram capazes. Foi a primeira vez que perguntei quanto ganharia, então. O gerente riu e disse que não daria pra pagar nada, que já tinham feito muita coisa por mim e que eu devia muito, mas muito mesmo, para eles. Não adiantava discutir, até porque o freguês estava logo ali, esperando. E perguntei baixinho: mas e se meu cacete não subir? Ele então me puxou de lado, deu um vidrinho com popper... Eu sabia o que era Viagra, mas nunca tinha ouvido falar nesse negócio de popper.

De repente lá estava eu com um vidrinho com popper na mão. Eu nem fumava e, de repente, tinha que respirar aquele troço. Antes de ir com o cara para a cabine, rapidinho, o gerente no cantinho chamou o empregado marroquino, que foi me ensinando a usar. Avisou que não podia ficar perto do fogo, que não podia engolir, que era só cheirar e pronto. Eu experimentei pela primeira vez aquela droga... Olha, foi muito bom... Vi tudo muito colorido e esqueci os problemas. Foi assim que comecei a transar com homens... Graças ao popper. Fui, daí pra frente, me acostumando e sempre com uma ajudinha do popper, que pros funcionários que faziam programas eles ofereciam direto. O milagre durou pouco. Depois da terceira ou quarta vez, começaram a cobrar. De início era baratinho, mas logo iam subindo. Acabei viciado e, do dinheiro que ganhava, tinha também que descontar o "remedinho"... Eu não passava mais sem aquilo. Em um mês estava viciado...

 Foi assim que virei puto. Puto e viciado. Fiquei igual aos outros rapidinho. Durou mais umas seis semanas essa experiência minha em Madri. Depois começou outra fase: mudança de cidade. Sim, a cada um ou um mês e pouco, eles mandavam a gente para outro lugar. Foi desse jeito que entendi que estava vivendo como traficado. Aprendi na vida o que era o tráfico de pessoas. É um mundo separado do mundo real, das pessoas. É por isso que ninguém acredita como funciona a coisa: tudo é segredo guardado a chave e bala. E a gente aprende logo que tem que viver como eles querem. Quem entra nessa sabe que a justiça é a vontade deles e que, quanto menos a gente discutir, enfrentar, melhor para nós mesmos. Sabe do que me lembrava?... Eu tinha uns passarinhos na gaiola, na minha casa no Brasil. Eu era como o passarinho, preso... Só que não aprendi a cantar naquele inferno...

 De vez em quando, a cada mês mais ou menos, eles me deixavam ligar para o Brasil, mas era aquela merda: ligar pra quem? E todas as vezes que a gente ligava, tinha um diabo com revólver na mão tomando conta. De vez em quando, também eles mandavam um dinheirinho para a família e mostravam que minha dívida estava só aumentando. Eu mandava a grana pro Cícero e, quando conseguia falar, ele jurava que tinha entregado tudo pro pai. Notícia da família mesmo, direto, nunca recebi. Nunca... O pior é que cada vez que ligava, ficava uns dias muito mal. Eu que nunca tinha tido depressão, aos poucos, fui ficando bem pra baixo...

 A segunda cidade que eu fui foi Barcelona. Fui pra lá de trem e vi um pouco mais da Espanha. Fomos em grupo de seis pessoas. Eu nunca tinha visto os dois outros. Para levar nós três, tinha mais três caras do tráfico: um pra cada um. Fomos de trem porque não precisava mostrar documento e parece que a polícia estava vigiando os carros nas estradas. Pelo que entendi, o pessoal do tráfico tinha que tomar cuidado, havia controle e eles não tinham contato com todo mundo, com a polícia federal. Em Barcelona, na estação, ouvi algumas pessoas falando português, mas não deu pra me aproximar. Os outros caras eram, um da Tunísia – um negão forte e com uma cicatriz no rosto – e mais um outro, argentino. Não pudemos falar muito, porque tínhamos medo, não sabíamos quem era quem e tinha também os acompanhantes, que eu sabia que estavam armados.

Em Barcelona, no trabalho, conheci um freguês brasileiro que frequentava a sauna, que morava na cidade. Tentei falar com ele, tentei pedir ajuda, explicar a minha situação, mas ele conhecia o esquema e não quis nada comigo. Fiquei danado de raiva. Também conheci mais dois brasileiros que faziam programas como parte da equipe da sauna, mas eram de outro esquema, eram "independentes". Existem duas formas de trabalho nessas saunas: os traficados, como eu, que devem até a alma e não têm liberdade nenhuma, e os outros, pessoas que trabalham por conta própria, como empregados. Eu era dos que estavam devendo, ainda tinha que pagar uma conta sem fim e não sabia nem quanto era. Fiquei muito chateado com os brasileiros porque eles não quiseram ajudar, nem papo deram... Os dois eram bem diferentes de mim: brancos, loiros, altos, deviam ser do Sul do Brasil. Eles iam lá como "independentes", tinham horários a cumprir, mas não dormiam na sauna nem comiam conosco. Foi quando senti que não existe amizade entre os caras da prostituição. De nada adianta essa história de ser brasileiro, que brasileiro é legal, amigo. Eu me sentia abandonado e sabia que tinha que fazer alguma coisa. Me sentia cada dia mais fraco da cabeça e agora viciado em popper... E entendi então que o melhor seria me mostrar mais, virar puto mesmo, pôr pra quebrar. O que não faltava era popper e camisinha. Nem fregueses. É claro que tinha outro tipo de droga também, mas pra mim interessava era o "cheirinho"... Barcelona – a sauna, né – foi o lugar mais louco que conheci. Tinha cliente do mundo todo e parecia que todos estavam a fim de farra grossa. E quem vive essa situação, os fregueses, nem imaginam que estão ajudando o comércio de gente. É tudo muito louco...

Sinceramente, não entendia algumas coisas. Tinha neguinho muito mais bonito que eu, sarado, que falava espanhol, mas eu fazia sucesso. Tinha aquela história: "ah, o Miro é do Brasil". E o Brasil rende na prostituição... Fui aprendendo a fazer tudo e logo se espalhou a notícia de que eu tinha pau grande e grosso e que era comedor. O engraçado é que tinha muito machão na aparência, mas que na hora H virava outra coisa. A procura para transar comigo aumentou bem depressa. Isso me ajudou a perguntar sobre meu dinheiro. Acertamos que o programa completo custaria 50 euros e que eu receberia 15. O resto, 35, ficaria por conta da comida, da dívida. Da "proteção" e do lugar pra dormir. A droga pra mim, em Barcelona, saía a 5 euros o vidrinho – pros fregueses era vendido a 18 euros. Sabe, mesmo naquele inferno, fiquei contente com o "salário". Imagine, cheguei a achar que conseguiria pagar minha conta e ainda mandar dinheiro pra casa. Antes já havia enviado algum, mas isso só aumentava a minha conta. Foi lá que comecei a virar mais profissional e, mesmo sabendo que era dependente, ia tentando pelo menos guardar algum dinheiro. Na minha cabeça, achava que não deixava de ser homem fazendo aquilo. Naquele tempo, para mim, *invertido*, veado, bicha, era apenas quem dava com gosto. O comedor era macho. Eu era macho... O problema é que aparecia gente querendo variar, querendo comer. Fui aos poucos fazendo tudo... Hoje sou bem completo. Sou versátil... Evoluí bastante e consigo fazer algumas coisas que nunca pensei ser capaz. Mas sou mesmo é homem, comedor. E dou conta do recado, tem dia que faço mais de 10 programas.

Pode parecer maluquice, mas achava que as coisas melhoravam. Sem poder sair, sem liberdade pra nada – apenas de vez em quando podia telefonar pro Cícero e às vezes sair acompanhado para umas compras pra sauna –, eu ia contando euro por euro. Eu não recebia o dinheiro direto. Não. Só quando o cara gostava e rolava algum por fora, mas era difícil. Quando o dinheiro chegava às minhas mãos, tratava de arranjar um lugar secreto na sauna e não contava pra ninguém. O problema agora era a dependência do remedinho. Eu não podia mais passar sem a droga. Como alguns fregueses também consumiam, às vezes eu aproveitava os vidrinhos deles e assim economizava. O ruim dessa história é que em muitas coisas eu já pensava como os outros caras. Em Barcelona, eu tinha ainda mais um problema. Antes tinha aprendido umas palavras de castelhano, começava a me virar, mas os caras lá só falavam catalão. Era impossível pra mim me comunicar com eles. Mas na putaria, se quiser, você pode se virar sem falar uma palavra. E eu ia me virando... Vi mesmo que estava conhecido como puto quando os fregueses começaram a voltar e procurar por mim, marcar hora, dizer que queriam "*el brasileño*"...

Não é que tivesse me esquecido da família, mas eu precisava sobreviver. Tudo pra mim era só o presente, tinha que esquecer minha vida fora dali. Mal me acostumei a Barcelona e tive que mudar de cidade. Me mandaram para Vitória, quase na fronteira da França. Nova mudança, outra língua – essa ainda mais difícil. Mas fiquei melhor em Vitória, a sauna era bem mais organizada e os clientes pareciam mais ricos. O problema foi quando cheguei, porque no mesmo dia, no quarto de material de limpeza, eles tinham quebrado um cara do Equador que tentou roubar dinheiro do caixa e fugir. O sujeito estava mesmo machucado e isso me deixou bem preocupado e com medo. Sempre eles mostravam que estavam dispostos a tudo e pegavam qualquer um para servir de exemplo. Esse equatoriano perdeu uns três dentes na surra que levou. Outro problema é que lá eles não forneciam droga pra gente. Quem quisesse tinha que comprar fora. O bom dessa história é que então a gente podia sair um pouco. Para mim isso foi como um milagre. Imagine, ir pra rua, poder andar. Bastava que fizéssemos a limpeza cedo, antes do expediente, a gente podia dar uma volta.

Eu fiquei amigo de um cara da Venezuela e a gente se entendia com a língua misturada. Nós corríamos risco, sem documento e sendo vigiados, mas resolvemos que podíamos tentar fazer contato com alguém na sauna e marcar encontro fora. A ideia era ver se escapávamos do esquema. Foi assim que o Carlos – esse venezuelano – conseguiu marcar com um freguês dele, um comerciante muito legal. Numa segunda-feira, no lugar combinado, lá fomos nós, na hora do almoço. Foi o maior erro de minha vida... O pessoal do esquema descobriu tudo e apanhamos muito. Acho que o tal freguês contou para alguém e esse alguém falou pros caras... Foi soco, pontapé, chicotada, nossa!... Não gosto nem de lembrar. Nós dois ficamos com sinais no corpo. Mas não foi só apanhar não. Voltamos para a limpeza, sem horário pra começar e terminar e sem poder fazer programas... Tudo isso, mas eles não tiravam o olho da gente. Quebraram um dente meu e tive que pagar dentista. As dívidas aumentaram. Dois dias depois, o Carlos sumiu. Acho que mudaram de cidade e viram que era melhor separar a gente... Eu fiquei quase um mês a mais.

Quando mudei de cidade, fiquei aliviado. Fui para La Coruña, perto de Portugal. Eu achei uma beleza, depois de Madri, Barcelona e Vitória, entender alguma coisa de galego era muito bom. A essa altura também o calor já tinha começado e eu já sabia como funcionavam as coisas, como colaborar. Sabia bem que tinha que ser simpático com o pessoal da organização e que deveria logo fazer bom atendimento. No começo foi complicado, porque os nossos serviços, como tudo, lá eram mais baratos que nos outros lugares e eles também não forneciam o tal "remedinho". No primeiro fim de semana, apareceu um cliente que gostou de mim. Começamos a fazer sexo sem penetração – ele era casado e tinha medo de doenças – e quis ficar constante. Os caras da organização não gostam muito disso porque temem que a gente bata com a língua nos dentes, vire *parceiro*.

Eu a essa altura já estava bem calejado, sabia das coisas. Olha, não era mais aquele *jacu* vindo sem saber nada. Aprendi muito, mudei. Consegui com esse cara que ele guardasse um dinheirinho que eu tinha e ele mesmo dava algum a mais pra mim. Minha ideia era fugir quando tivesse dinheiro para a passagem. Eu queria sair, ir pra qualquer lugar... O plano era assim: fugir do grupo, fazer muitos programas independentes em alguma cidade longe deles e juntar dinheiro pra voltar pro Brasil. Fui ficando tão louco por essa ideia de fuga que não notei que era seguido. Outra vez me pegaram com o cara, fora do esquema, apanhei mais, dessa vez me bateram tanto que precisei ficar sem mexer o braço por um tempão. E me mudaram de cidade... Sabe o que é o pior? Meu dinheiro estava com o cara e não tive como recuperar... Perdi tudo... Tudo que tinha guardado com tanto sacrifício... Outra vez pensei em morrer... Pensei em me matar... Tive que ficar sem fazer programa por quase um mês, mas eles não deixaram faltar o popper. De lá fui para Zaragoza...

Zaragoza fica em Aragão e lá as pessoas falavam um pouco mais de castelhano. Eu estava bem melhor na língua. E sabia que tudo dependia do jeito que a gente começava quando chegasse. Na sauna em Zaragoza havia mais brasileiros. Acho que tinha uns dez entre independentes e fixos. Como tinha muita gente dormindo na sauna, propuseram que eu ficasse independente, com horário de trabalho. Topei, é claro. E achei que teria condições de fazer "algum" por fora. Arranjei um lugar para morar com alguns outros brasileiros e comecei a fazer *pista*. Na Espanha é muito difícil fazer *pista*. Tem cidades que proíbem a prostituição de rua. Barcelona multa as pessoas que ficam nas ruas... E não é só complicado arranjar ponto, eles custam caro e depende de você entrar em outro esquema, muito parecido com o tráfico. Em Zaragoza, por exemplo, a disputa é grande e os *padrotes* dominam. Os *padrotes* são mais ou menos como os nossos cafetões. Mas acontece que eles são organizados e fortes e têm tudo acertado: quem domina que região, coisas assim... Quando não estão junto com a política, eles enfrentam a concorrência sem medo. Tem muita disputa por regiões. É um negócio bem grande, rola muito dinheiro... Prostituição na Espanha não é como no Brasil. Aprendi isso aqui, com os colegas, vendo o funcionamento. Acabei sabendo que lá no Brasil tem organizações, tem redes, mas não é como aqui... Lá é fichinha. Na Espanha, não, a coisa é de altos negócios. E tem diferença entre os *padrotes* e os *proxenetas*. *Proxenetas* são caras que agenciam a prostituição, mas não são de grupos grandes. *Padrotes* estão ligados ao mundo inteiro. Nossa, aqui tem *rufiones*, cafetão, *chulos*... O sonho de muita gente é passar de puto a explorador. Aí sim entra grana. Os brasileiros estão começando a entrar nesse mercado, trazendo gente de lá pra cá. O meu caso é um desses...

Eu ia dizendo que em Zaragoza encontrei mais brasileiros na sauna e nas ruas. Acabei arranjando um ponto e sempre, antes ou depois do meu trabalho na sauna, ia pra rua. Durou pouco, logo comecei ver que estava sendo vigiado, mas não sabia quem me vigiava, se eram os caras do tráfico, se da polícia – o que podia ser a mesma coisa; porque, se fosse da polícia, não sabia se era da polícia boa ou daquela amiga dos traficantes. Pense bem que problemão... Eu sem documento. Cheguei a pensar em me entregar, ir à delegacia de polícia e que assim seria deportado, mas fiquei com medo de ser descoberto. E, depois, voltar para o Brasil como? Com que cara? Para onde?... A melhor coisa que me aconteceu nesse tempo de Zaragoza é que fiz um amigo que também tinha sido traficado. Zinho, brasileiro de Goiânia, era um cara maneiro. Ele era só passivo e quando aparecia gente para festinha, eu ia de ativo e ele de passivo. Fizemos uma dupla. Ele era muito legal, mas não se acostumou com o esquema... Era um cara muito sentimental e tinha um namorado no Brasil, queria voltar de todo jeito. O coitado também caiu nas drogas e um dia abusou. Dizem que teve uma overdose, mas eu acho que ele se matou. Isso foi um problemão, porque o pessoal da sauna jogou o corpo dele no rio e ele foi abandonado sem documentos... Eu fiquei danado de ódio... mas não fiz nada. Nada... No dia da morte dele, eu tive que transar com uns cinco caras juntos. E dei conta... Foi só encher a cabeça de droga...

Quando vi que não tinha mesmo saída, viciado e sem condições de pagar pela droga, o meu rendimento na sauna começou a cair. A fama de drogado correu logo. E na rua também. Emagreci muito e precisava cada vez mais de dose maior. Não fiquei só no popper, não. Consumi cocaína também, mas não gostava tanto como de popper. Cocaína é muito comum entre os fregueses e eu então aproveitava. Sabe, pra mim o efeito da cocaína não combina com sexo. Com popper, não. Com popper na cabeça fazia sexo mais livre, com liberdade... E até gostava. Já disse, tinha virado puto e precisava fazer o maior número de clientes por dia. Tudo estava tão ruim que fiquei feliz quando mandaram arrumar minha mala para mudar no outro dia. Também fiquei contente por saber que ia para Valência. Se dei alguma sorte nesse tempo foi de não ter usado nunca crack. Crack é muito barato e então o pessoal do tráfico não permite, porque o comércio não dá o lucro que eles querem. E o crack destrói a gente muito depressa... Para eles interessa usar a gente o mais que der...

Em Valência fui para outra sauna, nova, bonita. Era a melhor que tinha trabalhado. E era bom também porque era bem frequentada e tinha até alguns brasileiros independentes. Estava nessa, logo nos primeiros dias, quando um dia apareceu um cara que quis só conversar. Achei engraçado aquilo... Ele pagou, fomos pra cabine, nos trancamos e ele nem tirou a toalha e começou a perguntar de mim, da família, como tinha chegado à Espanha... Perguntou também se eu era chegado em droga... Quando ouvi isso, jurei que não, né. E se ele fosse da polícia? No dia seguinte, lá estava ele outra vez. E repetiu dias depois. Os gerentes das saunas não gostam desse esquema, de fregueses fixos, mas ia acontecendo. No terceiro encontro, o cara me perguntou se tinha ouvido falar dos brasileiros que tinham sido traficados. Pior: perguntou se eu conhecia um cara que tinha morrido e descreveu o Zinho... Fiquei mudo. Mudo e gelado! Quando foi a quarta vez que ele me escolheu na sauna, sem que a gente tivesse transado nenhuma vez, o cara – Pablo era o nome dele – começou a armar uma saída minha. Achamos melhor então ele não mais me procurar pessoalmente e mandar outra pessoa no lugar dele. Foi assim que um colega dele, Juan, entrou na jogada. Então eles se revezavam. Gastaram uma nota e eu comecei a ter alguma esperança, mesmo sem saber se os caras eram ou não da polícia. Tudo tinha que ser muito rápido, porque não dava para manter um esquema assim por muito tempo. Foi quando eles planejaram organizar uma "festinha" fora, tipo bacanal, e contratar três pessoas da sauna, todos brasileiros, eu entre eles, é claro. O jeito seria fugir naquela noite. À hora marcada, lá estavam eles. Fomos para a "festinha" falsa e de lá íamos fugir com os caras. Não sabia mais nada. Nada, nada. Não sabia se ia sozinho, se acompanhado, para onde ia... Fiquei apavorado quando entrei na casa, tinha mais uns cinco caras e eles disseram que estavam fazendo um serviço especial. Fiquei *acabrunhado*, porque uns falavam português do Brasil. Achei que tinha entrado em uma fria maior. Lembrei de histórias que tinham contado de grupos rivais e pensei que fosse o caso. Ficamos reunidos numa sala, e só tinha brasileiros, uns nove. Deram comida pra gente, fomos entrevistados e aos poucos fui vendo que era a polícia. Eles perguntaram muita coisa e as entrevistas eram individuais, então um não sabia o que o outro dizia. Eu contei a minha história, disse tudo que sabia, mas não falei das drogas. Agora vou ser deportado, achei!... O pior é que estava sem consumir nada e comecei a ficar mal. Sabia bem o que era crise de abstinência e fiquei com medo de mim mesmo... Tinha outros drogados e uns falaram. Foi quando perguntaram a todos se tinha mais alguém que era usuário... Eu levantei a mão... Foi a minha salvação, eles começaram a nos medicar...

Alguns dos traficados quiseram voltar pro Brasil. Acho que uns cinco voltaram. Alguns, como eu, entramos em tratamento e então pudemos decidir se ficávamos ou não. Sinceramente, eu não sabia mais se queria voltar. Hoje sou outra pessoa... Vivi tudo isso e lá tudo continua do mesmo jeito... Tenho medo de rever minha família, minha gente, meus filhos. O que vou dizer pra eles? O quê... Sofri muito, fiquei mais experiente e vejo que não tenho muito mais a ver com minha mulher, filhos. Nem sei se meu pai e minha mãe ainda estão vivos... E como vou encarar o Cícero e as outras pessoas? Estou em tratamento agora, numa clínica de uma igreja. Vamos ver o que acontece... Daqui um tempo decido...

UMA MIRADA SOBRE MIRO

Inscrever homens no projeto me representou um desafio desdobrado da pesquisa de campo. Pelo menos de início, não contemplava essa possibilidade, mas ela se impôs de maneira irresistível. Primeiro em Paris, em 2009, entrevistei um transformista que insistia em se dizer "mulher em corpo de homem".[1] Isso me levou a questionar a objetividade proposta à princípio e, em continuidade, percebi nuances onde supunha limites cromáticos. Outras provocações emergiram, e com naturalidade o projeto foi incorporando tipos plurais, ganhando tons mais sutis. A complexidade do termo "gênero" se me apresentou de maneira portentosa e convidava a aventuras capazes de incorporar outros tipos. A preocupação matriz, contudo, mantinha a prostituição como denominador comum, e assim constelações de personagens se integravam com luzes próprias desde que o uso do corpo se fizesse elemento de alguma troca.

A preocupação em estabelecer textos com histórias referenciadas no que se convencionou chamar *realidade*, a ânsia de apresentar narrativas em contraste ao exclusivismo dos trabalhos firmados em cima de números, estatísticas e anulações de detalhes existenciais, tudo somado, levava a buscas atentas ao não limite dos "gêneros". E isso induzia à cata de situações ou pistas a serem seguidas: comentários do pessoal envolvido, denúncias policiais, posicionamento legislativo ou normas sanitárias, indicações jornalísticas. Foi assim, por exemplo, que acompanhei com detalhes as notícias dos rapazes, 15, do Nordeste brasileiro, que foram traficados para a Espanha em 2009. Não me bastava, contudo, esquadrinhar detalhes das histórias pelos noticiários. Precisei buscar contatos. E o fiz valendo-me de amigos que atuam no grupo Narcóticos Anônimos (NA), na cidade de Valência, na Espanha. Ao saber da presença de alguns traficados lá, imediatamente me comuniquei e fui atendido. A solidariedade de militantes do NA se mostra – como de resto era de se esperar de entidade como aquela. E foi assim que soube do atendimento oferecido ao Miro, em tratamento por ser usuário de popper. Tudo me foi facilitado, inclusive a hospedagem na cidade. Nada, porém, foi mais significativo do que conhecer Miro e com ele trabalhar intensamente em sua experiência.

Nosso primeiro encontro se deu à porta da igreja Nossa Senhora dos Desamparados. Não foi sem razão, porém, pois o nome da velha e magnífica igreja serve de suporte para entidades de assistência social. Miro foi sozinho e logo sentamo-nos em um café. Fazia frio, muito frio. Feitas as apresentações convencionais, comecei a dissertar sobre meu projeto. A princípio, Miro não me olhava nos olhos. Como que perdido em divagações, o chão lhe era foco. Tudo mudou quando disse que pretendia com o livro ajudar pessoas incautas, menos avisadas. Foi como se um lampejo riscasse a conversa. Fiquei surpreso com a anuência dele em relatar sua história, ainda que com reservas de identificação. Falei das possíveis dificuldades de abordagem de temas, da intimidade necessária para o diálogo franco. Eu também me sentia inseguro. Logo me precavi sobre sugestões atentas ao fato de entrevistar pessoas implicadas em problemas continuados e em processos de superação. Novamente os dilemas de procedimentos em pesquisa me envolveram, mas dessa vez de maneira ainda mais contundente, posto se tratar de uma história que há um tempo precisava ser contada, mas demandava proteção do interlocutor. A questão da circunstância da entrevista como um todo me assombrava. Enquanto avaliava a falta de distanciamento, de condições para a chamada "neutralidade ética", via a luta do moço desgastado por tanto sofrimento querendo que sua experiência valesse como alerta para outros. Tive então certeza de que valeria a pena me empenhar no estabelecimento de um dos casos mais dramáticos de que tive notícias.

A DOR SOCIAL DE SER

> "esse sentir-se cair, quando não existe lugar"
> Paulo Leminski

Sou dos que postulam que os traumas, por contundentes e doídos que sejam, alçam a condição de narratividade. Indo além, acredito que a retomada da própria trajetória, pessoal ou de grupo, permite aos *colaboradores*, às pessoas que contam suas histórias, a capacidade de aceitação e manejo de suas trajetórias. "Empoderamento" é a palavra certa para casos de pessoas que se assumem com os problemas da vida. Não desprezo, pois, de forma alguma, o teor terapêutico inerente ao ato narrativo continuado. Assim, parte-se de supostos que dignificam a capacidade do ser como elemento ativo passível da retomada de sua autonomia comprometida com processos de superação. Desde o começo do projeto, duvidei de princípios paternalistas, nutridos de legalismos exteriores e de misericórdias jurídicas. Acho que as ações protecionistas promovidas pelos Estados nacionais e mesmo pelo direito internacional importantes, mas o essencial é o teor próprio, elemento capaz de ressignificar os indivíduos. Em vez de devotar atenção nas linhas redentoras institucionais, parece-me que colocar as pessoas como capazes de decisão sobre seus destinos é o mais relevante. Em paralelo às ações "externas", às iniciativas de organismos públicos e da sociedade civil, o que se valoriza de maneira expressiva é o amadurecimento pessoal de indivíduos e grupos submetidos a situações adversas. Por lógico, releva-se o conjunto de casos de pessoas que se destroem psicologicamente, que se deprimem e até se matam, mas há de se exaltar a maioria dos casos. Aliás, a crítica maior às ações protecionistas corre exatamente na direção contrária da intenção explicitada por tais agências. Elas também atuam de maneira a sufocar a participação dos ofendidos. Fala-se, portanto, de recursos que, pela retomada seletiva da memória, lidam com a recomposição de fatos e emoções que se articulam de maneira a comprometer os supostos vulgares que consagram a passividade como determinante da ação exercida por outros.

A "desvitimização", assim, se apresenta como fator analítico importante, mas não apenas no nível pessoal. Juridicamente também. Depois de ouvir as histórias de Miro, restou claro reconhecer seu amadurecimento particular e, em continuidade, costurar análises afeitas à área do Direito e do indivíduo no contexto sociológico. Realinhavar os fatos da vida do moço do Nordeste brasileiro exposto a situações limites fez-me abrir o diálogo contextual e de sua narrativa extrair os seguintes temas:

- Qual é o peso da prostituição masculina no contexto geral dado pela globalização e em particular para prostitutos brasileiros na Espanha?
- As noções de "vítima", "imigrante ilegal" e "escravo" se aplicam a casos como este?
- Qual é a relação entre "empoderamento pessoal" e "desvitimização"?
- Pode-se dizer que Miro é/tornou-se um homossexual?

Essas inquietações potencializam o debate sobre a prostituição, sempre etiquetado, moralista, nacionalizado/internacionalizado, atento ao controle institucional, rebaixador das condições e potencialidades humanas pessoais.

De regra, a movimentação das mulheres tem merecido destaque. Juntadas as pontas do mesmo novelo, porém, se nota a continuidade de fios historiográficos que falam da vulnerabilidade e submissão feminina, sendo que as mulheres são sempre centradas como as grandes/exclusivas vítimas: pobres, sozinhas, abandonadas, praticamente incapazes de ações e vontades. É, aliás, apoiado nesse preceito que se pensam as políticas de suporte para as eventuais retornadas. Tudo no quase exclusivismo feminil percebido de maneira negativa, dependente. Chama a atenção, em contraste, o caso dos homens, pois, o chamado "sexo forte", em parcela considerável fica à margem das reflexões sobre a prostituição em geral. Mesmo quando contemplada, a atividade prostituta masculina se enviesa pelo perfil das travestis e transexuais ou de outras formas que os aproximam da questão feminina.[2] Outra vez, assim, a porcentagem de trabalhos se dilata mais na contabilidade de pesquisas sobre as mulheres. Será, pergunta-se, que isso tem a ver com a perpetuação de um olhar machista, obsecado pela linhagem analítica que vitima a mulher e "poupa", defensivamente, o masculino? Sendo isso legítimo, o que se esconderia por trás do apagamento da vida prostituta dos homens? Por que não se detalham aspectos desse proceder?[3]

A história de Miro deixa transparecer algumas surpresas reveladoras dos porões da prostituição masculina. Sendo inegável que os homens também cingem, e muito, o mundo da prostituição internacional, torna-se desafiante entender como eles, supostamente fortes e mais resistentes, se inscrevem no tráfico e desenham alternativas libertárias. E como são complexas e variadas as formas de participação! De regra, as notícias sobre prostituição masculina insistem nos "atos voluntários" ou na dita "iniciativa pessoal", sendo que nessa hipótese, as travestis e transexuais se formulariam como exceções destacadas. Muito menos vigiada, a movimentação pessoal e a rede de tráfico de homens para fins de exploração sexual é sutil e chega a surpreender quando perde o caráter de novidade. Em artigo jornalístico, por exemplo, recentemente foi noticiado que 70% dos homens que se prostituem na Espanha são brasileiros e destes, de um universo de 7 mil pessoas ouvidas pelo Ministério da Saúde espanhol e de depoimentos colhidos, soube-se que "a chegada em massa de brasileiros à Espanha cresceu a partir de 2005". Em continuidade, o artigo revela que o número, assim como os índices de prostituição no país, tem se dilatado de maneira exagerada. Até 2005, os brasileiros representavam 36% do total do mercado; em 2006, chegaram a 55%; em 2009, subiram para 68,8%. Os espanhóis perfaziam apenas 12% até o fim de 2007. O mais espantoso, porém, é o perfil desses moços:

> jovens entre 17 e 28 anos, homossexuais (75%), com baixo índice de escolaridade, situação ilegal e inexperientes, o que sugere que não tinham a mesma atividade no Brasil. A grande maioria decide permanecer nesse setor por dinheiro.

Estabelecendo paralelos com o gênero feminino, pelo mesmo artigo fica indicado que, "ao contrário das mulheres, que muitas vezes chegam enganadas e pressionadas por máfias, os homens sabem onde estão e exercem por vontade própria", segundo a articulista que coordenou o estudo.[4]

E a proliferação de notícias centra-se em situações variadas, como se deu em Badajoz, próximo da fronteira de Portugal, onde "dos cinco presos, quatro eram brasileiros. Dois deles, jovens de 27 e 24 anos", que afirmaram ser obrigados a se prostituir. A mesma notícia revela que, no País Basco, "o governo local criou um programa social de ajuda a vítimas da prostituição masculina, que considera um grupo que vai crescer", e progride seus argumentos mostrando que "os brasileiros que se prostituem na Espanha já começam a ser um 'problema'", e, à guisa de alerta, salienta que "só há atenção para mulheres". Em vista das práticas sexuais desses homens, o artigo explica que muitos "são heterossexuais, mas, se escolhessem só atender a mulheres, não ganhariam o suficiente. A clientela feminina é minoritária".[5] A reputação do prostituto brasileiro pode ser indício de ações que motivam a comercialização dos rapazes em máfias pioneiras. É assim que se explica o caso de Miro e vale, pois, abordar uma das notícias que diretamente expuseram a público tal situação. Eis o texto:

> MADRI – Pela primeira vez na História a Espanha desarticulou uma rede de exploração sexual masculina, segundo informações publicadas nesta terça-feira no site do jornal El País, de Madri. A Polícia Nacional espanhola estima que entre 60 e 80 homens – a maioria proveniente do estado do Maranhão – eram distribuídos em diversas regiões da Espanha para prostituição. Também faziam parte do grupo explorado pela rede algumas mulheres e travestis. Os homens eram

obrigados a se prostituir 24 horas por dia. Para isso, eram forçados a se drogar com cocaína e a usar estimulantes sexuais, como Viagra. Segundo autoridades, os clientes eram homens, de variadas idades.[6]

Mas, além da condição de traficados, caberia considerar esses homens e mulheres circunscritos aos parâmetros da "imigração ilegal"?[7] Há alternativas para o enquadramento político dessas pessoas "sem documentos"? Duas linhas se distendem para a consideração dos tipos sociais implicados na questão. Os "repressivistas", que advogam a abordagem controladora segundo o papel dos Estados nacionais, e os "empoderacionistas", que, reconhecendo a vulnerabilidade das pessoas enganadas, exaltam suas capacidades de reação, sem criminalizá-las como "ilegais". E, assim, o alcance jurídico da questão ganha sentido humanitário, pois os "repressivistas" deslocam a atenção para o papel dos Estados, tornando os casos questão diplomática e de polícia federal e, portanto, passível de controle internacional. Sob essa visão, em decorrência, o traficado se torna "um outro", objeto e sujeito do crime, reforçando o suposto da violação das fronteiras nacionais, dando motivo para ações de controle repressivo. Os traficados, por essa ótica, são duplamente penalizados; pois, a um tempo, se transformam de mercadoria em agentes ilegais, destituídos da condição de ofendidos em seus direitos, e, assim, reduzidos a objeto de estranhamento jurídico.[8] É dessa perspectiva, aliás, que se vulgariza o termo "escravidão" ou "escravidão moderna".

Seria o conceito de "escravidão" aplicável? Afirmando que ainda hoje o regime escravocrata persiste, muitos expressam opiniões com dizeres reducionistas, taxativos, despregados de definições emanadas do conceito de trabalho escravo utilizado pela OIT, que diz:

> toda a forma de trabalho escravo é trabalho degradante, mas o recíproco nem sempre é verdadeiro. O que diferencia um conceito do outro é a liberdade. Quando falamos de trabalho escravo, falamos de um crime que cerceia a liberdade dos trabalhadores. Essa falta de liberdade se dá por meio de quatro fatores: apreensão de documentos, presença de guardas armados e "gatos" de comportamento ameaçador, por dívidas ilegalmente impostas ou pelas características geográficas do local, que impedem a fuga.[9]

Sem dúvidas essas características são encontradas em histórias como a de Miro. O problema que se coloca, no entanto, não diz respeito apenas às condições que cerceiam a liberdade, mas remete à persistência da limitação da atividade. Ademais, qualificar a vida de traficados como escravidão, implica anular a alternativa da aludida – e sempre possível – condição de liberdade. E, para evitar confusões, opera-se com a definição de "tráfico de pessoas" dada pela ONU e que reza ser o tráfico:

> recrutamento, transporte, transferência, abrigo ou recebimento de pessoas, por meio de ameaça ou uso de força ou outras formas de coerção, de rapto, fraude ou engano.

Visões mais atualizadas demonstram que a "expressão *escravidão moderna* possui sentido metafórico, pois não se trata mais de compra ou venda de pessoas", e prossegue afirmando que,

> no entanto, os meios de comunicação em geral utilizam a expressão para designar aquelas relações de trabalho nas quais as pessoas são forçadas a exercer uma atividade contra sua vontade, sob ameaça, violência física e psicológica ou outras formas de intimidações. Muitas dessas formas de trabalho são acobertadas pela expressão *trabalhos forçados*, embora quase sempre impliquem o uso de violência.

Depois de considerar os acordos e tratados internacionais que abordam a questão do trabalho escravo, o mesmo artigo professa que,

> de acordo com o relatório da OIT de 2001, o trabalho forçado no mundo tem duas características em comum: o uso da coação e a negação da liberdade... Além de o trabalhador ficar atrelado a uma dívida, tem seus documentos retidos...[10]

E a conclusão indica que é vulgarizado o uso de termo, pois "nota-se que o conceito de trabalho escravo é universal e todo mundo sabe o que é escravidão". Usado e difundido sim, mas tecnicamente incorreto. É exatamente esse aspecto que reforça a importância de reconhecer o traficado como ofendido em seus direitos inerentes à condição humana e não como objeto comprado e vendido. São exatamente essas sutilezas que demandam atenção e cuidado, porque, de certa forma, implicam negar a dimensão de liberdade que existe em todos os casos.

Diante de casos como o de Miro, parece tolo discutir a orientação sexual de personagens levados a contragosto à prática prostituta. *Grosso modo*, porém, fica claro que a violência a que foi submetido desmente instintos ou vocação latente. Antes de ir, além de constituir família de maneira natural, teve experiências regulares de qualquer heterossexual. A contingência, o tráfico, o obrigou a uma prática involuntária e explorada por outros. O fato de ser seviciado, por sua vez, reforçou a submissão pela força e o processo de adesão às práticas sexuais exercidas se deu mediante a drogadicção também induzida. Mesmo considerando que autores relativizem as influências socioculturais na qualificação da homossexualidade, a naturalidade da vivência de Miro, até ser forçado a práticas comercializadas não compromete sua condição heterossexual.[11] O que confunde, nesse caso, é a vacilação entre o voltar ou não. Por certo, o trauma experimentado por meses seguidos o marcou de maneira indelével, mas o que dificulta sua decisão de retorno é a vergonha pública.

NOTAS

[1] José Carlos Sebe Bom Meihy, "História de vida de um travesti", em *Oralidades: Revista de História Oral*, NEHO/USP, São Paulo, n. 7, pp. 185-201.
[2] Sobre o assunto, leia-se "Tráfico humano de olhos abertos: tráfico de travestis e transexuais: o caso do Brasil", de Barry Michael Wolfe, em *Quanto vale o ser humano na balança comercial do lucro: tráfico de Pe$$oas*, (org.), Priscila Siqueira e Maria Quinteiro, São Paulo, Ideias & Letras, 2013, pp. 105-35.
[3] Dolores Juliano, de maneira incisiva, questiona os padrões feminino e masculino na prostituição relevando o processo educacional e os resultados na formulação de imaginários universais. Sobre o tema, lei-se "La constricción masculina de imaginários de gênero", em *Excluidas y marginales: uma aproximación antropológica*, Valencia, Ediciones Cátedra, 2010, pp. 137-45.
[4] Artigo publicado na *Folha de S.Paulo*, 11 jan. 2008, p. 5, assinado por Anelise Infante, sob o título "70% dos homens que se prostituem na Espanha são brasileiros".
[5] Artigo também assinado por Anelise Infante, sob o título "Polícia desmantelou rede de prostituição masculina", publicado em 27 de outubro de 2006. Disponível em: <http://www.BBC.co.uk/portugues/reporterbbc/story/2006/10/061027_prostitutosanelise.shtmlm>. Acesso em: 12 mar. 2013.
[6] Disponível em: <http://oglobo.globo.com/mundo/policia-da-espanha-desbarata-rede-de-trafico-sexual-de-homens-que-explorava-brasileiros-2959017>. Acesso em: 18 jul. 2013.
[7] A antropóloga Caroline Ausserer, em artigo denominado "Controle em nome da proteção: análise do discurso do tráfico de pessoas como problema de migração", em REMHU: *Revista interdisciplinar da mobilidade humana*, ano XIX, n. 37, jul./dez. 2011, p. 109, salienta que, de acordo com um estudo das Nações Unidas, existem quatro formas de migração: permanente, laboral, refúgio e não documentada. O tráfico humano é enquadrado neste último quesito.
[8] Autores como Ignasi Ponsi Antón vasculham as contradições entre o moralismo jurídico e as formas de vivência dos implicados, notando as distorções sociológicas do caso na atualidade. Sobre o tema, leia-se "Más Allá de los moralismos: prostitución y ciências sociales", em *Trabajadro del sexo: derechos, migraciones y tráfico em el siglo XXI*, Raquel Osborne (ed.), Barcelona, Ediciones Bellaterra, 2004, pp. 113-21.
[9] Sobre o assunto, leia-se artigo disponível em <http://www.ebah.com.br/content/ABAAAAZR4AH/trabalho-escravon>. Acesso em: 11 ago. 2013.
[10] "Trabalho escravo na atualidade". Disponível em: <http://www.brasilescola.com/sociologia/escravidao-nos-dias-de-hoje.htm>. Acesso em: 13 ago. 2013.
[11] Autores como Richard Parker tratam de mostrar as variantes nas formas de aceitação da homossexualidade em diferentes culturas, cuidando de detalhar a inscrição social do tema segundo processos econômicos e sociais específicos. Sobre o assunto, leia-se *Beneath the Equator: cultures of desire, male homosexuality, and emerging gay communities in Brazil*, New York, Routledge, 1999, pp. 2-3.

HISTÓRIA 4

> *Margarida é nome de flor conhecida por malmequer. Flor forte, que se adapta em qualquer lugar. Talvez daí tenha saído a força para enfrentar o mundo. Tentou a sorte em Portugal e lá viu a prostituição como meio de vida e se diz plena "por ter feito o que tinha que fazer".*
>
> Jacqueline Lima – historiadora, coordenadora do programa de pós-graduação da UNIGRANRIO

E APARECEU A MARGARIDA

Sendo comum o registro de atos de violência doméstica, de estupros dentro de casa, a narrativa dessa Margarida impressiona pela longa duração da trama conflituosa com o tio. Interessa lembrar que em muitos casos a criança agredida acaba por se confundir com o agressor e sentir, além do medo, terrível culpa e muitas vezes a mágoa sedimentada deixa lugar para raivas e desajustes consequentes. E Margarida percorreu todos esses sentimentos até chegar ao ponto de questionar seu próprio poder de superação. Não bastasse o constrangimento físico, sua vida amorosa e sua sensibilidade afetiva foram seriamente abaladas. Vida afora, as cicatrizes jamais fechadas deixaram seu corpo moral machucado. A busca de algum lugar sempre melhor, no entanto, mostra os dilemas e as estratégias de escolhas, trançadas com fios de renúncia e consciência. Qual é o significado da prostituição nessa trama? Por que a opção se deu fora do Brasil? Perguntas...

O uso do corpo como forma de diálogo com o mundo agressivo para Margarida foi um jeito de lidar com o mundo. Com detalhes reveladores, sua narrativa mostra como desenvolveu um código pessoal, defensivo, capaz de colocá-la em confronto com a moral burguesa, suburbana, de uma classe média insegura e em desafios com os padrões vigentes. Situações de tensão psicológica como a manifestação tardia do tio violentador a feriram de maneira indelével. Entre a tolerância e a aceitação, seus atos descreveram uma trajetória dramática, doída e pouco redentora de suas mágoas sempre guardadas no silêncio solitário e na dificuldade de relacionamentos. A relação com a filha – sobretudo, a recusa em revê-la por anos a fio – sugere a fatalidade de uma vida danada pela violência sexual doméstica e pela tortura de um segredo que precisaria ecoar até perder a sonoridade. Seria a prostituição tardia sua única saída? Ou dimensão do problema, aprofundado pela não solução amorosa emblemada no romance único e inviável. E a família, ao aceitar a filha da filha, teria se proposto a novo recomeço? Mais questões... As possibilidades de injunções analíticas desdobradas do repasse da filha nova para o contexto de uma família que mal a abrigou são sintomáticas. Demais...

Entrevistei Margarida em Lisboa, em novembro de 2009. Fazia frio e ela foi muito sóbria ao meu encontro no Rossio. Conversamos cordialmente, revelei que havia chegado ao seu nome por entrevistas anteriores. De carro, com ela ao volante, fomos para sua casa em Caxias, onde, no ano seguinte, voltei para ampliar a entrevista e acrescentar detalhes solicitados por ela. Fiquei impressionado com sua mudança de um ano para o outro. Ainda que muito bem-arrumada, com maquiagem apurada, brincos pequenos, mas de ouro, não havia mais como disfarçar a idade que chegava. Frascos de remédios denunciavam certo nervosismo e em muitas partes as lágrimas dimensionaram angústias mal contidas. Fiquei intrigado com um lencinho branco apertado na mão esquerda e visivelmente molhado. Ao fim do processo, a sensação de alívio nos tomou. A celebração foi feita com um bom vinho e comida portuguesa e não faltou a sonoridade de fados ao fundo. Senti que estava "numa casa portuguesa, com certeza"...

A conversa se dividiu em duas partes. Na primeira metade, a longa jornada no Brasil permitia ver a combinação de buscas afetivas com autoproteção. A segunda mostrava mais autonomia, como se a paisagem vista de longe fosse mais redentora. Suas constantes comparações com as demais mulheres portuguesas, porém, convidavam a supor a força da identidade brasileira que não se expressava nos objetos da casa e no sotaque que perdia a graça carioca. Em alguns momentos, as referências aos locais começavam a comprometer lógicas, por exageradas e depreciativas. Mas isso não atrapalhava a galhardia com que narrou a saga das brasileiras no episódio das "mães de Bragança". Aliás, a certeza de que como "colonizada" tinha direito, histórico, de vingança era um de seus trunfos. Aspectos ligados à sua origem social de classe média mal qualificada, além de desmentir o determinismo que imputa a adesão à vida prostituta como de alguém pobre, malformada educacionalmente e enganada, também indica escolhas. A Margarida narrada atenta à própria história permite pensar alternativas conscientes para a *vida puta*.

PARECE QUE EU NÃO CABIA NO MUNDO

Costumo dizer para mim mesma que sou flor, mas de outro tipo. Meu nome é Margarida. Para as portuguesas não tenho nada de flor, ainda que para os portugueses, para os homens, eu enfeite bastante a vida deles... E olha que eles cultivam meu jardim há mais de 25 anos. Sim, sou pioneira, cheguei aqui em 1988. Fui das primeiras a "descobrir Portugal". Vim nos tempos bons, época bem diferente de agora. Vou contar minha história porque acho importante dizer tudo e dar meu testemunho de uma vez, de um jeito bem completo, pra ficar registrado da minha maneira. Tem vindo muito jornalista, gente de televisão, um pessoal que faz tese na faculdade, são muitas pessoas mesmo, querendo saber desse tal fenômeno chamado *prostituição brasileira em Portugal*.

Acho graça. Acho muita graça... Sabe, me irrita um pouco essa história de misturar imigração com prostituição, como se uma coisa e outra fossem iguais. Isso acontece porque tem muita mulher brasileira fazendo a vida aqui... Fico brava porque ninguém me pergunta se vim para cá para morar, viver, mudar de vida. E agora essa onda de prostituição... Isso é muito pesado, reforça ainda mais a imagem negativa das brasileiras. Antes de qualquer coisa, quero dizer que decidi mudar pra cá por vários motivos, inclusive porque surgiu uma oportunidade. O motivo mais importante, porém, foi para dar um jeito em minha vida. Foi isso... Não vim para ser puta em Portugal... É preciso separar direitinho as coisas: vir para mudar de vida e aqui viver da prostituição é uma coisa bem diferente. Vir para fazer prostituição aqui, como muitas vêm, é outro departamento, e sinceramente não acho que seja a maioria. No meu caso, fazer programa foi uma opção, uma alternativa. No outro, seria um projeto de vida.

Cheguei em maio de 1988 e, nessa época, era tratada como imigrante e pronto. Tudo era muito diferente, os brasileiros eram bem recebidos, pelo menos muito melhor que agora. As coisas pioraram também por causa do turismo. Tenho que admitir: turista brasileiro é muito sem educação, não respeita nada. Antes, no tempo em que vim, éramos tratados como amigos, tipo parentes distantes, agora somos vistos como ameaça necessária, até porque não imagino o que seria de Portugal hoje sem os turistas. De todo jeito, é preciso separar o tratamento dado aos turistas e aos moradores, brasileiros que vivem em Portugal. Ser imigrante aqui é bem diferente, é complicado, principalmente se for mulher. É difícil ser diferenciada numa terra que tem a mesma língua, os mesmos costumes que os nossos. Antes, os imigrantes brasileiros estavam no *top*, e os africanos eram mais discriminados. Isso mudou muito, hoje todo mundo é igual, maltratado. E não é só aqui não... Em toda Europa é a mesma coisa.

Além disso, qual o problema de ser prostituta? Aqui é legal, é uma profissão regulamentada... É uma atividade como outra qualquer. Veja que quando alguém daqui quer ir pro Brasil não perguntamos nada, não questionamos se vai abrir restaurante, padaria ou explorar o jogo de bicho, nem se é homem ou mulher. É só olhar a história... Nunca ninguém quis saber dos porquês dos safados portugueses que foram para o Brasil acabar com a vida dos índios, roubar suas mulheres, destruir florestas, fazer sacanagem com os escravos negros e criar uma raça inteira de mestiços. E não foi só no tempo do Cabral, não. Até hoje, é só dar uma volta pelo Brasil e ver os "portuga" com as mulatas, tendo uma penca de filhos brasileiros. Quer saber mais, muitos vão lá é pra fornicar... Vão fornicam e ficam... E alguém pergunta dos porquês dos hotéis, do turismo sexual que eles usam e abusam? Sabia que muitos deles deixam família e filhos aqui e vão pra lá, e vão pra quê? Então fico danada da vida vendo que eles se incomodam com as brasileiras. Imagine que agora a palavra "brasileira" por aqui virou sinônimo de puta? É... pois é... mas vamos lá...

Sou do interior do estado do Rio de Janeiro, de Resende, do Vale do Paraíba. Atualmente tenho 45 para 46 anos. No Brasil seria uma coroa, "puta velha", mas aqui, perto das mulheres portuguesas, sou broto, dou bom caldo. Uma mulher com 40 anos em Portugal é passada, feia, maltratada... e muito chata. Nós brasileiras, não. Esperta foi a Carmem Miranda que se safou daqui e foi "se fazer" no centro do Rio de Janeiro... Outros tempos. Olha, é preciso dizer que os homens portugueses tratam as mulheres brasileiras de maneira diferente das portuguesas. Acho que a má fama que temos vem das mulheres daqui, muitas são despeitadas. Despeitadas em todos os sentidos, entende?... E depois tem aquela história da brasileira quente, boa de cama e que sabe agradar os homens. Acho que é por isso que nossas novelas prendem tanto as portuguesas: elas aprendem conosco.

Meu pai era funcionário público, trabalhava no "tesourinho", mas morreu cedo, com menos de 50 anos. Ele teve um ataque cardíaco, saiu pra trabalhar e caiu morto. Assim, desse jeito, de uma hora pra outra. Viúva, minha mãe, com três filhas mudou-se para o Rio, exatamente para o bairro de Realengo, perto da Escola Militar. Ela tinha um irmão menor, meu padrinho, que morava lá e se dispôs a ajudar a gente. Mudamos para a casa dele, onde residimos por muitos anos. Ele era solteiro, morava só em uma casa e nos abrigou. Ficamos apertadas, minhas duas irmãs num quarto e eu minha mãe em outro. Meu tio tinha o canto dele na casa, mas havia espaço para todas nós. A coitada da minha mãe foi pra lá achando que fazia o melhor por nós. Foi e quebrou a cara. Esse tio trabalhava como protético, ajudava dentistas, fazia molde para dentadura. Ele era chegadinho num carteado, no jogo do bicho, numa "branquinha", mas esses eram seus menores problemas. O mais sério é que ele gostava de menininhas. Gostava muito, viu... Eu fui uma de suas vítimas e por isso posso contar direitinho. Acho que não tinha ainda 7 anos quando ele começou a me bolinar. De início foi devagarzinho, mas ia avançando sempre. Devia ter essa idade, 7 pra 8 anos, porque foi quando comecei a frequentar a escola primária. Eu era a mais criança das irmãs e não sei por que ele me escolheu... Acho que foi porque pensava que eu não ia falar nada pra ninguém. Também não posso dizer que ele não fez nada com minhas irmãs... Nunca ninguém comentava nada. Sei que por causa disso eu era muito birrenta, chorona e zangada, vivia de mal com o mundo.

 Sempre fui bem rebelde. Meu tio era horrível, cheirava cigarro, fumava muito e às vezes fedia bebida – ainda me lembro do cheiro azedo dele me pegando. Tenho nojo só de lembrar. Ele sempre dava um jeito de me mandar pro quarto dele, dizia que era para engraxar o sapato, dobrar a roupa, pegar cigarro, procurar alguma coisa. Ele me olhava, ameaçava com uma cinta e sabia muito bem dar sinais que eu entendia logo: passava a mão na cinta preta, de couro, quando queria me amedrontar, apontava para a fivela e logo dava a desculpa: a Margarida vai pro quarto pegar minha carteira. E seu eu demorasse, ele levantava a voz: "Não vai?" E passava a mão na cinta... Eu vivia apavorada e me lembro ainda também que ele usava uma técnica infalível para me atemorizar, dizia que contaria tudo para minha mãe se eu não o obedecesse. É isso, ele invertia a coisa: eu é que estava errada e ele seria a vítima. Pode uma coisa dessa?!... Menina, desamparada, eu aceitava tudo e achava ainda que a pecadora era eu. Tremia de medo de ele contar para minha mãe. Nossa, isso seria a pior coisa do mundo... Achava que se eu contasse ele expulsaria todo mundo e nós ficaríamos na rua... Eu chorava só de pensar. Como era arisca na escola, sempre ficava de castigo. Em casa apanhava muito de minha mãe, que, coitada, não entendia por que eu era danada daquele jeito. Sabe, parece que eu não cabia no mundo. Tudo era errado comigo. Como era infeliz!... Infeliz e calada...

Cresci sem amigas, sem carinho familiar e sendo violentada na própria casa. Vivia com medo e com pavor de ficar sozinha com aquele cara, mas mesmo assim não saía muito de casa, vivia enfurnada. Minha maior alegria, minha única alegria era um gato, Mimi, que vivia comigo, era meu consolo, meu companheiro. Um dia o Mimi morreu, e eu morri um pouco também, mas eu já tinha uns 15 anos. Depois, bem mais tarde, tive um cachorro já aqui em Portugal, e dei a ele o nome de Mimi. Sei que não ficava bem chamar um cachorrão de Mimi, mas foi uma homenagem ao meu gato... Sempre me dei melhor com os garotos e quando, raramente, ia à rua, gostava de jogar bolinha de gude com eles, de trocar figurinhas e soltar pipas... Adorava ver as pipas voando, voando... Engraçado, nem com os meninos fiz amizades...

Acho que fugia de minhas irmãs, com medo delas descobrirem o que meu tio fazia comigo. Éramos, minhas irmãs, e eu, muito diferentes de temperamento. Minha mãe, coitada, cozinhava, costurava, cuidava da casa e do tal irmão dela. Era uma verdadeira empregada. Todos os dias era um terror, uma guerra para mim, sofria só de pensar que o tio poderia chegar a qualquer momento, que passaria a mão no cinto e que eu tinha que ir para o quarto dele. Isso durou muitos anos. Muitos anos... Então eu aprendi cedo a guardar segredo, a fazer coisas "no escuro", ser calada. Como me sentia culpada!... Como sentia medo da mãe descobrir tudo e me expulsar de casa... Tinha mesmo só meu gato. Aprendi a mentir muito cedo, a fazer tudo escondido e com medo. Quando foi a preparação para a primeira comunhão, aprendi no catecismo que a gente não devia mentir. Eu não tive dúvidas, contei uma porção de pecadinhos sem importância, mas nunca disse nada do meu tio pro padre: vai que ele falasse para minha mãe? Vai que ele fosse amigo do meu tio? Vai que ele também quisesse fazer aquilo tudo comigo?... Lembro-me que, na primeira confissão que fiz, contei ao padre que meu tio era ruim, que bebia, fumava, falava palavras feitas... Engraçado, eu contei muitos pecados dele, menos o que ele fazia comigo. Mas era isso mesmo... Creio que esse foi um jeito de pôr pra fora o que sentia.

Não posso dizer exatamente quando perdi a virgindade. Às vezes acho que sei quando foi, mas não posso garantir. Meu tio ia avançando cada vez mais. Sei que com uns 11 anos ele fazia penetração completa. E não era só isso não... Quando fiquei "mocinha", menstruada, aos 12 anos, ele começou a tomar mais cuidado, usava preservativos. Aprendi tudo cedo demais. Com o tempo fui vendo as coisas de forma diferente. Sei que quando estava com 13 anos, já adiantada na escola, tive uma professora de Português – dona Lízia – que me tratava muito bem. Nossa, como eu gostava dela!... Durante a aula dela, eu ficava quietinha, interessada em literatura, fazia tudo, e tenho certeza de que ela também gostava de mim. O jeito dela me olhar!... Não me esqueço até hoje... Os dois anos em que ela foi minha professora foram os melhores da minha adolescência. Quando ela lia poesia, era para mim que ela olhava. É claro que sempre fui boa aluna em Português por causa dela. Quando nasceu minha filha, juro que pensei em pôr o nome dela de Lízia, mas é claro que não deixaram. Maria Rita foi o nome escolhido... Quem decidiu foi meu tio, em homenagem à mãe dele e de minha mãe, vó Rita... Sabe o pior, ele quis ser o padrinho da criança... E foi.

Pois bem, um dia pensei em contar tudo – a tal história do meu tio – para essa minha professora. Ensaiei a conversa, planejei o dia – quando a aula de Português fosse a última e pudéssemos conversar sozinhas no fim do período – e até as palavras tinha escolhido. Imagine que escrevi a história para organizar as ideias. Foi aí que errei. Antes de sair para a escola, deixei o papel com tudo contadinho em cima da cama no meu quarto, que era também o da mãe... E foi assim que ela achou. Achou e leu... Olha!... Levei a maior surra de toda a minha vida. Minha mãe ficou furiosa e me pegou na saída da casa... Tenho a visão da cena vivinha na minha cabeça. Ela já veio com um cabo de vassoura, me segurou pelos cabelos e bateu tanto, mas tanto, tanto, que quebrou o cabo. E não foi só com a vassoura, era grito, tapa e bofetada... Não sei de onde ela tirou tanta força, acho que era da raiva... De raiva da vida. Ela não contava o porquê me batia, apenas dizia que eu era amaldiçoada, desgraçada, ingrata, que iria pagar caro por tudo... Minhas irmãs, apavoradas, viram a cena e também choravam muito, mesmo sem saber a razão. Meu tio não estava em casa e até hoje fico me perguntando por que ele demorou uns três dias para voltar. Resultado: não contei nada para a professora nem para ninguém... Por causa da surra, fiquei uns dias sem sair, toda marcada, e recebi pelas minhas irmãs um bilhete da professora dizendo "Margarida, espero que tenha melhorado, soube que está doente" e junto vieram dois poemas, um do J. G. de Araujo Jorge e outro de Paulo Bonfim, meus poetas preferidos naquela época.

Com tanto sofrimento, eu teria dois caminhos: amadurecia e lutaria pelos meus direitos ou me deprimiria e ficaria doente. Tentei as duas coisas. Primeiro fiquei deprimida, frustrada, ainda mais caladona e defensiva. Fiquei brava com o mundo também e quis morrer, fugir. Pensava muito em fugir, mas pra onde iria eu?... Muitas vezes eu pensei em me matar... Depois, reagi de um jeito legal, comecei a ver que era mais madura do que minhas irmãs. Também fui me instruindo e aprendendo que, no caso do meu tio, eu era a vítima e que se batesse com a língua nos dentes ele poderia se dar mal. Comecei por soltar um veneninho aqui, outro ali, sempre ameaçando contar a história do meu jeito. O jogo ia se invertendo. Confesso que jurei que ia me vingar dele, que um dia o faria muito infeliz, arrependido do que fazia comigo. Ele, como bom apostador, começou ver que a coisa poderia estourar pelo lado dele. À medida que se enfraquecia, eu ia ameaçando mais e mais. De vez em quando ele dava uma engrossada, mas, já mocinha, eu sabia dos pontos fracos dele. Comecei a enfrentá-lo. Tudo ia num crescendo, até que um dia, para surpresa minha e de todos, o tal tio me deu um anel de presente. Aproveitou que era meu aniversário, dia 30 de outubro, e chegou em casa com um bolo e o pacotinho. Alguma coisa estava mudando e eu não percebia... Apesar do nosso jogo todo, apesar da disputa de poder e de minhas pequenas vitórias, a gente continuava transando... Transamos por muitos anos. Muitos. Com o tempo, não ficávamos só em casa, porque ele me levava também a motéis e até aos shoppings a gente ia. O engraçado é que ele gostava de passar por meu pai, e eu deixava. Muitas vezes na cama ele me chamava de filhinha, eu achava estranho, mas que fazer?...

Quanto à minha mãe, nem sei o que ela concluiu da leitura da minha história entre o meu tio e eu. Nunca, nunca, jamais, falamos desse assunto. Jamais... Esse silêncio me tortura até hoje. Seria impossível, porém, que ela não desconfiasse de nada. Impossível... Quando ela saía para algum lugar, por exemplo, ele sempre estava em casa, não perdia oportunidade de ficarmos a sós, nós dois. Meu tio, contudo, com o tempo, mudou lentamente, estava mais presente, menos mau, melhorou com todo mundo. Eu também estava mais comportada, pelo menos por fora... Mas por dentro!... Que é que eu podia fazer?... Foi por essa época que aproveitei da "bondade" de meu tio e comecei a pedir coisas. Era meu jeito de me vingar dele. O engraçado é que não pedia coisas para mim. Pedia, por exemplo, viagens da escola para minhas irmãs, uma máquina de fazer tricô para minha mãe, uma televisão nova para a casa, coisas para a melhoria geral. E ia conseguindo tudo...

Como disse, nossas transas continuavam, e um dia... Do nada, a gente estava indo para um motel, no carro, ele guiando, fez uma coisa inesperada: disse que me amava. Mas não pense que foi algo que saísse assim no meio da transa, no fogo da cama. Não... Acredite, havia sinceridade na voz daquele crápula. Fiquei muda. Mudinha da silva... Eu devia ter uns 14 anos nessa época. Fomos até o motel de sempre, onde apenas ele apresentava os documentos na portaria. Entramos, mas não fizemos nada naquele dia. Nem a roupa nós tiramos. Ele ficou um tempão olhando pra mim e eu sem saber o que dizer. É lógico que não me esqueci de tudo que ele me tinha feito, da violência que tinha me causado, do dano em minha vida e até do sentimento de culpa que me acompanhava. A imagem da surra de minha mãe nunca saiu de minha cabeça. Nem nunca sairá... Também me lembrava do asco que sentia, do cheiro nojento dele quando me pegava menininha ainda. Tudo estava quente em minha cabeça, e agora aquele cara, meu tio, dizendo que me amava. Sabe o que é pior nessa história? Era essa a primeira declaração de amor que eu recebi na vida... A primeira das poucas. Depois daquele dia muita coisa mudou. É lógico que transamos outras vezes, muitas outras vezes, mas não era como antes. Ele mesmo mudou a atitude. É estranho o que vou dizer, mas eu também mudei, fiquei diferente, passei a aceitar mais as coisas. Antes, nossas relações eram ferozes, cheias de ódio e tesão, coisa de bichos, depois... Mesmo odiando meu tio e com todos os problemas daquela relação, foi com meu tio que aprendi a gozar. E gozava de vez em quando...

Mas, olha, eu precisava de novas experiências, tinha que testar outros limites. Com 15 anos passei para o curso normal, quis fazer magistério. Sim, queria ser professora de Português, provavelmente por causa de dona Lízia. Tive que mudar de colégio também, e ficava feliz em saber que o meu tio tinha que pagar estudos em uma escola particular, e que não era só para mim... Ter certeza de que ele gastava alguma coisa comigo e com meus familiares me dava prazer enorme. Tinha mesmo é que pagar, além do motel e do sustento da casa. Era uma espécie de prêmio para mim, e punição para ele... Eu não escondia certo prazer em pedir dinheiro para ele e estender minhas mãos para pegar a grana. Olhava com sarcasmo, ironia, enquanto ele contava o dinheiro... Mudar de escola foi uma experiência importante. Novo ambiente, gente nova, colegas diferentes. Acho que me sentia bem melhor em outros ares. Creio que qualquer mudança me ajudaria. Começava outra etapa em minha vida. É engraçado, porque eu não era virgem, sabia muito bem das coisas e olhava as demais colegas, inclusive minhas irmãs, com certo desprezo. Elas pareciam umas bobonas, sem graça, sem conteúdo, infantis demais, cheias daquelas coisas de menininhas. Eu também era vaidosa, mas não me dedicava tanto aos modismos.

Modéstia à parte, eu era bem bonitinha: cabelos compridos, morena clara de olhos bem escuros, corpo bem-feito, feminina. Das irmãs, acabei sendo a mais alta. Tomei consciência de minha capacidade de mexer com os rapazes logo que cheguei à escola nova e vi como os meninos me olhavam. Tinha um do curso de edificações e outro de eletrônica que investiram pesado em cima de mim. Foi nesse contexto que resolvi que era chegada a hora de tentar outras coisas. Confesso que havia um gostinho especial em dizer para o meu tio – e para minha mãe também – que rapazes começavam a se aproximar, a falar de namoricos, saídas... Minhas irmãs mais velhas, as duas, já chegavam acompanhadas em casa e minha mãe deixava. Meu tio, não... Ele dava uma de durão e dizia que elas eram crianças e que namoro era só pra casar. Eu olhava bem e imaginava como ele ficaria se soubesse que eu estava a fim de arranjar outra pessoa. Olha, aí começava meu lado sacana. Eu, bem no íntimo, queria provocar meu tio. Mas não era tudo... Também queria experimentar outro homem, ver como era um carinha da minha idade... Sabe, acho que queria me apaixonar como nas novelas, como todo mundo, como as demais mocinhas... Queria muito... Tinha muito tesão também, para falar a verdade. Olhava bem os rapazes e ficava imaginando como seriam sem roupas, se sabiam fazer as coisas direito...

Não demorou muito para aparecer candidatos mais insistentes. Foi a minha irmã mais velha que um dia trouxe recado de um menino bem bonitinho, do Anderson. O carinha disse que queria se encontrar comigo no shopping, para ir ao cinema, no fim de semana. Isso foi no meio da semana. Fiquei de dar a resposta na sexta e, desde então, a coisa começou a ferver em casa. Minhas irmãs trataram de anunciar, e nem preciso dizer da reação do meu tio: "Nada disso, ela é muito criança, eu não quero, não deixo, não vai e pronto"... Minha mãe contra-argumentava dizendo o contrário, "que era crescidinha, que poderia sim, afinal era só pra ir ao cinema". Sinceramente, acredito que minha mãe torcia por nós, suas filhas, para que fôssemos felizes com os namorados. Não preciso revelar o prazer que senti quando minha mãe se colocou contra ele. Meu tio tratou de me chamar de lado, para uma "conversinha", mas naquela altura não adiantava mais ele passar a mão na cinta. Ouvi tudo com cara de malandra, não falei nada e resolvi que ia. Fui... Meu tio ficou fulo da vida. Sabe mais o quê? Deixou de falar comigo por uns 10 dias... Saí com o Anderson, mas não aconteceu nada demais, ele só segurou na minha mão, deu um beijinho no rosto e olhe lá... Sinceramente, achei pouco, afinal foi tanto investimento, briga em casa. Na saída do cinema, minhas irmãs me esperavam no shopping e voltamos para casa de ônibus. Provoquei meu tio, cheguei cantando aquela musiquinha do *Dancing Days*: "abra suas asas, solte suas feras..." e dava ênfase no "caia na gandaia"... Continuei provocando o tio. Muito... Ele amoleceu logo. Prosseguimos do mesmo jeito; com a desculpa de ir ao supermercado, íamos também ao motel. Todos se acostumaram com as longas saídas, normalmente aos sábados à tarde. A mulherada ficava em casa fazendo unhas e cabelos e eu saía com meu tio.

As coisas seguiam na mesma toada quando minha mãe se interessou por um carinha, um feirante, seu Osmar, um tipo meio amulatado, bonitão, muito simpático e sério. Ele também era viúvo. Nossa, meu tio virou bicho... Minhas irmãs, bobonas, não achavam nada. Eu dei a maior força para minha mãe. Era outro jeito de provocar meu tio. Mamãe começou a sair com o cara, mas infelizmente não deu certo, durou apenas dois meses. Acontece que o cara tinha também filhos, dois homens, e eu acabei conhecendo um deles, o Reginaldo, e começamos um tipo de amizade. O Regi – como eu o chamava – era bem alegre, tinha uns 17, 18 anos, estava para ir para a Marinha e começou a me ligar, chamar para sair. Nessa altura, por mais louco que parecesse, meu tio teve que aguentar o rojão, porque senão daria na cara. E eu aproveitei a parada. O Regi, ao contrário do Anderson, era bem avançadinho. Então começou uma história de cinema, beijinho daqui, beijinho dali, mãozinha daqui, apertão de lá. Para os outros, nós éramos namoradinhos, mas as coisas iam esquentando entre nós. Era eu que provocava mais. Queria tirar a prova. Morria de curiosidade pra saber como ele seria sem roupa... Gostava muito do cheiro dele, do jeito que ele me beijava e segurava no meu pescoço, me apertando contra o corpo dele... Nossa!... O raio é que ele pensava que eu era virgem e também a gente não tinha para onde ir. É lógico que ele deu um jeito. Tinha um menino, o Jair, vizinho dele, que os pais viajavam sempre. Um desses dias, ele emprestou a casa pra gente. Foi tudo muito de repente, de uma hora pra outra. O problema para mim era me livrar das minhas irmãs no horário da escola. Tratei de "me sentir mal" e na escola pedi para sair "porque estava de TPM, quase desmaiando". O Regi não foi à aula naquele dia, como combinamos, e estava me esperando na esquina. Eu fui correndo para a casa do Jair e, quando cheguei lá, estavam os dois. Pensa que me fiz de rogada? Eu estava era morrendo de curiosidade pra ver e sentir outras coisas... Os dois tinham aberto umas cervejas e já tinham tomado umas, mesmo antes de eu chegar. Eu não tomei nada. Nem precisava. Não demorou muito e ambos começaram a tirar a camisa, a me pegar. Olha, no começo, bem no começo, dei uma de difícil, mas logo a coisa pegou fogo. Tenho certeza de que assustei os dois. Eles não esperavam. Eu não me fiz de santinha enganada, não. Não deixei penetrar, mas fizemos muita sacanagem. Muita. Afinal, os dois não eram tão experientes como eu pensava...

    Não demorou muitos dias para que eles contassem para todo mundo. A notícia correu no bairro e chegou até a escola. Minhas irmãs ficaram sabendo e, por mais que eu jurasse que era mentira, nada parava o comentário. Foi fácil meu tio comprovar a história. Bastou um telefonema e a direção da escola me entregou: "Ela pediu para sair dizendo que estava se sentindo mal, quase desmaiando"... Outra surra, outra pancadaria. Meu tio? Ficou fulo da vida e baixou uma ordem: dali em diante só saía com as irmãs, e que teria horário pra isso e pra aquilo, tudo controlado. É claro que ele continuava me levando para as "compras no supermercado". O engraçado é que quando estávamos a sós, ele nunca tocou no assunto, não quis saber como tinha sido a coisa. Melhor assim, pois eu teria que mentir, teria que dizer que os dois juntos não eram tão bons na cama como ele sozinho. Como é lógico, num bairro como o Realengo, a notícia se espalhou. O pior é que, por conta disso, minha mãe também ficou falada. Imagine: mãe e filha com pai e filho... Prato cheio. E olhe que minha mãe não estava mais com o pai do Regi. O cara, o Regi, foi pra Marinha, eu fiquei com ódio do Jair que não parava de contar essa história.

Aprendi a me defender do mundo. Agora não era só em casa que tinha que enfrentar cara feia. Na escola, muitas meninas deixaram de falar comigo. Os meninos me olhavam de forma diferente, com malícia e com risinhos, piadinhas. Rapidamente, a notícia chegou aos professores. Tive certeza disso quando o supervisor de Prática de Ensino me chamou e disse que poderia me acompanhar pessoalmente no estágio. Ele era um cara casado, de uns 35 anos, conhecido por ser malandrão. Pensa que me fiz de rogada?... Afinal, era minha chance de viver outra experiência, agora não mais com menininhos bobos e inexperientes. Não deu outra... Pra encurtar a história, virei amante do supervisor. Mesmo que eu não quisesse, todo mundo desconfiou. Minhas irmãs, minhas próprias irmãs, morriam de vergonha de mim. Elas mesmas começaram a me evitar e não queriam ficar comigo. Tinha outras meninas safadas na escola e assim fui fazendo algumas amigas, me enturmando. Olha, quando digo safadas, falo de safadeza mesmo, viu?!... A vida de jovem na escola é muito clara. Sabe aquele ditado "dizes com quem andas..."? Verdade. Eu passei a ser da turma da pesada. Mas ao contrário da maioria delas, eu era boa aluna, sempre fui. Isso é muito engraçado, porque nunca deixei de gostar dos estudos, principalmente de ler. Terminei o magistério entre as melhores da turma. Foi no último ano que aprendi a fumar, experimentei maconha...

Vivia um drama danado. Em casa todo mundo brigava comigo. Meu tio, apesar de tudo, me garantia, porque a gente continuava transando e ele gostava de mim. Sabe, acho que ele realmente gostava de mim, porque sabia das coisas e fazia que não... Ele apenas ralhava quando os problemas eram domésticos, coisas de arrumação da casa, de bronca das irmãs... Fui me afastando das irmãs, e mesmo minha mãe ficava a cada dia mais distante de mim, pouco falávamos... Era melhor assim, melhor pra todos. Minhas irmãs já estavam na faculdade – sempre pagas pelo meu tio – e eu também queria continuar os estudos. Escolhi fazer Pedagogia, mas optei por uma faculdade bem longe, no centro da cidade. Entrei com boa colocação e na faculdade a coisa mudou completamente. Eu me sentia livre, independente, e a família tinha é que aceitar. Logo no primeiro ano, resolvi pôr as cartas na mesa: "quero sair de casa, morar só", declarei. O jeito era me garantir com o meu tio, dono da grana... Um sábado, no motel, depois de uma transa caprichada, resolvi abrir o jogo com ele. Disse estrategicamente que se morasse sozinha ele poderia me visitar com mais tranquilidade e que até sairia mais barato do que gastar dinheiro com motel... Olha, falei, falei, falei... Fiz tudo, fiquei boazinha, chorei, fiquei de bico. Depois de um tempo ele concordou, mas fez as contas e disse que só daria para pagar a metade do que eu pedia. Tive então que achar umas companheiras para dividir apartamento. Demorou um pouco, mas uma avisou outra e mais outra e, por fim, lá estava eu morando na Zona Sul, no largo do Machado, repartindo apartamento com duas colegas, uma da faculdade e outra "avulsa"...

Por essa época, comecei a fazer estágio remunerado em uma casa que atendia crianças com necessidades especiais. Trabalhava durante o dia, estudava à noite. Era um jeito de eu fazer algum dinheirinho e pensar profissionalmente no meu futuro. Fui me distanciando cada vez mais de minha mãe e das irmãs. O tio não largava do meu pé... Fiz o que tinha que fazer. Logicamente, não perdi o contato, mas cada vez mais ia menos para minha casa no Realengo. Já estava com uns 20, 21 anos quando aconteceu uma coisa que foi a melhor e a pior experiência de minha vida. Toda aquela paixão que eu sempre sonhei, todo aquele amor represado, veio com força. Caí de amores pelo motorista de uma Kombi que transportava as crianças da escola. Ah, devo dizer que a essa altura eu fazia alguns programas aqui e ali, acompanhava minhas colegas da república... Conheci algumas pessoas, mas não conseguia ir além do interesse imediato, nada continuava. Não era exatamente prostituição, porque a gente não cobrava. Eram fins de semana com festinhas, saídas com uns e com outros. Fazia também uns programinhas com colegas da faculdade... Entrava sim uma graninha, mas não era nada demais, coisa de iniciante: uns presentinhos, flores, jantares. Meu tio comparecia regularmente, as colegas sabiam que eu transava com aquele senhor, mas não imaginavam que era meu tio. Pensavam que fosse alguém próximo, amigo da família, amante casado...

Meu amor por Delcio – esse é o nome da figura – começou muito bonito. Ele dirigia o carro que levava os meninos para a escola e então nos víamos todos os dias de aulas. O cuidado que ele tinha, a atenção dada, o carinho com que atendia a todos era muito comovente. Com certeza, foi pela delicadeza dele que me apaixonei primeiro, mas não só por isso. Confesso que nunca tinha visto alguém tão simpático como ele. E o tal era bonitíssimo: moreno forte, cabelo bem curto embranquecendo, viril, alto, olhos vivos, peludão, mão grande, pezão... Nossa, era o que a gente dizia naquele tempo: pedaço de mau caminho. Ele nem desconfiava de mim e me via como professorinha. Eu gostava disso. Demorou para que ele me notasse, mas eu também ia devagar, com muito cuidado. Levava o tipo boa moça do subúrbio, entende?... Algumas crianças tinham cadeiras de rodas, que eram presas na Kombi. Eu o ajudava a tirá-las e sempre dava um jeito de me encostar, de leve, nele. Assim ia indo a coisa, até que em um fim de semana fui com as colegas num barzinho na Lapa, num sábado à noite, e lá estava ele rodeado de amigos.

Devo dizer que, naquela tarde, meu tio tinha ido e passamos um tempo juntos no motel. Mas, nossa, vendo o Delcio ali... Ele era outra pessoa, cantando, rindo, se divertindo com aquele sorriso maravilhoso, com aqueles dentes brilhantes, nossa!... Como estava calor, ele foi com uma camiseta sem manga... Ai, ai... O ruim é que tinha marcado encontro com uma turma grande e ia um carinha com quem já tinha tido umas transas. Ah, não tive dúvida, dei um jeito do Delcio me notar, comecei a dar bola pra ele. É claro que ele percebeu e até arriscou umas olhadinhas mais comprometedoras, mas nada mais. E eu com medo do tal carinha que tinha marcado encontro chegar. Nossa... Resolvi arriscar e dei uma saída para o toalete. Não deu outra, ele foi atrás. Como o barulho era grande, tivemos que nos aproximar muito para falar um com o outro, e foi assim, quando vi, estávamos nos beijando, ali mesmo, no meio do bar. Juro que subi aos céus. O cara beijava bem demais e era mais atrevido do que pensava, exatamente do jeito que eu gosto... Ah, eu adoro beijo... Gosto tanto que só beijo quem eu escolho, mas aí capricho. Quando saio com alguém profissionalmente faço tudo, qualquer coisa, mas beijo só de vez em quando...

Quando o carinha que tinha marcado chegou, eu já estava na outra turma e de mãos dadas com o Delcio... E de mãos dadas ficamos, sem problemas. O carinha aceitou numa boa, ficou na dele. A noitada acabou na cama, é claro. E foi divino... Diviníssimo, diria... Mas era bom demais para durar... Fomos, na mesma Kombi, para a um motelzinho e na hora de pagar, na saída, ele perguntou se eu tinha algum dinheiro para ajudar. Achei estranho, mas paguei a metade. O caminho da volta foi em silêncio e, ao me deixar em casa, ele me deu um beijo e não disse mais nada. Esperei um telefonema no dia seguinte. Nada... Estranhei. Eu tinha o número dele, por causa da escola, mas resisti. Esperei ansiosamente na segunda-feira, e, quando a Kombi chegou, ele me cumprimentou como de costume. Só isso. Fiquei sem saber o que fazer. No outro dia, a mesma coisa, e nos demais também. Ele chegava, entrega as crianças e sumia. Sabe, acho que ele começou a me evitar... Esperei até sexta-feira e, quando ele chegou, eu disse que ia à Lapa novamente e perguntei se ele queria ir com a gente. Foi quando recebi a notícia, dada por ele próprio: "Não posso, minha mulher já voltou de viagem". Ele era casado!... Casado. E agora, me perguntei?

 Fiquei danada da vida comigo mesma. Logo eu, que tinha ficado até ali sem grandes paixões. O pior é que não tirava o cara da cabeça. Sabe, a pegada dele, o cheiro, o sorriso lindo, a barba grossa me arranhando, tudo estava em mim. Mas as coisas não podiam continuar daquele jeito, precisava pelo menos ter uma conversa com ele, sei lá por que, mas precisava. Tomei coragem e um dia o convidei: "Olha, preciso conversar com você, onde podemos marcar?". Era um dia no meio da semana e ele disse que só poderia ser na sexta, depois do expediente dele. Foi uma tortura esperar o tempo passar: quarta, quinta... No dia, me arrumei toda e lá estava eu à espera do meu "príncipe casado". Quando a Kombi chegou, eu nem acreditei. Era fim de tarde e ele me levou para o Arpoador, num quiosque na praia, e nos sentamos. Começamos uma conversinha fiada, como velhos amigos... Eu estava ficando agoniada e resolvi entrar direto no assunto. Perguntei o que ele queria comigo. Sem cerimônia, ele disse que não queria nada, que me achava bonita, interessante e que tivemos um encontro romântico ótimo e pronto... Repetiu que era casado e acrescentou: tenho dois filhos e um deles tem síndrome de Down. Era por isso que ele trabalhava com crianças com necessidades especiais, graças à ajuda de uma associação que dava assistência ao filho...

 Meu mundo estava quebrado. Tudo tinha sido apenas "um encontro romântico". Só... Eu não chorei, resolvi não pagar esse mico, mas não me controlei e disse que estava apaixonada. Ao dizer isso, ele, por baixo da mesa, encostou a perna dele na minha. Notei que ele estava excitado. Ele pediu que eu pagasse a conta, disse que tinha esquecido a carteira. Paguei e, na volta, já chegando ao meu apartamento, o convidei para subir. Ele ficou comigo, no meu quarto, até às 8 horas da noite. Repetimos a dose amorosa... Sábado à tarde era dia do tio, como sempre. Transei com o velho pensando no moço... Naquele fim de semana, fiquei em casa, não quis sair, apenas fui visitar minha mãe na hora do almoço do domingo... Minha cabeça virou um inferno. Eu era três pessoas ao mesmo tempo: amante do tio, estagiária mal remunerada e apaixonada por um cara casado... Amante de um cara casado e pobre, pai com filho dependente. Entendi então por que era tão fã de boleros, fados e de tangos. Logo eu... Não demorou muito para eu ter certeza de uma coisa: eu queria o Delcio de qualquer jeito, custasse o que custasse. Nunca quis nada tão definitivo na minha vida. Nunca. E ele sabia disso... Eu não ocultei a verdade. Não mesmo. Para ele, desde que eu pagasse as contas, tudo estava bem. E foi assim que comecei a comprar o seu carinho. Pagava tudo, comprava presente para os filhos, fazia qualquer loucura para tê-lo. Mas lembre-se que eu também não tinha lá tanta grana. O jeito era meu tio... Sim, comecei a explorar mais ainda o meu tio. Então, era tirar de um amante para manter o outro. O pior é que achava que, se não fosse assim, o Delcio não me quereria.

É claro que tivemos momentos muito bons. Ele era ótimo de cama e logo minhas amigas o aceitaram em casa como um caso meu. Outro, né!?... Era lá que nos encontrávamos. E a sexta-feira ficou sendo o "nosso dia da semana". Depois, ele deu um jeito de ir também às quartas e às vezes me pegava na saída da faculdade, dizendo para a família que tinha um servicinho extra. Tudo ia indo, até que o outro filho dele, de 4 anos, foi atropelado, com fratura exposta e risco de perder a perna. Foi uma loucura!... O Delcio sofreu muito, porque amava demais os filhos. Ele não tinha plano de saúde e os hospitais do Rio não têm bom atendimento clínico e de emergência. Resultado: precisava ir para hospital particular. Nem sei dizer bem como, mas fui parar numa emergência e lá conheci a mulher dele, que, aliás, era bem feinha. Não posso garantir que ela me conhecia, que sabia de nosso caso, mas o fato é que jamais vou me esquecer do olhar dela quando cruzou o meu. Disfarcei, me apresentei como professora da escola, dei desculpas... Além do atendimento de emergência, depois vinha o resto: tratamento, aparelhos, remédios... Eu comecei a acumular dívidas. O caso era desesperador. Os riscos de amputação eram sérios e o Delcio não conseguia mais controlar a situação. O trabalho dele começou a ser prejudicado e eles não tinham de onde tirar grana. Foi quando decidi fazer programas pra valer. Uma de minhas companheiras de apartamento, a tal "avulsa", já estava nessa, e eu parti para a luta. É claro que isso era segredo, ninguém poderia ficar sabendo, menos ainda o Delcio. Eu, porém, não tive dúvidas. Olhe, não me pergunte se a família dele desconfiava de onde vinha o dinheiro... Sempre acho que a mulher sabia, mas nunca quis admitir. Em resumo: cada um na sua, todos calados...

Quem arrumava os programas era minha amiga, que era bem competente para essas coisas. Como éramos três, uma que não quis saber da história porque ia ficar noiva saiu de casa e então ficamos só nós duas. O Delcio ia cada vez mais, mas ele nem desconfiava de minhas atividades extras. De fato, começou a entrar dinheiro, pois eu às vezes atendia duas ou três pessoas por noite. Tive que deixar de frequentar a faculdade e meu corpo começou a dar sinais de cansaço. E tinha muito sono no trabalho. Muito. Coincidiu que, por essa época, meu tio também resolveu aparecer mais vezes e então era um exercício equilibrar tudo: marcar hora, gerenciar a agenda, telefonar para cada um confirmando ou desmarcando os encontros. Nossa!... Não bastasse toda essa confusão, uma noite adivinha quem era o primeiro freguês? Sabe quem? O Regi... Sim, o mesmo garoto, amigo do Jair, aquele lá da escola. Agora o Regi era um dentista, bem apanhadão, corpo feito, um cara lindo e, bem, muito mais experiente. Nosso encontro foi uma farra só. Eu teria outro compromisso marcado naquela noite, mas dei o cano, deixei o cara esperando e não apareci. Passamos a noite juntos num motel e na manhã seguinte ele me levou direto para me trocar em casa e depois me deixou no trabalho. Tudo se complicou quando chegamos e o Delcio viu... Viu e não gostou. Mas eu não tinha o que fazer. Fiquei alucinada, evitei que o Regi percebesse. No fim do dia, o Delcio me esperou e fomos para minha casa; mas, como tinha prova – eu ainda não tinha deixado a faculdade –, ele me levou para a faculdade e ficou esperando. Na saída... Na saída, lá estava o Delcio fulo da vida, querendo saber quem era o cara. E foi gritando, dizendo que não gostava de chifre, quem eu pensava que ele era... Para acalmá-lo, disse que era um amigo de infância, que não tinha nada com ele e tentei disfarçar... Mais ou menos equilibrei a situação.

Mas sabe, o Regi foi se aproximando mais e mais, fomos ficando mesmo amigos. Amigos, mas com sacanagem junto. Ele estava indo bem na carreira, era dentista na Marinha, apesar de recém-formado. Entre seus planos, um me chamou a atenção: ele queria ir morar em Portugal, dar baixa da Marinha e fazer vida própria. Aquela era uma época em que os dentistas brasileiros faziam sucesso em Portugal, era a metade dos anos de 1980... O Regi era valentão e queria se aventurar. De brincadeira me convidou e aquilo ficou martelando na minha cabeça: ir para Portugal, ir para Portugal, ir para Portugal... Mudar de país, dar uma chance nova para minha vida, loucura, né? Comecei a sonhar... Mas eu tinha o Delcio e os compromissos com ele. Sinceramente, acho que tinha perdido o leme das coisas. Entrei numa roda-viva que não tinha mais controle. Trabalhava, me prostituía pra danar, tinha o meu tio, o estágio, a faculdade e muitas contas para pagar... Não posso esquecer que a vida de puta também dá trabalho. Tinha que tratar bem os clientes, pois deveriam voltar, fazer propaganda e coisas desse tipo. E como você bem sabe, puta que é puta tem que fazer as coisas direitinho, satisfazer os fregueses e ainda ouvir tanta história... Nossa... Não pense que ser puta não cansa... Cansa muito. Ter que agradar os fregueses, tratá-los bem, é uma arte. A gente nunca sabe direito quem vai aparecer, se tem dentes, se está limpo, se é normal, se vai "funcionar"... Olha, nem vou entrar em detalhes, senão...

Eu precisava do Delcio, desesperadamente, e achava que comprando seu carinho, com a ajuda financeira, eu o teria por perto. Um dia, porém, o Regi foi me buscar no trabalho e outra vez o Delcio nos apanhou. Sem que eu percebesse, ele seguiu o carro e viu que fomos para o motel. Eu fiquei sabendo logo na saída. Imagine que ele ficou mais de duas horas esperando na porta e nos seguiu até que o Regi me deixou. Quando cheguei em casa, sabia que vinha problema. Em alguns minutos, lá estava ele dizendo que não era corno, que eu não prestava, que era uma piranha... Foi um barraco total e só não saiu pancadaria porque minha amiga estava lá e entrou no meio. Com muita raiva, eu disse pro Delcio que não ia mais dar dinheiro e que ele se virasse. Machão, ele disse que não queria mais saber de mim, que eu era uma vagabunda, cadela, puta, rampera, vadia... Ainda ouço ele gritando em meus ouvidos.

Chorei a noite toda e nas outras também. Foi duro, mas tomei algumas resoluções: ia parar a faculdade, deixar o estágio, virar puta de verdade e só fazer programas. Pois é, eu não sabia que estava grávida... Grávida e provavelmente do Delcio. Descobri dias depois, quando comecei a enjoar. Sou muito regulada e, quando a menstruação atrasou, já tinha certeza. O teste da farmácia logo acusou e precisava tomar decisões. Contaria para o Delcio? Seria dele mesmo o filho? Ou seria do meu tio? Tiraria? Sabe o que é pavor?! Pavor é o que senti aqueles dias. Ninguém consegue imaginar o que senti. Tinha optado por tirar, até porque se fosse de meu tio a criança poderia ter complicações sérias. Seriíssimas... Não podia arriscar. Eu não queria contar pro Regi, mas precisava de apoio, conselho. Minha colega me ajudou muito, não posso me esquecer, mas o que fazer com a família: mãe, irmãs, tio? Havia grande chance de ser o Delcio o pai, porque com os clientes eu me protegia; mas mesmo assim, às vezes ocorriam alguns acidentes, camisinha estourada, porra que escorria... Afinal, o drama era: contaria ou não? Contaria para quem?...

Desesperada, resolvi por telefone mesmo deixar o estágio, me desliguei da escola. Tranquei a matrícula na faculdade e tinha claro que minha única fonte de renda era meu tio. Achava que não podia contar nada ao Regi porque poderia atrapalhar tudo. Mas também não queria mais fazer programa com ninguém. Olha, não desejo para inimigo algum o que eu passei. Os dias iam correndo, eu sem saber o que fazer... Choro, muito choro. Meu tio não compreendia o que se passava e eu cada vez mais confusa. Foi quando minha companheira de casa resolveu tomar as rédeas da situação. Foi ela que contou para o Regi. Foi ela também que avisou o Delcio. O Regi não poderia ser o pai, porque ainda não fazia um mês de nosso reencontro. Ou seria do meu tio ou do Delcio... Do Delcio, que nem imaginava o rolo que eu mantinha com meu tio. E eu só chorava... Para surpresa minha, meu tio, logo que soube pela minha companheira de quarto, ficou extremamente feliz e não ligou a mínima para as consequências. Dias depois, uns cinco dias passados, o Delcio ligou dizendo que precisava conversar comigo. Eu não queria nada com ninguém e achava que a dona do meu corpo era eu, e a decisão, qualquer uma que fosse, teria que ser minha. Na minha cabeça, de um lado batia a certeza de que a única saída era tirar a criança. De outro lado, porém, uma coisa estranha dizia que era a minha chance de pôr um ponto-final em tantas loucuras, colocar a cabeça no lugar, levar a gestação avante e cuidar daquela criança, minha.

Tive que contar pro Delcio o que se passava, a tal história do meu tio. Ele ficou bestificado! Falei também do Regi e expliquei que me prostitui para ajudá-lo e que depois perdi o rumo da situação e tudo aconteceu daquele jeito. Foi uma conversa difícil para mim e ele ficou sem saber o que dizer. Parecia um alucinado, tonto, só ouvindo. Acertamos que eu não poderia mesmo mais ajudá-lo e pela primeira vez entendi que não seria daquela maneira – comprando afeto – que eu realizaria meu amor. Tomei coragem e também falei da possibilidade de ir para Portugal... É claro que não relacionei isso ao Regi. E ainda tinha que aguentar o meu tio achando que seria o pai e que isso era a melhor coisa que tinha acontecido na vida dele... O tempo foi passando e, com minha amiga, fui ao médico, à clínica de aborto. Era tudo muito louco: de um lado, a certeza da conveniência de tirar a criança; de outro, o impulso para fazer o pré-natal. E o tempo passando... Eu, a cada dia, ficava mais dividida. Os dias pareciam eternidade, o tempo não passava e tinha que tomar consciência de que vivia mesmo um pesadelo, que tudo aquilo era real. E aí começou a história de ver roupinha de nenê, de imaginar a carinha que poderia ter, de adivinhar se seria menina ou menino... E até de imaginar os nomes... E os dias correndo... É muito estranho ficar em casa, sozinha, nessa situação. Nossa!... Eu não tinha coragem de sair, de fazer programa, nem mesmo com o Delcio ou com o Regi. Com meu tio então... O coroa, por sua vez, estava encantado com a possibilidade de ser pai.

Crescia em mim a certeza de que o filho era do Delcio. Lembrei os nossos encontros, olhava no calendário, fazia as contas... Do mesmo jeito, cada vez mais, achava que fosse quem fosse o pai, eu assumiria a criança como minha, como uma produção independente e pronto. Antes, devo dizer, cheguei até a marcar hora com o doutor da clínica de aborto. E mais: fui até a porta no dia marcado, mas minha amiga que me acompanhava teve que me trazer de volta aos prantos. Faltou coragem, resolvi pensar mais... O Delcio ligava de vez em quando, mas me tratava como se o filho não fosse dele. Eu compreendia... O Regi estava sempre presente e ajudava nas despesas, mas sem grilos. Mesmo depois da partida dele, uns cinco meses para a frente, ele continuou ajudando. Com o passar dos dias, meus sentimentos foram mudando. Não via mais o Delcio como antes, a mágica tinha acabado e isso era incrível. Meu tio começou a me parecer menos monstruoso e confesso que dei corda naquela loucura, fazendo ele acreditar que a criança poderia ser dele... Acreditava que, se tivesse mesmo o filho, meu tio poderia ser um porto seguro. E era melhor que ele pensasse que tinha feito a criança... O engraçado é que ele era protético, e o Regi, dentista; parecia que o destino tinha armado uma cilada para mim.

Em relação a deixar a barriga crescer, lembro que numa bela manhã, do nada, acordei com a decisão. Não ia tirar a criança e pronto... Custasse o que custasse, iria dar à luz. Apenas comuniquei ao Delcio, falei para o Regi e pro meu tio. O coroa, feliz da vida, anunciou em casa que eu tinha "dado um mau passo" e que ia ter um filho e, o mais surpreendente, com total apoio dele. Como um milagre, toda família concordou e até ficou feliz. Era um bom sinal, a criança uniu a família... Nos últimos meses da gravidez, voltei a morar com eles na casa de Realengo. Foram dias bem tranquilos, muito diferente de antes. Virei o centro das atenções. Maria Rita nasceu com 51 centímetros, com mais de 3 quilos, mas com problemas na válvula mitral. Minha mãe dizia que era "sopro", e todos ficamos alarmados. Logo, a equipe da pediatria do hospital providenciou a cirurgia e eu nem comuniquei nada ao Delcio, que, por sua vez, havia sumido. O Regi, não. De Portugal mandava votos de felicidade. Meu tio virou um santo. Um santo, viu!?... Olha, nem sei dizer, era outra pessoa... Nunca mais transamos... Aos poucos ele parou de jogar, de beber... E se arrebentava de felicidade a cada dia...

 Feita a cirurgia no coraçãozinho de minha Ritinha, voltei para a casa da família; e minhas irmãs encantadas com a criança. Até parecíamos uma família de verdade... Mas eu precisava dar um jeito na vida. Que fazer? Ia já completar 22 anos e sentia que era hora de dar um caminho em minha vida. Pensei arranjar um emprego, mas tinha a Maria Rita. Minha mãe e meu tio tomariam conta da criança, minhas irmãs também, e isso era uma garantia para mim. Eu é que não achava um meio de me ajeitar. Amava a criança com toda minha força, mas ainda tinha que resolver minha vida. De Portugal, o Regi ligava todo domingo. Eu ficava esperando ansiosamente. Ele contava maravilhas e reforçava o convite para eu ir, jurava que ia me dar bem, que havia muita coisa a fazer, oportunidade de trabalho, essas coisas. Eu respondia meio que brincando que ele um dia ainda ia ter que ir me buscar no aeroporto. Tudo foi dando certo com minha filha, seu coração voltou ao normal, e a família cada vez mais ligada na criança... Eu comecei a me sentir meio dispensável. Ao mesmo tempo, o Regi me chamando... Tentei alguns empregos no Rio como professora, dei umas aulas particulares... Mas nada era arrebatador. Arrebatadoras mesmo eram as chamadas do Regi. Num domingo, quando ele ligou convidando, eu numa explosão disse que iria. Minhas irmãs ouviram e ficaram apavoradas: "Como você vai, e vai levar sua filha com você?". "Claro que não", respondi. A notícia ferveu em casa; mas, com o tempo, todo mundo achava que se eu fosse por um período curto e deixasse a menina com eles estaria tudo bem. Meu tio resolveu que pagaria a minha passagem, desde que a Maria Rita ficasse. Concordei, é claro... Isso foi em 1988...

Em poucos meses, lá estava eu indo para Lisboa. O Regi seria a ponte, e realmente ele ajudou muito. Logicamente, fui direto do aeroporto para a casa dele... Melhor seria dizer, para a cama dele. Ficamos um tempo numa relação meio estranha, meio amiguinhos, meio amantes. Ele tinha arrumado uma namorada brasileira que encontrou num congresso de dentistas na Alemanha e estavam em conversações. Como ela morava no Brasil, dependia de acertos, mas por fim o Regi resolveu voltar para o Brasil; pois, afinal, além de tudo, começava um movimento contra os dentistas brasileiros em Portugal e ele queria se casar, ter filhos, tudo como manda o figurino... Eu entendi, apoiei, e saí ganhando porque fiquei com o apartamento dele em Lisboa, montadinho, com tudo dentro e de graça. Mas como pagar o aluguel? Tinha um dinheirinho guardado, que trouxe do Brasil, e o Regi tinha deixado um mês acertado. Procurei emprego de garçonete, de atendente em hotel, de acompanhante de idosos, até de faxina, mas, como não tinha licença de trabalho, não consegui nada. Tentei até de cozinheira, como ajudante, mas também sem conseguir. Tudo que arranjei foi fazer figuração num show de brasileiras, numa casa noturna, num inferninho. E daí para os programas foi fácil... Comecei a fazer programas, mas dependida do chefe da casa e ele cobrava 70% para agenciar. Esse tipo de atividade favorecia o local, que ficou conhecido como lugar de prostituição especializado em brasileiras. Como a freguesia era de confiança, quase sempre fregueses da casa ou turistas brasileiros, tudo ia mais ou menos... Mas a grana era curta. Pra valer a pena, tínhamos que fazer pelo menos três programas por noite. E era bem pesado...

Naquele tempo, tudo era bem diferente. Eu nem precisei de visto de entrada em Portugal. O Brasil, apesar das crises, ainda estava bem de grana e a classe média continuava a viajar. Tinha muito turista brasileiro e havia gente especializada em atender. Esse panorama mudou, tudo começou a piorar quando os planos econômicos davam errado e o povo apavorado começou a fugir do Brasil. Portugal virou uma opção para muitos, principalmente para mulheres. A questão da mesma língua, costumes, parentes e amigos que já estavam aqui, tudo atraía os brasileiros... No começo, era só Lisboa e Porto que atraíam, mas aos poucos isso foi mudando, o povo ia descobrindo que havia outras regiões, cidades vizinhas. De todo jeito, corria boato que em algumas cidades do interior de Portugal a situação para as mulheres que faziam programa era boa. Falava-se bastante de Setúbal, de Viseu e de Coimbra. Mas bom mesmo era Bragança...

Em 2001, já com bom tempo de vida em Lisboa, lá fui eu para Bragança e lá me juntei a algumas moças que faziam show, que dançavam em boates. A cidade era um verdadeiro bordel, uma coisa incrível. Imagine que tinha pelo menos sete casas de *strip-tease* e todas eram recheadas de brasileiras. Eu dei sorte e logo fui contratada para a boate mais importante, a Top Model, que era a mais completa, bem montada e concorrida. Devo dizer que me dei bem... Fiquei lá e, além de dançar, fazia programas. E não me faltava freguesia. Fiquei conhecida e, como tinha estudo, fui ficando como uma espécie de líder. Os clientes, na maioria, eram portugueses mesmo, pois a cidade era bem pequena, acho que tinha uns 30 mil habitantes, mas, aos poucos, atraía também gente da redondeza toda, inclusive alguns brasileiros, que iam até lá só por nossa causa. É claro que isso perturbava a população e até o padre falava contra a gente na igreja, durante a missa. De nada adiantava, porém... E a cada dia chegavam mais brasileiras. A coisa cresceu tanto que começou uma campanha contra as brasileiras. Tinha hotel que não hospedava gente do Brasil, era difícil alugar casa para a gente; quando andávamos na rua éramos ofendidas e malvistas. Começou a ficar difícil dar atendimento em hotel, porque muitos não nos deixavam entrar... Isso era ruim, porque, por segurança, andávamos sempre em bando e tudo ficava mais à mostra... Por essa época, aprendi a camuflar minha aparência. Tive que aprender, né? Então, uma semana eu aparecia com cabelo preto, loira na outra, com perucas. Também mudava os nomes, mas sempre escolhi flores: Violeta, Rosa, Hortência, imagine que até Dália eu fui... Bragança, só para dar uma ideia, ficou conhecida como Sodoma e Gomorra portuguesa. Em termos de dinheiro, foi bom para mim. Fiz uma boa graninha, mas daí veio o acontecimento de 2003, o tal movimento das "Mães de Bragança", uma verdadeira caça às bruxas, sendo que as bruxas éramos nós. As mulheres da cidade se organizaram contra as brasileiras e quebramos o pau em praça pública. Foi um horror... Um verdadeiro escândalo... A notícia correu o mundo e saímos até na capa da revista *Time*... Como o movimento chamou muito a atenção internacional, resolvi que era tempo de sair de Portugal. Mas eu não queria voltar ao Brasil... Fui ficando, esperando a oportunidade para sair, mas estou aqui até agora...

Tinha notícias regulares da minha filhinha, soube do casamento de minha irmã mais velha e depois da outra. Fiquei emocionada quando soube do nascimento de meus sobrinhos... Mas nunca quis voltar. Dizia para a família que estava trabalhando em várias coisas, mas preferia não voltar. Recebia mensagens constantes do Regi e, de vez em quando, ele vinha visitar a terrinha e então ficávamos juntos. Com o tempo, arrumei um gajo... Sim, arranjei um português que foi ficando comigo. Eu continuava fazendo programas, mas ele tinha preferência sobre os outros. Fomos ficando, ficando, e durante uns quatro anos mantivemos um relacionamento. Ele era casado, e claro que não deixaria a família... Foi ele que me ajudou a voltar para Lisboa, exatamente para Caxias, cidade que fica ao lado da capital. Foi em Caxias que me instalei e moro lá até hoje. É provável que seja a veterana das putas brasileiras em Portugal. Se não sou a mais antiga, estou entre as primeiras.

Por que nunca quis voltar ao Brasil? Pergunta difícil essa... Quando a Maria Rita fez 15 anos, mandei tudo para a festa de aniversário: roupa, sapato, joia, tudo... Comprei um brinquinho lindo, lindo, algo que eu gostaria que ela usasse sempre. Mandei um pacote enorme, paguei caro, tive tanto cuidado que paguei excesso de peso para uma pessoa que viajava – e ainda dei uma gratificação para entregar em mãos. Pensei em voltar, mas achei melhor não... Resolvi deixar tudo como está, não mexer muito; pois, afinal, as coisas andavam como poderiam e era melhor não tentar mais nada. Pensou como seria um encontro nosso?! Pensou? Teríamos um acerto de uma conta que nunca será fechada. Recebi depois as fotos... lindas... Choro todas as vezes que vejo. Mas meu choro tem também lágrimas de alegria por ter feito o que tinha que fazer.

Nunca mais soube do Delcio nem dos filhos dele. Meu tio ainda vive e, mesmo doente, cuida da família e principalmente de minha filha. Às vezes, quando ligo para casa ele atende e fala um pouco comigo. Não guardo mágoa dele, afinal ele virou um pai-avô da minha Ritinha. Sempre mando cartão-postal para ela e todo Natal envio presentes bons para cada um. Sabe, depois de tudo que passei foi necessário ficar longe. Temos um oceano inteiro para nos separar, para permitir que eu tenha aqui minha vida como ela pode ser. Não posso dizer que estou bem. Nunca estive, mas estou melhor do que estaria lá. Quando ouço falar da crise financeira que arrasa Portugal agora e quando as pessoas me perguntam se quero voltar, lembro-me de minha história e tenho certeza da resposta: não!...

BEM ME QUER, MAL ME QUER

> "Penso que cumprir a vida / Seja simplesmente
> Compreender a marcha / Ir tocando em frente"
> *Almir Sater e Renato Teixeira*

Os dois encontros que tive com Margarida foram memoráveis. Longe de aparentar a idade, a linha cronológica narrada não correspondia à aparência física. E também seu semblante irradiado não deixava transparecer a tristeza contida na toada narrativa, cabível entre dramática e conformada. Menos exaltada e exuberante que a maioria das colaboradoras e colaboradores deste projeto, Margarida, além de comedida na fala, interrompia ou deixava em suspense os términos de suas explanações. As reticências usadas na transformação de seu discurso oral para o escrito se explicam pela abundância de tais evasivas. Isso ficou notório na autorização conseguida em abril de 2010, em Caxias. De tantas conferências de entrevistas que já fiz, essa foi a mais minuciosa e interrompida. O fato de ter bom controle da língua fez com que Margarida tivesse especial cuidado com a narrativa escrita, pedindo inclusive para ouvir a gravação anterior. Curiosamente, porém, em vez de suprimir algumas passagens, ou ela as ampliava com detalhes ou acrescentava novas aberturas.

Não há, contudo, como negar uma tristeza latejante na história de Margarida. Também, não é possível deixar de reconhecer o empenho em acertar contas com a vida, mote de toda a história da moça que se diz uma espécie de matriarca das prostitutas brasileiras em Portugal. Fator preponderante nessa história de vida é a decisão de se aceitar como prostituta, deixando claro que há uma perfeita divisão entre uma atividade profissional, de sobrevivência, e a vida pessoal sofrida. Violentada dentro de sua própria casa, com um tio que havia um tempo patrocinava a sobrevivência da família – mãe e irmãs –, a ela restava, desde muito pequena, duas alternativas: submissão e desforra. O processo de passagem de uma etapa para outra foi sutil e gradual e, da culpa à raiva, foi construída uma via cheia de subterfúgios, atalhos e camuflagens. À medida que ganhava idade, lograva também consciência do poder sobre o tio tirano, que aos poucos se rendia. Sem dúvida, o incesto era patente e não faltaram atos de coação e violência psicológica. A menção constante ao cinto de couro preto chegava a surpreender. Mas o cotidiano daquela vida familiar deixava transparecer outra margem do rio, aspecto que chega a confundir o papel do perpetrador – no caso do tio –, que ao envelhecer se assumia como homem bom, paternal até. Muito além de violar os códigos de comportamento estabelecidos pela tradição judaico-cristã, o tio apresentou dois desempenhos perturbadores: se apaixona pela sobrinha violentada e depois fica feliz assumindo, sem restrições, a filha da sobrinha como se própria fosse. Logicamente, isso não absolve o tirano parente, mas atenua sua atuação como alguém constrangido a pagar por pequenos presentes e, mais ainda, como protetor do resto da família e, sobretudo, guardião da filha, Ritinha.

Mãe e irmãs também são vitimadas por um esquema que implica a dependência masculina, do tio. A compreensível falta de diálogo entre os diversos membros do mesmo clã inverte a questão de poder; pois, afinal, a mais jovem pertencente ao conjunto, a caçula, é quem garantiria a estabilidade do grupo, mediante uma complexa tratativa de negociação com o poderoso tio. E o custo disso se resplandece nas atitudes da menina, que buscava compensação afetiva em namoradinhos, amigos, colegas de escola. A procura de carícias não escondia a carência de afetos e compensação em outros masculinos. Mas tudo se complicava na anulação dos laços amorosos. Ainda que o enredo da vida traísse os acontecimentos, sem querer Margarida se apaixonou. O amor inviável – quase impossível – se manifestou, mas ele próprio se expressaria interdito. Impossível amar Delcio, casado, pai de criança especial, mas irresistível também. E que dizer da compra de afeição dimensionada pelo financiamento de despesas. Ficar no meio do caminho, pois era a solução melhor, e usar a prostituição como forma de pagamento de dívidas emocionais parecia uma vingança da própria história pessoal. E que tal fabricar uma saída? Saída? Sim, a busca de um espaço de conforto onde os problemas pessoais – tão intensos e localizados – seriam postos à prova em território mais neutro, distante, primeiro fora de casa, depois longe do Brasil. Afinal, em espaço longínquo, seria mais fácil colocar os "pingos nos is". Aliás, talvez essa seja uma das alternativas explicadoras do intenso fluxo das mulheres e dos homens que imigram e longe optam pela prostituição. Tal hipótese fere o suposto que reduz a vida puta à simples sobrevivência.

E O MEU JARDIM, ONDE ESTÁ?

A experiência de Margarida provoca a reflexão sobre aspectos que tanto buscam aparo explicativo nas questões pessoais como nas de ordem sociológica. Em termos da vida individual, alguns aspectos da história dessa moça permitem perscrutar significados como expressão do desalinho afetivo desde a família até a vida profissional, no Brasil e no exterior. Na via complementar, o significado identitário da mulher brasileira em países como Portugal também demanda atenção. Assim, ganham sentido analítico os seguintes pontos:

- Pode-se pensar a motivação de viagens para o exterior como resultado de remotas causas?
- Qual foi o impacto pessoal da complexa relação com o tio pedófilo e explorador?
- A vida prostituta alhures implica superação dos limites identitários impostos às prostitutas brasileiras?
- Há relação entre a prostituição brasileira em Portugal e em outros cantos?
- Qual é o significado da questão de "gênero" no fluxo da prostituição internacional?

Tais problemas convidam, desde logo, a pensar na complementação entre motivos pessoais e mais amplos, até universais. O caso de Margarida permite acompanhar a construção sutil, lenta e despretensiosa de busca de lugares melhores para a satisfação de alguns dilemas da vida de uma personagem complicada pelas circunstâncias familiares. A combinação de dramas existenciais com as oportunidades abertas pela vida moderna a fez acatar alternativas consequentes. Sua inscrição em um movimento maior, na lógica intrincada da migração brasileira para o exterior, no entanto, não neutraliza nem alivia sua história única. A essencialidade do caso permite supor que, além dos denominadores comuns aos fluxos imigratórios, a força de cada situação atua de maneira explicativa; pois, afinal, não falamos de um grupo estruturado, coeso, coletivamente traumatizado, com motivações ordinárias e que saíram ao mesmo tempo.

De regra, quando esquecidos os motores pessoais que impulsionam as mudanças para outros países, tudo tem se justificado pela satisfação de motivos externos aos impulsos individuais, que se veem sempre banalizados, rebaixados, como se o impulso subjetivo não vigorasse. E então o que ganha destaque são os fatores dilatados que respondem aos mecanismos históricos como o *push/pull*, ou seja, como se um movimento de viés sociológico, de diástole e sístole, explicasse sozinho a busca de espaços vivenciais imigratórios. De toda forma, tal aceitação é generalizada e, assim, minimiza-se a condição biográfica, para no lugar superpor aspectos deterministas do tipo: busca de melhor realização econômica, oportunidade de trabalho, de ambiente material e cultural mais favorável. Os feitios mínimos, pessoais, se perdem e tudo se desloca dos sujeitos para os decantados fatores mecanicistas que atuam facilitando o entendimento da questão, sempre baseada na pré-existência de redes sociais de acolhimento e esgotada na realização de sonhos econômicos. O que se perde na fragilidade dessa visão é que para grande parte dos imigrantes o que vale é a efetivação de uma "segunda chance". A história de Margarida, ao falar da adesão profissional à prostituição em Portugal, sugere que, se ela tivesse ficado no Brasil, professora que era, poderia ter optado por outra atividade. Preferiu, contudo, outro espaço, onde lhe seria possível atuar mais livremente, sem o controle social anterior. Ademais, quando se joga fora o tesouro das explicações pessoais, o que se tem em termos de análise do processo emigratório é a fabricação de "refugos humanos", para usar a expressão de Bauman.[1] E a grande lição permitida pela história de Margarida, na extensão amplíssima do processo emigratório de brasileiros para Portugal, qualifica a busca de uma alternativa, de nova oportunidade ou da "segunda chance".

Outro aspecto importante e transparente nesse caso é a organização identitária e da comunidade das prostitutas brasileiras em Portugal, em particular no caso de Bragança. Não se deu espaço para negociações entre as partes. Pelo viés da prostituição como solução de sobrevivência e realização profissional, as mulheres portuguesas se distanciaram de maneira a fazer das brasileiras verdadeiras concorrentes. A construção identitária que marcou a coletividade das mulheres "de fora" foi suficiente para comprometer qualquer suposto de solidariedade de gênero, por exemplo. Os laços possíveis de aproximação – religião, língua, costumes – não se restabeleceram. E foi nesse cenário que a nossa Margarida apareceu.

O arguto rompimento com a família e, de certa forma, com o Brasil, a fez virar uma espécie de líder das prostitutas brasileiras em terras lusas. E pode-se dizer que isso dimensionou a inviabilidade de superação dos traumas advindos desde a infância. Não deixa de ser instigante admitir a dilatação dos problemas domésticos, dela em sua família, projetados no cenário lusitano, como se fosse uma vingança histórica. É verdade que os acontecimentos da trama afetiva com o tio, principalmente depois da declaração de amor à sobrinha violentada e da aceitação da filha, coloriram de tons diferentes as tensões que, no entanto, continuaram no mesmo lugar. Atenuaram, sim, algumas crises, convém garantir, mas as marcas ficaram. Não deixa de ser inquietante o fato de ela deixar a própria filha sob a guarda do mesmo tio, ainda que junto com as irmãs e a mãe. A recusa do retorno também incomoda. A aceitação dos fatos não parece equivaler a perdão, e a busca de espaço para seus dilemas explica a posição sempre defensiva de Margarida e isso pode ser dimensionado na formulação de disfarces contidos nos "nomes sociais".[2] Mesmo estando em um país onde se suporia afinidades como Portugal, no caso da prostituição, o recurso do "nome social" é uma estratégia valiosa.

O que do padrão geral se mantém na especificidade da imigração brasileira para Portugal? Em termos individuais, o que representaria ser prostituta brasileira em terras lusitanas? Em artigo anterior, verticalizei a reflexão sobre tais fenômenos, evidenciando que "não há como rebaixar a facilitação implícita no uso da língua comum, instituições afins e uma afinidade constituída ao longo da definição de dos dois Estados", e em extensão alongo o raciocínio dizendo que "mesmo levando em conta que a singularidade emigratória para Portugal se abre aos países do PALOP (Países Africanos de Língua Oficial Portuguesa), a presença brasileira ganha dimensões crescentes e dominantes".[3] Atualmente, por causa da grave crise, as rejeições ficam mais claras e ganham contornos preocupantes. Nesse cenário, o caso da prostituição torna-se praticamente insuportável.

É difícil determinar o número de brasileiros que vivem em Portugal, ainda que o Censo Populacional de 2011, divulgado pelo Instituto Nacional de Estatística (INE), estabeleça um total de 109.787, sendo que, de cada quatro estrangeiros residentes no país, um é brasileiro. Além dos dados oficiais, no entanto, avalia-se o montante dos não contabilizados, na maioria imigrantes sem documentos legalizados. Em continuidade, dizem as estatísticas oficiais que "há mais brasileiras (58%) do que brasileiros morando em Portugal e a maioria é solteira (54,2%)".[4] Em outra indicação, nota-se que, "em 2001, ano em que a comunidade brasileira em Portugal era a 7ª maior população imigrante, houve um crescimento de 244,5%, o que significa que os brasileiros correspondem já a 1% do total da população residente no território nacional".[5] Por lógico, além das propaladas afinidades que justificam a aproximação entre brasileiros e portugueses, leva-se em conta que, a partir da década de 1980, quando no Brasil se vivia o que equivocadamente foi reconhecido como "década perdida", a situação portuguesa era prometedora.[6] O caso dos dentistas brasileiros chegou a abalar as estruturas diplomáticas, como reconhece o empresário Miguel Setas ao afirmar que "nos idos anos 1990, os dentistas brasileiros que se queriam estabelecer em Portugal tiveram sérias dificuldades na sua certificação profissional" e prossegue mostrando que o caso demorou dez anos para se resolver.[7] Vista na intimidade de uma história pessoal, o caso do dentista que ajudou Margarida a se estabelecer como imigrante demonstra o efeito dessa tendência. Melhor seria dizer que foi o movimento dos dentistas que facilitou a ida da moça, e não o contrário. De toda forma, o problema que mais interessa é mostrar a necessidade de abertura sensível para se perceber que no momento vivemos uma tendência crescente de saída de jovens brasileiros para o exterior. Isso, aliás, justifica o artigo "Cartão vermelho", que diz textualmente, alertando para os exageros decorrente da movimentação:

A União Europeia redobrou a vigilância nas fronteiras para conter a imigração ilegal e o tráfico de pessoas. A operação Amazon filtra sul-americanos nos aeroportos de Madri, Barcelona, Lisboa, Londres, Paris, Milão, Roma, Amsterdã e Frankfurt. Mas tem cometido repugnantes excessos. Portugal barrou 3.598 estrangeiros em 2006. Deles, 1.749 eram brasileiros (48,6%). Em 2007, a Espanha recusou 3 mil brasileiros, a média diária era de 8,2. Em fevereiro deste ano [2008], a média subiu para 15. Até que a denúncia de discriminação sexual, feita pela física paulista Patrícia Magalhães à imprensa internacional, causou um embaraço diplomático entre Brasil e Espanha. Ela voaria de Madri para um congresso em Lisboa, mas acabou presa por 53 horas e mandada de volta. Dias depois, a Polícia Federal passou a dificultar a entrada de espanhóis no Brasil, com endosso do governo.[8]

Prova eloquente do problema imigratório contado por vozes femininas, em Portugal, se traduz em obra coletiva que trata do tema pelo viés lusitano. Nesse caso, a carência de estudos sobre a prostituta e, em particular, sobre as brasileiras mostra a preocupação em valorizar a mulher, mostrando a pluralidade portuguesa. O que se perde nessa situação é a visão mais específica, conveniente para um enquadramento melhor do problema, sugerindo encaminhamento para políticas públicas específicas.[9]

Em termos gerais, as leis imigratórias de controle projetam um dos problemas mais agudos da matéria, pois ao estabelecer leis severas para a regulação, acabam por favorecer as máfias e nelas o tráfico de mulheres. De toda forma, como mostra o coletivo que assina "Los pasos (in)visibles de la Prostituición", *"las mujeres migrantes cada vez son más protagonistas de las transformaciones sociales a nível mundial".*[10]

Vale notar na experiência de Margarida que ela pessoalmente não se inscreveu em máfias do tráfico humano. Isso sugere a particularidade das prostitutas brasileiras em Portugal. A facilitação da língua e, sobretudo, os contatos prévios certamente atuam como facilitadores. Segundo estudos oficiais, o perfil da mulher brasileira que exerce prostituição naquele país é o seguinte:

> [...] as mulheres brasileiras que se prostituem em Portugal são maiores de idade, não possuem antecedentes nessa atividade no Brasil, têm um curso médio ou superior, são brancas, prostituem-se por motivos financeiros, e chegaram ao país por sua própria conta – e não inseridas em redes de tráfico de pessoas. É o que aponta um estudo interno, encomendado pelo Serviço de Estrangeiros e Fronteiras (SEF) de Portugal.[11]

A continuidade deste estudo mostra que 98% das brasileiras não se reconhecem como vítimas do tráfico de mulheres; 44% delas entram pela Espanha; 15% pela França; 30% apenas entram pelas fronteiras portuguesas. Chama a atenção o fato de 29,7% serem do estado de Goiás e 18,1% de Minas Gerais.

Concordando com grande parte dessa afirmativa, o que se ressalta é o fato de não ser o dinheiro o fundamento da transferência. Valendo-se das palavras iniciais de Margarida, ela é mais uma que floresce em jardim estrangeiro, mas em canteiro específico, lusitano. E, como ela, muitas mulheres.

NOTAS

[1] Zygmunt Bauman, *Vidas desperdiçadas*, Rio de Janeiro, Jorge Zahar, 2005, p. 26.
[2] Nome social é um recurso usado para substituir a denominação pessoal dos registros oficiais. É comum homossexuais, travestis e transformistas usarem o que chamam vulgarmente de "nome de guerra". Muitas prostitutas se valem desse recurso para se proteger. Recentemente no Brasil houve uma legislação que cuida do caso, em particular para atender situações de orientação sexual. Disponível em: <http://www.correiobraziliense.com.br/app/noticia/brasil/2011/06/21/interna_brasil,257804/psicologos-travestis-usarao-nomes-sociais-no-documento-profissional.shtml>. Acesso em: 18 jul. 2013.
[3] José Carlos Sebe Bom Meihy, "Prostitutas brasileiras em Portugal: uma odisseia pós-moderna?", em Sandra Maria Patrício Vichietti (org.), *Psicologia social e imaginário: leituras introdutórias*, São Paulo, Zagodoni, 2012, pp. 139-51.
[4] Disponível em: <http://agenciabrasil.ebc.com.br/noticia/2013-04-22/brasileiros-em-portugal-sao-mais-jovens-do-que-populacao-nacional-e-os-demais-estrangeiros>. Acesso em: 18 jul. 2013.
[5] Disponível em: <http://www.publico.pt/sociedade/noticia/brasileiros-sao-a-maior-comunidade-estrangeira-a-viver-em-portugal-1591867>. Acesso em: 4 abr. 2013.
[6] Sobre o assunto, há várias referências e, entre outras, leia-se o trabalho organizado por Jorge Macaísta Malheiros, *A imigração brasileira em Portugal*, Lisboa, ACIDI, 2007. Coleção Comunidades 1.
[7] Disponível em: <http://blog.opovo.com.br/portugalsempassaporte/estrangeiridades-brasil-portugal-os-dentistas-e-os-engenheiros/>. Acesso em: 18 jul. 2013.
[8] Artigo assinado por Patricia Jota e Daniel Setti para a revista *Cláudia*. Disponível em: <http://planetasustentavel.abril.com.br/noticia/desenvolvimento/conteudo_280150.shtml>. Acesso em: 4 mar. 2013.
[9] Adriana Almeida (org.), *Imigração e etnicidade: vivências e trajectórias de mulheres em Portugal*, Lisboa, SOS Racismo, 2005.
[10] Idem, p. 88.
[11] Disponível em: <http://noticias.uol.com.br/ultnot/2008/03/13/ult23u1442.jhtm>. Acesso em: 14 mar. 2013.

HISTÓRIA 5

> *A história de vida de Cristovão Jorge é marcada pela presença de desejos; o físico, claro, mas acima de tudo o desejo da emoção e da cumplicidade. Seu relato é um inventário de fatos do qual todos compartilhamos, de uma forma ou de outra. Uma sucessão de quedas e ascensões que faz sentirmo-nos estrangeiros em nossas línguas, em nossas terras e, às vezes, em nossos próprios corpos.*
>
> Sergio Barcellos – especialista em escritas biográficas

A PENA DE SER CRISTOVÃO JORGE

A raiz desta história está entranhada em outro projeto, também de história oral. Uma coincidência, no entanto, abreviou caminhos e permitiu um reencontro. Não se pode dizer que foi uma feliz coincidência, mas não há como negar que a continuidade dos fatos tornou a trajetória do rapaz mais completa. Explico-me. Conheci o moço em Nova York, no ano de 1990, quando precisei de alguém para me auxiliar no processo de localização de pessoas para algumas entrevistas com brasileiros. Naquela oportunidade, ele se apresentou como Cristovão Jorge e então dançava em uma boate. Na ocasião, depois de entrevistar mulheres dançarinas, cabia registrar a versão masculina dessa atividade que, de certa forma, distinguia os brasileiros. Conversamos e, após apresentação do projeto, decidimos gravar uma longa entrevista, que, contudo, não foi incluída no conjunto do livro *Brasil fora de si: experiências de brasileiros em Nova York*. E foram muitas as razões que convidaram à busca de outra oportunidade para revelar esta história, que, apesar de instigante, era naquele momento arriscada. Sobretudo, pesou o forte conteúdo que continha uma trama envolvendo uma pessoa conhecida, fato que poderia inclusive colocar o entrevistado em situação embaraçosa. A tragédia implicada no caso nos intimidou igualmente e arrazoou a decisão de abdicar de sua publicação. Ficamos em vagos contatos, porém, e ao longo dos anos, cá e lá, sabíamos um do outro. Em novembro de 2011, estando em Nova York, nos encontramos e de uma conversa animada saímos com a possibilidade de reabrir a entrevista atualizando dados e medindo desdobramentos que se casavam com o novo mote de minha pesquisa. O tempo, por certo, aliviou mágoas, serenou ânimos e, em compensação, favoreceu a lógica de outros fatos importantes. Ouvimos a antiga gravação, lemos nossa rala correspondência, ambas cuidadosamente guardadas por ele, e, em conjunto, mais do que recontar os episódios passados, vimo-nos no mar desafiador da atualização dos acontecimentos. E não faltavam motivos.

Como desdobramento dos fatos que haviam impedido a publicação de sua história, passada mais de uma década, às vésperas de fazer 44 anos, o quarentão Cristovão havia se implicado em outra situação assaz difícil, dessa feita tangenciando o tráfego de travestis brasileiros para Nova York. O pior da trama é que um dos envolvidos era seu próprio sobrinho. Como quem fala para a História, ele narrou suas experiências no caso das *dolls* destilando a falta de apoio que reinou em sua vida, em que não faltaram lances difíceis, envolvimento em situações inesperadas e camuflagem. Tudo provocado por incessante luta pela sobrevivência e por um melhor lugar social. Impressiona muito nesse relato o abandono pessoal, a decisão por uma vida solitária e de muita disputa, quase uma guerra contra o mundo. Sempre tendo a prostituição como denominador comum, não houve em sua trajetória espaço para afetos continuados nem para enraizamentos. Como em um passe de mágica, as complicações da vida de Cristovão só ampliavam o cenário de sua desilusão. Afora a mãe e um possível caso fátuo, suas relações sempre foram de convívio forçado e contratado. Aliás, o único possível romance – Fábio era o nome da pessoa – o tiraria da rota desenhada desde a infância, mas ele insistiu em dizer que não daria certo, posto repetir "eu não presto". Em continuidade, inscreveu as demais relações familiares num círculo de dependências lastimáveis. Nessa constelação, aliás, descobriu seu sobrinho travesti. Junto, de maneira traiçoeira, vinha também a revelação de uma circunstância lamentável, a indicação do Brejo Paraibano, região do Nordeste brasileiro, como lócus de produção de moços destinados a se prostituir.

As novas situações de entrevistas foram reveladoras de trajetos da memória. Alargamento de fatos, apagamento de outros, silenciamentos convenientes, tudo apareceu. Na segunda fase, dez anos depois, era incrível como a narrativa sobre as origens e dificuldades até a juventude caminhava pelos meandros percorridos, com diferenças pequenas, acréscimos mínimos. As mesmas palavras, a sequência dos fatos, a ordem dos personagens, tudo indicava um tempo quase estático, guardado na memória como bússola explicativa e redentora. Parecia que a velha gravação não precisava de aparelho, a repetição cumpria o papel de uma reza cotidiana. Diria que a primeira conversa dessa nova fase remeteu cuidadosamente às razões que insistiram na dramática trama das origens sociais e em justificativas que explicavam sua vocação para "não prestar". E foram duas horas e meia, entretidas em reconstruções afeitas à origem pobre, mas diferenciada pela luta da mãe e pela autonomia pessoal. Dois dias depois, em novo encontro, a fim de retomar a história, foi formulada uma síntese dos encontros anteriores, inclusive da primeira fase. Mais duas horas de poucos avanços. Ele repetia muitas passagens, e eu ouvia os mesmos vagos, interjeições próximas. No dia seguinte, na terceira gravação, em longa sessão de mais de três horas, os avanços vieram fartos e então emergiram as circunstâncias e os riscos do tráfico de travestis, a relação com grupos perigosos de agentes internacionais e a imensa aflição em salvar o sobrinho. Apenas em novembro de 2012 pudemos acertar os detalhes finais da entrevista, mas foram abundantes, ainda que dito resumidamente. Ao autorizar o uso de sua história, ouvi do moço o fundamento dado para a publicação: espero que minha versão dos fatos chegue aos ouvidos de quantos jogaram pedra em mim. E, emocionado, esboçou um choro...

O PROBLEMA É QUE EU NÃO PRESTO

"Cristovão Jorge, que nome bonito!... Que lindo nome, não é?"... Foi assim que tudo começou. E ele ainda continuou com uma conversinha mole: "Nunca pensei em uma combinação destas, Cristovão e Jorge. Cristovão, padroeiro dos viajantes, dos que andam, dos que atravessam rios... Cristovão que carrega um menino". E foi adiante: "E Jorge!? Jorge, aquele que mata o dragão do mal, inimigo, valente, guerreiro, montado em seu cavalo para enfrentar o mundo". E como se não bastasse, disse ainda: "Cristovão Jorge: o viajante e o protetor"... Pois é, mais ou menos essa foi a minha primeira conversa com o "doutor X" ou simplesmente "Dr.", como passei a tratá-lo depois. Às vezes também o chamava de Ninho. Ele logo jogou a sabedoria de advogado experiente, cheio dos verbos, e foi me envolvendo, me enrolando, me confundindo. Eu não estava acostumado com aquele floreio todo, foi assim que ele me fisgou... Conversamos no barzinho ao lado do cinema, em Botafogo: nome, idade, lances de dois sentidos, na base "o que você gosta de fazer?", "como é que você se diverte?", "o que faz à noite", sabe como é, não?... Ele era mesmo o campeão nesses joguinhos de palavras. Nossa!... Ele me levava fácil, sendo que era eu que tinha que levá-lo no bico. Ah!, devo adiantar que meu nome não é Cristovão e menos ainda Cristovão Jorge... Esse é meu nome de guerra, mas é com ele que me apresento.

É... Antes dessa conversa, nós nos tocamos no cinema; afinal, é pra essas coisas que a gente vai a esses lugares de filmes pornôs, né? E lá dentro do cinema foi aquela coisa: eu entrei, como sempre fazia, fui pra um "cantão", e nada; fui pra outro "cantão", e nada. Não tinha muita gente naquela tarde quente e, em dias assim, não acontece muita coisa. Resolvi andar um pouco... Talvez fosse fazer "banheirão", pensei... Sabe como é, me mostrar; mostrar os atributos pros caras no banheiro. Fui indo e, no corredor, notei uma pessoa sentada numa ponta da fileira de poltrona... É muito estranho como o olhar da gente encontra outro no escuro. De repente, como um relâmpago, nossos olhares se cruzaram naquela merda de cinema. Vi logo que se tratava de um coroa e achei que poderia render alguma coisa. Sabia que ele frequentava aquele lugar, tinha certeza de que o tinha visto antes... Sei lá... Parei no corredor, ele continuou me olhando. Olhei também, fixo. Ele abaixou a cadeira do lado, fez sinal para eu me sentar... Sentei. Ele logo encostou a perna na minha e deixou a bengala encostada. O braço dele tocou o meu e eu deixei. Em poucos instantes ele estava com a mão na minha perna. Eu sempre ia de bermuda nesse cinema para facilitar as coisas...

Eu tenho agora 43 anos! Sei que não aparento tanto. Eu me cuido. Tenho que me cuidar, senão como vou viver?... Na vida que levo, preciso de um corpo arrumado, boa aparência. Quando conheci o Dr. eu tinha uns 10 anos a menos, tinha 32, 33. Sou chegado em numerologia, estudo a mágica dos números e o efeito deles na vida da gente. Quando fiz 33, sabia que ia acontecer alguma coisa importante na minha vida, uma coisa definitiva. Sempre gostei de idades que repetem números, tipo 11, 22, 33. Quando fiz 22 conheci o Fábio, um coroa paulista que me ajudou muito... Farei 44 no ano que vem e espero sair do inferno astral em que estou por tanto tempo, desde que conheci o tal Dr. Aos 33 anos, achava que aconteceria alguma coisa que mudaria minha vida, porque, como dizem, 33 é a "idade de Cristo" – como se Cristo sempre tivesse tido 33 anos. Então era um marco... E aconteceu mesmo uma coisa importante, mas não esperava que fosse para o mal... Vou contar tudo como foi, pra ver se pelo menos deixo a minha versão dos fatos registrada. Todo mundo ficou contra mim. As pessoas, mesmo sem saber das coisas, sem investigar, foram logo me condenando. Condenaram porque eu era "garoto de programa", ganhava a vida com isso. E ele? Ah... ele? Ele era importante, advogado famoso, figura badalada, cheio de amigos influentes, jornalistas. Ninguém nunca revelou que ele frequentava cinemas, andava atrás de garotões e gostava da coisa. Ninguém... Depois que ele morreu, virou vítima, santo. Ele a vítima e eu o sacana, chupim, um puto que queria tirar dinheiro daquele pobre velho. Pobre velho uma pica! Pobre era eu, que nasci miserável e ainda caí nas mãos dele.

Como ia dizendo, eu fazia programas, como muitos outros naquele lugar manjado. Fazia, às vezes, ponto à noite em um bar em Copacabana e também na Lapa e na Cinelândia com mais frequência. Durante o dia, me virava em saunas ou em cinemas. Na rua era muito difícil durante o dia, mas atendia também por telefone, tinha uma agenda de clientes que de vez em quando me chamavam. Tem muito homem casado que não pode sair à noite e então se resolve durante o dia mesmo, em consultórios, escritórios e até em saunas... Também fazia companhia em viagens e ia a festinhas especiais. Cheguei até a posar pra fotos e participar de filminhos domésticos; sabe como é, tem gente que gosta... Tudo ganhando um dinheirinho aqui e ali... Nunca gostei muito de sauna porque a gente fica dependente da administração e a concorrência é grande. Em sauna a gente vira michê, fica muito exposto. Também não gostava de cinema, mas tinha que fazer alguma coisa extra e o que entrava ajudava na despesa. Naqueles dias eu precisava fazer no mínimo três programas por dia para tirar dinheiro pra viver. E olhe que morava mal. Dia bom eu fazia uns cinco ou seis programas, mas eram raros... Então, foi assim que, naquele janeiro, fui pro cinema... Como sempre, havia jovens à caça de coroas e coroas procurando jovens... É desse jeito mesmo: caça e caçador, caçador e caça, depende do ponto de vista. O pior é que o número de concorrentes só aumenta, tem gente que vai em busca de velhos e não cobra nada; uns carinhas da classe média, da Zona Sul, que curtem coroas. E tem muito coroa que sabe disso e não paga, "mão de vaca"... Então a gente tem que ficar esperto. O segredo é sair com o coroa do cinema, levar um lero e, depois da sessão e do lero, ir para algum lugar, entendeu? A coisa tem que continuar fora para render algum. Então a treta está em você tirar o sujeito do cinema pra fazer a festa. Mas lá dentro, a coisa foi assim: primeiro nos olhamos, eu me sentei, ele foi rápido, encostou a mão no meu pau. Eu deixei um pouquinho, mas logo tirei a mão e dei uma apertadinha no braço dele sinalizando que ia sair... É, eu sabia como agir e usava alguns truques como esse. Era bom deixar o coroa se interessar, e fazer uma saída estratégica... Se ele viesse atrás, estava no papo...

Quero dizer que sempre gostei de homem, desde garotinho. Nos meus sonhos, menino ainda, era sempre alguém bem mais velho que aparecia. Sempre... Nunca gostei de jovem, apenas faço alguma coisa com pessoas da minha idade se precisar de grana. Nesse caso, tomo uma "azulzinha" e resolvo logo... Sei que não aparento ser gay, "garoto de programa", essas coisas, e, quer saber mais, vejo como a mulherada olha para mim, me paquera. Tenho porte bem masculino e sei me vestir, e isso ajuda. Como meu cabelo é liso, sou alto, não aparento ser pau de arara, cabeça-chata, essas coisas... Ficou claro que, além de gostar de macho, gosto de machos velhos?... É isso mesmo. Essa é uma coisa estranha para muitas pessoas, porque apenas no meio, no ambiente de quem também gosta de velho, é que se compreende isso. Tem gente que acha que gostar de velho é uma tara, aberração, coisa de louco, e logo vem com papos psicológicos, conversa cabeça, falta do pai, essas coisas... Bobagem, a gente nasce assim. Nasce assim e pronto. Dê uma entrada nos sites de relacionamento para ver a quantidade de pretendentes de coroas. Entre, veja... Sei que vai ficar chocado... Para os não "entendidos", o que se pensa para um gay comum é veado gostar de veado da mesma idade ou pouco mais velho, ou pouco mais criança, malhadão, barriga tanquinho... É lógico que essa é a maioria, mas não é a regra única. Olha, é preciso ficar alerta, porque o número de apreciadores de coroa é bem grande, não se esqueça... E, para nós que vivemos disso, a presença de não profissionais é um perigo. Só transo com coroa; coroa homem... Com mulher, só se tiver macho velho no meio.

Não gosto muito dessa palavra "profissional do sexo" nem de "garoto de programa", mas eu necessitava sobreviver e já era tempo de buscar uma solução mais definitiva. Precisava me dar bem, e olha que com mais de 30 anos já tinha rodado bastante, passado por vários lugares, cidades, tentado muito, sem conseguir chegar a lugar nenhum. Apenas dei sorte com o tal paulista, Fábio, que me ajudou a estudar, me fez tirar diploma de curso acelerado, madureza, e até me forçou a aprender um pouco de computação, contabilidade e inglês... Mas ele morreu. Com 64 anos teve um enfarte e, como era casado, com filhos, nem pude mostrar muito como gostava dele e como ele foi importante em minha vida. Lembro-me sempre dele e com muita gratidão... Foi ele que me levou do Rio para São Paulo e me sustentou lá por uns bons anos. Depois de passar um tempo em São Paulo e em seguida em BH, voltei para o Rio, onde morava mal. Em Copa, repartia um apartamento de um quarto com outro gay complicado – vivíamos com problemas de convívio, um suportando o outro por necessidade. Por aqueles dias, já sabia que o coroa dos meus sonhos, que outro Fábio, não apareceria mais e que aqueles que iam às matinês eram sacanas insatisfeitos, sem-vergonhas e só estavam a fim de putaria. E eu tinha que me defender...

Confesso que o Dr. era mais feio que a maioria dos coroas que eu conhecia da Zona Sul. Não por ser gordo – porque meu tipo é mesmo os mais cheinhos, mais gordinhos, gosto de barriga, gente do tipo Papai-Noel ou Rei Momo. Nem era por ser mais velho que a maioria dos coroas que frequentavam aquele cinema, até porque tive caras bem mais gastos. Para ser sincero, ele me parecia meio decrépito, andava quase que se arrastando com aquela bengala, sempre de paletó e mesmo no calor daquele verão... O que mais me espantava é que ele punha a mão na cintura de um jeito meio estranho. Lembro que gostei muito dos cabelos brancos dele e que, apesar de penteado para trás, uns fios compridos acabavam por cair no rosto. A boca era muito feia, parecia um bico e nem sempre ele estava barbeado. Sabe? Tinha hora que o achava meio nojento. Ele, no primeiro encontro íntimo, estava com um cuecão de malha horroroso... Isso foi há 10 anos... Quase um ano inteiro durou essa nossa história. Um ano bem cheio de acontecimentos, de janeiro a dezembro... Mas foi um tempo que não acabou nunca... Nem sei se um dia vai passar...

Olha, não pense que não tentei trabalhar. Peguei uns trampos danados, principalmente como porteiro de prédios. Como a maioria dos zeladores de edifícios no Rio é do Nordeste, podia ser que eu me desse bem por aí. Então me apresentava como "Paraíba", apesar de detestar... Foi com essa manha de nordestino pobre, mas trabalhador, que cavei uns trabalhos. Tentei em três lugares, mas não me adaptei de jeito nenhum. Olha, me esforcei, mas pense você no que significa um salário mínimo mais cesta básica... Quem encara isso? E eu tenho lá cara de quem vai usar uniforme com nome do prédio no bolso? Como qualquer pessoa, eu tinha que morar, comer, beber, sair... E pense bem: sabe quanto custa um tênis maneiro?... Ou você acha que devo me satisfazer com resto dos outros, em dormir no serviço, ficar abrindo porta de elevador? É só você dar uma volta no shopping e ver o custo das coisas. Depois, depois, você imagina que para ter uma toga legal tem que trampar meses, pagar prestação, ficar fazendo conta de juros, contando tostões. Não dá mesmo... E eu achava que poderia aproveitar melhor os dotes que a natureza me deu. Também não queria parecer um retirante desesperado... Tudo isso me atormentava muito.

    Eu sempre quis coisas boas. Nunca, nunca consegui muito, mas quero o mínimo legal. Acontece que sempre, felizmente, sempre fui pintoso, tipo "ajeitadinho", modéstia à parte. Minha mãe tinha mais três filhos, comigo quatro. Todos homens, mas um de cada pai. Veja então que o exemplo vinha de casa, né!... Viemos de Araçagi, Paraíba, para o Rio, quando eu tinha uns 10 anos. A mãe veio atrás de uns parentes que nunca encontrou – acho até que nem existiam – e então teve que se virar sozinha. Eu era o caçula dos quatro filhos, e dois tinham ficado com uma irmã dela na Paraíba, eu só soube deles mais tarde. Meu outro irmão que veio pro Rio virou "moleque de rua" e com o tempo desapareceu, se perdeu no mundo. Acho que acabou entrando no tráfico de droga e se mandou ou mataram. Bem, no Rio moramos no Morro do Macaco primeiro, num barraco que ninguém consegue imaginar o que era; pra lá de miserável, nem luz tinha. Água, nem pensar, nem privada tinha. Dormíamos em uns restos de colchões, no meio de ratos, baratas, pulgas... Lembro que a mãe trabalhava em um restaurante e então sempre sobrava uma comidinha que ela levava pra casa. Isso ajudou muito. Raras vezes passamos fome e usávamos chuveiros no trabalho dela ou em postos de gasolina... Ela dava os jeitos dela. Depois a coisa mudou um pouco, e ela começou trabalhar como diarista, ganhando um pouco mais. A gente comia nos serviços dela e era tudo melhor.

    Eu sempre ia com a mãe em todos os trabalhos, mas gostava mesmo quando ela fazia faxina nos apartamentos de luxo. Tinha uma patroa que tinha uns filhos que, quando eu chegava, estavam na escola. Eu brincava com os troços deles, via televisão e por isso gostava muito de ir àquela casa. Um dia, a patroa dessa casa – um apartamentão – mandou minha mãe ao supermercado e eu fiquei. Nunca vou me esquecer desse dia!... Não é que a mulher veio me oferecer roupas do filho dela? Pediu para eu ficar pelado na frente dela "pra ver se a roupa servia". Fiquei, né!... Quem não ficaria?! E ela ia pondo umas roupas maneiras em mim. Acho que eu tinha uns 10 ou 11 anos de idade... E ela passava a mão em mim, me alisava, alisava. Lembro bem que fiquei de pau duro... Durinho, menino ainda. Isso aconteceu algumas vezes e eu, não sei por quê, não contava essa parte para minha mãe. Ela, a mãe, achava o máximo eu sair com roupas novas, presente daquela patroa "tão boazinha". Fico pensando: será que a mãe não sabia mesmo? Será?... Boba ela não era, garanto...

Minha mãe ia a uma igreja evangélica. Eu ia junto... Sempre, sempre estava junto com minha mãe... Foi numa dessas idas que fiquei brincando do lado de fora enquanto o pessoal orava dentro do templo. Não deu outra, o auxiliar, o "obreiro", como são conhecidos aqueles caras que ficam fora da igreja recebendo os fiéis, se aproximou de mim. Pois bem, ele me chamou e me levou para um quartinho e... E ele me alisou por dentro da roupa. O pior é que eu gostei... Lembro bem disso... Ele pediu para brincar com o meu pinto e eu segurei no dele. Foi uma sensação incrível, nunca vou me esquecer. Nunca... Gostei da coisa... Fiz isso algumas vezes. Algumas não, todas as vezes que fui lá. Sempre queria ir à igreja. Acho que minha mãe nem desconfiava de nada. Ia, mas não entrava na igreja. Ia pro quartinho com o "obreiro"... Imagine que um dia desses, recentemente, eu estava fazendo ponto na Cinelândia e esse pastor apareceu... Sim, ele tinha virado pastor, pregador. É claro que ele procurava um programa. É claro que me reconheceu. É claro que disfarçou... Mas tenho certeza de que era ele por causa de uma mancha que tinha na testa, uma cicatriz. E ele sabia de mim, claro. Mas, com esse cara, não passamos dessas brincadeirinhas, bolinação leve, pega-pega... Era um segurar na pica do outro, brincar um pouco e só. Acho que ele nem gozava. Eu não gozava, tenho certeza, era menino ainda... Mas sabia do que gostava.

Meu primeiro caso mais sério foi com um professor de Educação Física. Sim, fui à escola até a oitava série, mas nessa época estava na sexta, numa escola que ficava na rua Riachuelo, na Lapa. Foi quando minha mãe arranjou um emprego fixo, num restaurante bem melhor, um lugar que permitia que ela me levasse pra aula e depois fosse me buscar. Como ela sempre se atrasava por conta do trabalho, na escola eu ficava ajudando o professor de Educação Física a guardar o material depois das aulas. Tinha um depósito onde as coisas ficavam e era para lá que íamos depois do expediente. Olha, o malandro dava um jeito de ficar comigo meio escondido e lá fazíamos de tudo. De tudo... Ele me ensinou muita sacanagem, mostrava revistinha, fotos. Tudo... Então, com uns 13 anos eu já era iniciado, mas não demonstrava. Sempre fiquei bem na minha, solitário, de poucos amigos, caladão. Devo dizer que sonhava muito, de noite, com velhos e isso me excitava muito. Tinha umas figuras que guardava na cabeça, queria sonhar com eles à noite... Os coleguinhas da mesma idade não me interessavam nada. Eu ficava é pensando no diretor da escola, nos artistas velhos, nos políticos, nesses aposentados que passam o dia nos jardins jogando baralho. Eu era bem caladão, cheio de problemas e sentia muita pressão. Morando na favela, o que fazer da vida? Como seria meu futuro?... E eu não queria ser como meu irmão que desapareceu; não queria virar empregado de padaria, entregador de pizza, essas coisas... Voltar pro Nordeste, nem pensar...

Com 14 anos decidi tirar vantagem do meu corpo. E foi com um português que tinha um tipo de boteco, meio armazém, meio padaria, perto da escola que comecei. Primeiro notei que ele me olhava de um jeito suspeito, e eu o provocava coçando o pau. Ele entendeu logo e, quando eu ia comprar sorvete, ele dava de graça para mim, não cobrando, dizendo coisinhas do tipo "gosto muito de ti", "tenho te observado"... Depois fui avançando, pedindo mais e mais, até que um belo dia ele me convidou para "trabalhar na lanchonete" com ele. Minha mãe adorou a ideia, porque ela poderia ficar mais tranquila e, ainda por cima, eu teria tempo de ir à escola e – melhor – tiraria uns trocados. O que ela não sabia é que o português era um safado e eu tinha que fazer "uns servicinhos extras"... O cara era casado, com netos, mas gostava de brincar com garotos. Como eu tinha experiência adquirida com o professor de Educação Física e era bem dotado, o português se aproveitou... Eu aproveitei também. E muito... Olha, que, além de tudo, o cara era coroa. Notei que tinha outro amigo dele, também português, que me olhava meio torto... E eu fui comendo o português, aproveitando tudo, além de paquerar o amigo dele. Mas exagerei nas vantagens da lanchonete.

Depois de uns meses, comecei a tirar um dinheirinho do caixa, pouca coisa, e ele descobriu, ficou danado da vida, mas não me dispensou dos "servicinhos". E então passamos para outro regime: não mais trabalharia com ele, mas fazíamos "programas avulsos" e ele sempre me dava um trocadinho. Foi assim que achei que poderia ganhar algum com "atendimentos avulsos". Como não trabalhava mais no estabelecimento, começamos a ir a motéis, e foi com o portuga que conheci as primeiras saunas... Como estava com o tempo mais livre, um dia pedi para conversar em particular com o tal amigo dele. Não é que o safado logo me convidou para ir à casa dele. Fui, e lá aconteceu tudo... Logicamente era para ninguém contar nada a ninguém. Assim, eu fiquei com os dois e isso durou mais de um ano.

Comecei a guardar um dinheirinho, sem que minha mãe soubesse. Sim, eu gostava muito daquela coisa toda. Gostava tanto que comecei procurar mais interessados, inclusive na rua. De vez em quando dava certo. Foi por essa época que comecei a ir mais para a Zona Sul e na orla conheci algumas pessoas, turistas... Aprendi que poderia fazer dinheiro com aquilo e logo pensei que poderia ficar conhecido... Com turistas, ia para os quartos deles nos hotéis e assim fui descobrindo outro mundo...

As coisas iam acontecendo e todo mundo achava estranho eu não ter amigos, namoradas, não gostar de baladas, de esporte. Sinceramente, eu só pensava em sexo, na minha cabeça vivia transando. Continuei a escola e nunca fui aluno nem bom, nem ruim. Quando terminei o primeiro grau, teria que parar os estudos e trabalhar. Minha mãe, a essa altura, já não aguentava muito e a coisa no Morro do Macaco estava ficando feia, com o tráfico de drogas, violência, muito tiro. Como nós morávamos bem lá em cima, tudo piorava. Era muita guerra de traficante, miliciano, polícia... Nossa! Era uma loucura... Um dia apareceu uma boa oportunidade, um cara se interessou pelo nosso muquifo – acho que era alguém do tráfico – e trocamos o barraco por outro no Morro da Mineira. Mudamos... Então, eu precisava arranjar um emprego. Mesmo mantendo contato com os dois portugueses – e com alguns outros que apareciam –, era hora de começar trabalhar direitinho, ter emprego certo, mas onde?... O melhor que arranjei foi como empacotador num supermercado na Zona Sul... Como ainda não tinha idade, sem carteira de isenção do serviço militar, era um trampo temporário, da época do Natal até o Carnaval. Aceitei até porque o coroinha que gerenciava era bem ajeitadinho. E eu ia levando a vida... O que ganhava trabalhando eu punha em casa, para a ajudar a mãe. O que fazia por fora eu guardava, e ia fazendo meu pezinho de meia.

Desde meus 16 anos sabia que queria fazer programas, aliás, desde antes disso. Não tinha dúvidas... Gostava muito de sacanagem e com essa idade comecei a ir a cinema proibido para 18. Nunca tive problema para entrar. E lá comecei a fazer programa dentro do cinema mesmo. Como era garoto bem bonitinho e dotadão, sempre aparecia algum coroa interessado. Alguns, além de interessados, eram interessantes. Mas também tinha muito lixo. Muito... O que me interessava era me satisfazer e ganhar uma grana. Logo manjei aquela treta de sair do cinema acompanhado... E assim comecei a ganhar, pouco, mas ia dando. Foi quando aprendi a contar histórias tristes, dessas que até eu mesmo acreditava. Às vezes até chorava... Num determinado ponto, vi que trabalhar com o meu corpo dava mais que passar horas em serviços como supermercado, lojas, transportadoras... Fui enganando minha mãe e dizia pra ela que ia pro trampo e saía para sacanagem. O problema é que muitas vezes, para fazer programa que compensasse, eu precisava voltar tarde e, então, dizia que ficava na casa de amigos, que era melhor assim, porque voltar pro morro à noite era perigoso... E ela acreditava. Aliás, eu sempre fui bom filho para ela. Nunca a abandonei, nem mesmo quando fui morar em São Paulo e depois em Minas...

Por conta de programas, acabei conhecendo outros carinhas do babado. Às vezes tinha festinhas e éramos contratados em grupo. E também por causa dos pontos, tínhamos que nos aliar para evitar que outros chegassem e tomassem nossos lugares. Não pense que era fácil, que bastava ficar na rua. Nada. Tudo é muito dividido, demarcado, tem gente que até vende o ponto! Tem administrador e tudo mais. Até com a polícia a gente tem que se acertar. É... A concorrência naqueles dias já era grande. A gente tinha que ter lugar e horário marcado e é aí que um ajudava o outro. Tínhamos que definir espaço, porque o negócio é controlado: tem espaço para travecas, para passivos, para ativos e para os liberais. Locais perto de estacionamento ou de rua manjada pra sacanagem eram mais concorridos. Eu ficava na faixa dos ativos. A vantagem que eu tinha é que não mexia com drogas e tinha muito freguês que gostava disso. Além do mais, como era alto, ninguém mexia comigo... Meu ponto era na rua México e andava também pela Cinelândia, mas na praça, na calçada da escadaria da Biblioteca Nacional – que é lugar de ativos. Eu nunca dei pinta e isso também ajudava bastante... Com o tempo fui fazendo uma freguesia mais ou menos certa, e dava sorte com médicos, advogados, empresários que, no fim do expediente, saíam para uma relaxadinha... Sempre dava um bom caldo...

Com 18 anos eu me sentia à vontade fazendo programas. Fiquei conhecido por tratar bem coroas e tenho muitas histórias para contar. Saí com policiais, políticos, artistas, gente comum do povo, muitos estrangeiros. Conheci gente, gente do mundo inteiro! Um dia, imagine, veio um colombiano me procurar por indicação de outro gringo. Vi que estava ficando famoso... E sempre guardando um dinheirinho, às vezes até em dólar. Eu sabia "entrar", fazer os caras me convidarem para jantar, pagar uma roupinha nova, coisas assim. E tinha uns bem românticos, que voltavam, traziam presentinhos. Quando queria uma toga nova, por exemplo, eu marcava encontro nos shoppings e dávamos uma volta pelas vitrines... Era batata, sempre saía com um presentinho a mais. Algumas vezes também caí em ciladas, entrei em roubadas, me dei mal... Uma ocasião, fomos convidados – eu e mais uns três colegas – para uma festinha em Maricá. Avisei a mãe que ia dormir fora e lá fomos nós para um sítio no carro de um coroa ricão. Foi uma barbaridade a orgia, durou dois dias. Nem te conto, sacanagem da grossa!... O problema é que no fim, na tarde do domingo, antes de voltar, eles nos levaram para uma cachoeira, dizendo que iríamos nadar pelados. Fomos animados, mas, quando estávamos sem roupa, nuzinhos, eles pegaram tudo, nossas roupas, sapatos, tudo, tudo, e nos deixaram no meio do mato, longe da estrada, sem dinheiro pra voltar. Só depois soubemos que o sítio era alugado e que os coroas eram de outro estado... Como nos viramos?... Tivemos que andar muito até a estrada, fizemos sinal até que um caminhão parou. Dissemos que tínhamos sido assaltados... Uma vez fomos para uma festinha e não nos disseram que era uma sessão sadomasoquista. Até aí, tudo bem, eu já estava acostumado a dar umas bofetadas e tudo mais, mas o fato é que dessa vez eles queriam bater na gente... Teve uma ocasião também em que fui para um apartamento de um cara importante, cuja família estava viajando, mas de repente apareceu um dos filhos do casal e se pôs a quebrar a casa, mas a quebrar mesmo, e comigo no apartamento... Fomos parar todos na delegacia, mas nunca soube do fim desse caso. Jamais vou me esquecer de um programa em que dois caras, depois de consumirem muita droga, começaram a brigar entre si e os vizinhos chamaram a polícia. Quando o policial chegou, um deles me reconheceu de um programa que tinha feito com ele na véspera...

Olha tenho cada história... Mas a melhor mesmo foi a do Fábio, um funcionário do RH de uma firma importante de São Paulo, que tinha ido ao Rio para um congresso ou coisa assim. Pois bem, esse cara à noite foi dar uma voltinha na Cinelândia. Foi lá que nos conhecemos, combinamos o programa, acertamos o preço, o que fazer e fomos para o hotel dele, em Copa. O lance seria eu chegar no hotel depois dele e avisar que tinha um recado pessoal. Eu já estava acostumado a isso... Transamos, conversamos um pouco e ainda saímos para jantar. Logicamente contei as histórias tristes de sempre – coroas adoram ouvir dramas! – e disse que estava procurando emprego, soltei aquela lenga-lenga... Ele me pagou mais do que o combinado e na despedida perguntou se poderíamos nos ver no outro dia. Claro que concordei, mas disse que dependia de companhia para mamãe... Ele quase chorou... Voltei para a rua México e dei sorte naquela noite, peguei mais uns quatro caras...

Depois disso, o Fábio passou a me telefonar de São Paulo e eu ia dando corda e sempre falava da mãe doente. Deixei ele pensar que eu fazia programa para sustentar a mãe e que por isso eu não trabalhava... Um dramão... Ele sempre ligando, todo dia... Aos poucos começou a me convidar para que eu fosse visitá-lo, até que, num fim de semana, mandou a passagem de avião, foi me esperar no aeroporto em São Paulo. Demos uma volta pela cidade, ele foi me mostrando tudo e eu ia dando uma de deslumbrado. Ele adorou minha inocência... De lá fomos direto para o Guarujá, onde ele tinha alugado um apartamento para um fim de semana romântico. Foi assim que vi que se tratava de um cara legal, ingênuo, tipo família, entende?... Olha, tenho que confessar que eu gostei da situação e até pensei, na hora, em mudar de vida; mas sabe como é, na nossa profissão, não podemos nos apaixonar e é muito difícil um puto deixar de ser puto... Puto que é puto é puto e pronto... Puto que é puto escorrega, mas não cai. O show tem que continuar sempre... Mas se houve algum envolvimento, um tipo de amor em minha vida, foi com o Fábio. Tenho certeza de que por ele, se dependesse só dele, teríamos feito vida juntos, para sempre. Tenho certeza de que ele largaria mulher, filhos, tudo para ficar comigo. É muito difícil para mim falar dessa fase de minha vida. Por fim, continuamos a nos ver, sempre entre o Rio e São Paulo. Ele não sabia, é claro, que eu continuava na minha. Mas com o tempo, eu tive que me mudar para perto dele. Ficava mais fácil, e ele arrumou emprego para mim na mesma firma que ele trabalhava em São Paulo. Eu era auxiliar de escritório de advocacia. Para poder me mudar, precisei chamar um dos meus irmãos que morava na Paraíba, o mais velho, e ele veio com um filho de uns 15 anos... Foi um choque, porque o filho era uma bichinha perfeita, completa, uma mulherzinha... Que fazer, né? Foi assim que soube que pela região do Brejo Paraibano tem muito moleque se preparando para ser travesti. De todo jeito, foi com essa gente que deixei minha mãe e fui pra Sampa. Era a única alternativa para poder sair, mudar de cidade. Para mim foi uma decisão importante, porque achava que estava dando o passo certo para ajeitar minha vida.

O Fábio preparou tudo para mim em São Paulo: alugou um apartamento no centro, arrumou emprego com carteira assinada, comprou tudo. Nós nos víamos todos os dias no trabalho, e algumas vezes ele me visitava em casa durante a semana. Ele ia para o meu apartamento e vivíamos vidinha de casal. Eu era o marido, é claro... Ele cozinhava muito bem e algumas vezes convidava um ou outro amigo gay para nos visitar. Era mesmo vidinha doméstica e até velinha acesa tinha, musiquinha de fundo e, de vez em quando, até flores... O problema é que eu não presto mesmo... Eu não presto!... E o que fazer nas noites em que ele não vinha?... Ainda mais morando no centro de São Paulo. Comecei a dar minhas escapadinhas: um cineminha aqui, uma sauna ali, boates. E logo vi que em São Paulo o pessoal estava acostumado a pagar bem mais, tudo era muito mais profissional, principalmente no centro da cidade, na praça da República. E como tem coroa bonito em Sampa, nossa!... Durante o primeiro ano eu até que me comportei. Tive uns casinhos, mas nada demais, gente que encontrava no metrô, na avenida Paulista, em shoppings. Depois do segundo ano... Ah... Varri São Paulo! Conheci muita gente e, como o Fábio era casado, tinha compromissos, dificuldade para sair em fins de semana, feriados, ou tinha que viajar para congressos, para mim era açúcar no mel. E me esbaldei. Foi quando descobri uma boate que só vai coroa, bem no centro. Sempre que dava, ia para lá e nunca saí desacompanhado. Nunca, mas não fiz muitas amizades, não me enturmei. Nunca... E, além do mais, ia guardando dinheiro, mesmo mandando religiosamente uma quantia pra minha mãe. Mas não foi só putaria que fiz: voltei pro curso de inglês, fiquei esperto em computação e comecei a fazer um trabalhinho extra com a ajuda do Fábio. Aprendi um pouco de contabilidade e me lancei a fazer orçamentos para projetos de firmas, imposto de renda, coisas assim. Acho que teria ficado em São Paulo o resto da minha vida... Mas... mas o Fábio teve o enfarte e morreu... Assim, puff, de uma hora pra outra, no escritório. Foi horrível, eu vi tudo. Eu com um amigo dele e o pessoal do escritório fomos ao velório. Passei a noite com ele, olhando pro caixão... Ainda tenho essa imagem na cabeça.

O que fazer agora? – pensei. Poderia continuar trabalhando lá, mas tinha conhecido um mineiro de BH que me chamou, insistiu para que fosse pra Minas. Entrei na conversa dele achando que tinha encontrado um substituto pro Fábio. Que nada! Errei... O cara foi legal por uma semana. Depois eu teria que alugar um apartamento, comprar todos os móveis... Fiquei um mês e resolvi voltar pro Rio, já com quase 30 anos. O retorno foi muito difícil. Difícil demais. Tinha algum dinheiro guardado e estava acostumado com um nível de vida melhorzinho. Não dava para voltar para a casa da mãe. De jeito nenhum... Veja como estava a situação: meu irmão morando lá na comunidade, e, além da mãe, tinha a tal bichinha, meu sobrinho. Ia todas as semanas ver o pessoal, mas era outro mundo. E eu não gostava... Ia por causa da minha mãe, mas ficava pouco tempo. Era como se fosse para outro planeta, entende? Se não fosse pela mãe, eu esqueceria aquela gente. Não gosto de dizer que eu tinha mudado e então digo que tinha "me aperfeiçoado". Foi muito, mas muito mesmo, muito difícil voltar para a rua, batalhar ponto, refazer a clientela, começar do zero. Eu tinha vivido um tempo bom em São Paulo, e agora... Mas não tinha jeito, a solução era mesmo enfrentar os problemas e ir à luta. E fui.

Fui pra pista outra vez, cavei espaço e lá estava eu, com sol ou chuva... E sabe quem encontrei um dia? Bem enturmada, toda dengosa, sabe quem? Meu sobrinho, ou melhor, minha sobrinha. Nem reconheci: de peruca loira, montada, se apresentando agora como "Michele". E ela fazia ponto na esquina da rua do Passeio e eu na Cinelândia, tão pertinho. Quando ela me viu passando, pensou que estava caçando veado e não se envergonhou. Nada!... Dando gritinhos, começou: "Tio, ô tio, olha eu aqui, sua sobrinha". Nem acreditei no que vi! Eram umas quatro travecas, todas "meninas", garotas ainda, na média de 15 anos. De repente, eu estava cercado por elas e todas dando gritinhos: "Tio, tiozinho, conta direitinho o que você está fazendo aqui, conta?". "Fala sério, diga certinho o que faz por aqui?", me perguntou Michele com voz de mulherzinha. "Olha que gatinho é seu tio", disse outra se jogando em cima de mim. "Eu faria ele, tranquilinha", gritou a outra... Notei, pelo sotaque, que todas eram nordestinas, as quatro. Bem, não deu pra disfarçar... Ficamos de conversar; dois dias depois, apareci no barraco e saímos, Michele e eu, para tomar alguma coisa. Michele foi clara, disse o que fazia e que tinha muitas travecas da Paraíba no Rio, todas da mesma região. Combinamos que ela não me "entregaria" e em troca eu fiquei de dar algumas informações sobre lugares e fregueses. E não deu outra... Conversei com alguns conhecidos, avisei que estava agenciando travecas e, se eles soubessem de interessados, daria uma comissão. Um dia apareceu para mim um cliente que trabalhava com shows e eu ofereci as meninas. Ele se interessou e logo lá estava eu com as quatro fazendo meu primeiro trabalho como agente. Deu certo, resolveram montar uma apresentação e eu ganharia uma comissão. As meninas ficaram animadíssimas. Foi então que resolvi montar um site anunciando programas com travecas. Outro sucesso: coloquei fotos, fiz o perfil de cada uma, anotei detalhes do tipo "levanta até defunto", "milagrosa, tem poderes especiais", "faz tudo: cama, mesa e cozinha, barba e cabelo"... Foi assim que fui ficando amigo delas, sabendo mais daquele mundo. Todas queriam ser artistas e estavam a fim de ir para o estrangeiro. Todas. Confesso que se quisesse poderia mudar de ramo e virar empresário. Podia mesmo, mas tinha algo que me atraía na minha atividade de puto...

Além de agenciá-las pela internet e para shows em barzinhos e espetáculos privados, eu continuava minhas atividades normais. Fui avisado pelas "meninas" que chegariam mais algumas, duas bonecas, uma de Mulungu e uma de Rio Tinto, todas da mesma região da Paraíba. Algumas já vinham preparadas, com silicone, tomando hormônios, com peitinhos... E o sonho de todas era ir pra Roma, Milão ou Paris. Pois assim continuava minha vida, agora como gigolô também. Essa história durou mais uns dois anos e tudo corria bem, ainda que sempre tivesse problemas com as meninas: surras – elas apanhavam muito –, complicações de silicone, doenças venéreas, briguinhas, fuga da polícia. Elas viviam correndo do juizado de menores. Coitadas, sofriam muito... Sabe, alguém precisa conversar com essas meninas e fazer alguma coisa séria por elas. Tem muita gente entrevistando putas e putos, drogados, traficantes, mas ninguém presta muita atenção nessas coitadas. Como elas sofrem. Acho que as travecas são o cu do mundo...

Eu não vivia exatamente como queria; mas, mesmo apertado, dava para pagar o apartamento na rua Prado Júnior, em Copacabana, dar um dinheirinho em casa e até guardar algum. Foi quando aconteceu uma desgraça: minha mãe ficou doente... Coisa séria: câncer no estômago. Caiu a ficha quando ela começou a emagrecer e vomitar muito, sem parar, tudo rapidamente... Todas aquelas histórias tristes que eu contava pros carinhas, todas: pobre, mãe doente, sem emprego... Tudo virou verdade. A Michele dizia que era castigo, que eu tinha atraído aquilo e que eu precisava me benzer, mas nunca fui muito dessas coisas. Só acreditava em números... Ainda por cima, nesses dias, duas "meninas" tinham sido espancadas e uma corria o risco de perder a vista, de tanta porrada que levou de uns garotos da Zona Sul. Eu tinha que dar conta de atender tudo e todas... Voltei a "trabalhar" como louco: agenciando as travestis, fazendo rua, cinema, sauna, festinhas...

    Foi nesse contexto que conheci o dr. Ninho. Já disse que ele ao mesmo tempo me fazia sentir nojo por umas coisas e me atraía por outras. Ele me enrolava com o palavrório bonito, mas, além de feio, ele tinha um jeito mandão que me irritava. Fui saindo com ele, querendo a grana dele. Eu precisava... A gente se encontrava quase sempre no meu apartamento e isso me obrigava a acertar horários com o tal companheiro de quarto, que era muito complicado e me causava muitos problemas. Como o Dr. era aposentado, trabalhava muito em casa, ia pouco ao escritório no centro, quando queria, tinha tempo de sobra para arrumar o horário como lhe fosse conveniente, e eu... Eu que me virasse. Como ele não tinha carro – detestava guiar – e era muito conhecido, não gostava de ir a motel, hotéis. Sauna, essas coisas, nem pensar e no cinema não dava... Resultado: era na minha casa que tudo tinha que acontecer. Logo no primeiro mês que ficamos juntos, por causa da doença de minha mãe, precisei de dinheiro... De muito dinheiro. Com a mãe realmente doente, pagando: médicos, remédios, radioterapia, uma fortuna de táxis, eu fiquei com as finanças arrebentadas. Isso se agravou porque, além dos parentes que já estavam em casa, foi preciso trazer também uma irmã dela para acompanhar. Meu irmão tinha arranjado uns trampos como auxiliar de pedreiro e era melhor que ele ficasse fora de casa; a Michele tinha as coisas dela e eu nem queria ela cuidando da minha mãe. A tia veio do Nordeste, e assim a casa que já era pequena, ficou menor ainda. Era necessário um barraco maior... Barraco maior, mais dinheiro. Peguei uma boa grana emprestada com o Ninho – hoje seria como que uns 12 mil dólares. Ele fez corpo duro para me dar a grana, mas deu. Sei que pode parecer exagero alguém com menos de um mês de conhecimento emprestar tanto dinheiro, mas eu fui convincente, ele viu os exames médicos, contas de remédio. Eu até chorei, mas dessa vez eram lágrimas de verdade. Era minha mãe, entende?... Com o dinheiro consegui um barraco maior, mais perto das conduções que a mãe tinha que tomar pro tratamento. E fiquei muito grato ao Dr., devo dizer... Grato, mas também com raiva, com ódio, porque ele poderia ter facilitado tudo. Me senti humilhado.

Do lado dele, o Dr. parecia que tinha me comprado, essa é a verdade. Se antes era mandão, depois disso... Eu tinha comigo que havia pedido a grana emprestada, mas nunca iria pagar nada. Imagine se ia... Naquele caso, empréstimo queria dizer doação... O problema é que ele começou a me cobrar mais e mais. Devagar e sempre. Devagar e sempre, sem parar. Eu me virava com programas, sempre escondido dele, que queria fidelidade, imagine. Foi quando ele passou a exigir minha presença à disposição dele o dia todo. Cobrava mesmo: pela manhã deixava tarefas para mim: comprar coisas para ele nas papelarias, digitar trabalhos enormes, tirar xerox, protocolar processos, ir a banco, tudo... Sem avisar, ele aparecia à tarde e às vezes eu estava cuidando do site das "meninas", acertando encontros com fregueses delas, e ele ficava fulo, fazia muita confusão. Sem falar do meu companheiro de quarto, que já não aguentava mais, vivia explodindo. Um dia o Dr. disse que a minha parte do apartamento era garantida por ele e que, se o companheiro não gostasse, que saísse, e completou afirmando categoricamente que tinha me financiado caro para ser exclusivo dele. "Exclusivo?!?" – perguntei, e ele secamente disse sim, que tinha pagado bem caro "e adiantado", acrescentou. Fiquei fulo. Naquela noite – sábado ele quase nunca podia ir – fui a uma boate e me esbaldei: saí com três caras: peguei um, saímos, transamos, voltei, e saí com outros dois e nem cobrei...

Não demorou, meu companheiro de quarto arrumou as coisas dele e deu no pé, sem dar qualquer sinal. Foi embora e, claro, não deixou a grana do mês. E as despesas aumentando... E os problemas também. Odete, uma das meninas que tinha chegado da Paraíba, caiu no conto de um cliente e foi roubada, além de apanhar muito – precisou tomar 15 pontos no rosto. Desesperadas, elas me ligaram uma noite – exatamente a única que o Dr. ia passar em minha casa, porque a mulher tinha ido viajar. Quando disse pra ele que tinha que sair para atender as meninas, ele ficou furioso. Eu não eu tinha escolha... Ele começou a me cobrar, gritando muito e quase nos agredimos a tapa. Eu fui, larguei ele falando sozinho... Enfrentei o bicho pra ajudar as bichas... Por três dias ele não deu as caras. Eu era proibido de ligar para ele, tinha que esperar. Por esses dias, saiu uma reportagem enorme sobre ele nos jornais e o retrato dele estava nas primeiras páginas das revistas importantes. Também o noticiário da TV anunciava que ele tinha ganhado um importante processo de efeito nacional. E eu na minha... Até teria motivo para ligar, mas não fiz. Foi bom, no quarto dia ele apareceu. Felizmente, eu estava em casa, apesar de ter marcado um encontro com um senhor do Sul que me esperava num hotel. Dei cano no freguês e ficamos bem... Como sempre acontecia, ele não tocava no assunto e as coisas continuavam como se nada tivesse ocorrido. Falou muito dele, do sucesso da causa, das reportagens. Fomos jantar naquela noite num restaurante mais conhecido e eu achei estranho ele se expor daquele jeito. Enfim...

Sem o companheiro no apartamento, eu tinha motivos para pedir mais dinheiro. E precisava mesmo, porque as coisas com a mãe só se complicavam e eram muitas bocas para comer. Eu vivendo sozinho no apartamento e sendo bom digitador, virei empregado dele... Empregado de verdade. Ou melhor, escravo... Além disso, ele começou a fazer de minha casa uma espécie de extensão do escritório dele. Deixava suas coisas em casa e até chinelos trouxe para o meu apartamento. É verdade que, com o passar dos meses, ele ia pagando as despesas e, como precisei trocar a geladeira, ele também financiou. O que não dava para disfarçar mesmo eram os telefonemas dos meus clientes e o trabalho no site das bonecas. Brigávamos muito... E eu não deixava de fazer programas por fora, ainda que a cada dia ficasse mais difícil disfarçar. O engraçado é que por esse tempo conheci muitas pessoas legais e alguns estrangeiros. Entre os caras "novos", teve um bem interessante, executivo de turismo internacional, um americano desses que deixam a família para fazer programas com homens no Rio. Gostei muito dele, mas não deu para continuar por causa do Dr. Depois que estávamos juntos – fazia já uns oito pra nove meses –, a coisa do dinheiro se complicou de vez: minha mãe tinha que fazer uma cirurgia urgente. Pedi mais dinheiro para ele e rateou. Se eu soubesse que ele não tinha dinheiro, que passava apertado, sinceramente, eu nem pediria, mas ele era podre de rico, morava em uma mansão na Urca. Pra encurtar a história, ele disse que emprestava a grana se eu parasse com o site das meninas. Não tive escolha... Ele me "emprestou" mais grana, o equivalente hoje a uns 5 mil dólares. Nem preciso dizer que as meninas odiaram tudo e, de vingança, picharam a casa dele com *spray*: bicha velha... Acho que ele sabia que foram elas, mas nada de comentar.

E tudo só piorava, agora sem o dinheiro que recebia das meninas... E elas também entraram em crise, porque o site era o ganha-vida delas... Aconteceu que uma delas, a Marbela, um dia pegou um freguês e conversa vai, conversa vem, ela descobriu que o cara era amigo do Ninho e bateu com a língua nos dentes. Nossa, ele descobriu e só faltou me matar. O cara se transformou. Virou um leão. Enlouquecido, ele disse que queria todo dinheiro que tinha me emprestado em três dias. E saiu furioso batendo a porta e jurando que não voltaria, que me colocaria na cadeia. Em três dias, ele estava de volta com o pretexto de pegar o dinheiro... Foi fácil dobrar o cara. O bom da história é que tinha passado uns dias livre dele e feito muitos programas, me divertido bastante, marcado presença na rua México e na Cinelândia, revisto alguns conhecidos e atualizado o site das meninas... E tudo recomeçou. E recomeçou dos dois lados, com ele e com minha família. De longe, acompanhava as meninas, dava conselhos, e fiquei muito triste quando uma delas foi diagnosticada com aids. Aliás, achava que havia outras também contaminadas, mas elas não faziam exames... Ajudei a encaminhar a Leona para atendimento médico, mas não pude fazer muita coisa...

    Aconteceu que um dia estava com o Dr. na padaria e do nada apareceram alguns amigos dele. Eu procurei disfarçar, mas estávamos na fila para pagar e a moça do caixa disse em voz alta: "dois sucos, dois pães na chapa, total doze reais" e a nota estava na mão dele. Tratei de sair antes, me adiantei para disfarçar. Fui pra casa, mas nesse dia ele não voltou. Não apareceu no próximo também e, quando retornou, no terceiro dia, disse que tinha ido para terminar nosso caso, que não dava mais, que tudo estava ficando muito evidente... Dei todo apoio, disse que era isso mesmo, que era melhor assim para todos. Jurei que um dia pagaria tudo que lhe devia e desejei boa sorte... O que aconteceu? Mais três dias e lá estava ele de volta. Com o pretexto de pegar as coisas que tinham ficado em minha casa, o maldito chinelo e a fatura da prestação da geladeira, mansamente bateu a minha porta. O interessante é que eu não estava, cheguei na hora que ele saía. Logo em seguida, sabe como é: conversa vai, conversa vem, recomeçamos tudo... E toda novela se repetiu. Quando chegou o mês de outubro, às vésperas do feriado prolongado, ele avisou que não viria. Achei ótimo e resolvi sair para caça. Encontrei um coroa conhecido de São Paulo, que tinha ido por alguns dias no Rio, comemos alguma coisa e levei o cara para meu apartamento. Passamos a noite juntos, bebemos, fizemos uma bagunça danada, mas, no dia seguinte, logo de manhã ouvi a chave girar na porta. Nossa!... Nada a fazer, não tinha jeito. Quando o Dr. viu... O "amigo" tratou de sair logo e ficamos os dois. Resolvi assumir tudo, disse que não dava mais, que não gostava dele e que estava com o saco cheio do controle dele sobre mim, que não era escravo dele. Ele também falou muita merda e garantiu que daquela vez era definitivo. Em duas horas estava tudo acabado...

    É claro que não foi assim tão fácil... Uma semana depois eu precisei de dinheiro. Minha mãe tinha piorado, a Michele tinha sumido e todos estavam em desespero, inclusive as amigas dela. Não tinha para quem apelar. Resolvi procurá-lo, primeiro por telefone... Ele não atendia o telefone, não me dava retorno... No sufoco, resolvi ir ao bairro dele, procurando-o na banca de jornal, no supermercado, na padaria, nas farmácias. Eu estava como um louco... Fiz tudo, e nada de encontrá-lo. Fui até o escritório dele, no centro, também, deixei bilhete e nada... Foi quando resolvi que ia ficar na porta da casa dele. Sentei na calçada e resolvi que ia esperar. Nada... Foi quando resolvi ligar de um orelhão e ele atendeu. Disse que era para ele sair e conversar comigo, senão... Demorou, mas ele apareceu. Quando me viu, ficou mais branco do que era. No meu limite, irritado e sem saída, falei alto com ele, ali mesmo na rua da casa dele. Pedi o equivalente a mais ou menos uns cinco mil dólares. Ele negou, sem chance de eu implorar... Saí fulo da vida. Precisava do dinheiro com urgência, pois era caso de vida ou morte. Vida ou morte de minha mãe, entendeu?!... Tentei outras saídas, mas não tinha como: banco, empréstimo de fregueses... Não tinha como mesmo. Dois dias depois, voltei à porta dele, apelei para o orelhão novamente. Ele veio ao meu encontro, mas parecia um fantasma. Implorei pelo dinheiro. Ele insistia em não me ajudar. Fui me irritando e ameacei contar tudo para a família, ir aos jornais, fazer o diabo com a reputação dele. De nada adiantou. Mais dois dias e então retornei, agora com uma carta escrita que mandaria imediatamente para a mulher dele, para os filhos e para todos os jornais importantes, se ele não me ajudasse. Não sei se mandaria ou não a carta, mas deixei uma cópia na mão dele. Para meu desespero, dois dias depois, logo pela manhã, ouvi pelo noticiário da televisão que ele tinha cometido suicídio: um tiro na cabeça! Foi o pior dia da minha vida... Não sei como alguns jornalistas, amigos dele, souberam onde eu morava e dois deles foram até minha casa buscando informações. Falei algumas coisas, eles levaram uns objetos dele que estavam ainda comigo. Foi tudo medonho, demais... Minha vida parecia que tinha acabado e, ainda por cima, uma semana depois minha mãe morreu. Naquela semana, os jornais publicaram várias notícias sobre a morte dele e eu chorava a minha mãe... Sabe, nem fui ao enterro de minha mãe... Não aguentava mais nada...

Logo tomei a decisão de sair do Brasil. Naqueles dias, falava-se muito dos Estados Unidos e da onda de brasileiros que faziam sucesso aqui. Voltei a trabalhar no site das travecas e investi tudo na rua, nos cinemas, nas saunas, nas boates, de tarde, de noite, de madrugada. Não deixava nada desviar minha atenção. Lembrei-me do tal agente de viagens e tive uma longa conversa com ele por telefone. A solução para ir para os Estados Unidos era entrar pelo México, que naquele tempo ainda não pedia visto para brasileiros. Fiz a documentação, comprei passagem e em um mês estava embarcando. Deixei tudo pra trás, barraco, tio e tia, Michele e as meninas. Tudo. Sobre Nova York, eu tinha algumas informações e logo comecei a fazer programa lá. Localizei alguns caras com quem tinha transado no Rio e eles me ajudaram. Sabe, gay americano é muito solidário!... Um até me hospedou por uma semana. Depois aluguei um quarto em Astória, em Queens, na casa de outros brasileiros que também eram gays. Além disso, consegui um lugar para dançar, no Village, numa boate. Da dança para o programa era um pulo... Eu me entreguei àquela vida nova... Sinceramente, queria apagar o passado, esquecer tudo. Foi quando comecei a fumar maconha. Nossa, tirei o atraso...

Fui me arrumando e raramente tinha notícias do Brasil. Uma vez, quando liguei, soube que a Michele precisava urgentemente falar comigo e assim marcamos uma conversa. No dia seguinte, à hora combinada, por telefone, ela disse que tinha recebido uma oferta de conhecido para ir também para os Estados Unidos. Além dela, algumas das outras meninas também estavam interessadas. Não preciso dizer que as meninas estavam eufóricas, né?... Prometi a ela montar um site nos Estados Unidos e ver o que dava. Daí pra frente, minha vida virou um tormento... Todas queriam notícias e as coisas não aconteciam assim tão rápidas. Fiz o site e logo apareceu um sujeito interessado em shows com travecas brasileiras. Foi assim que soube do negócio de shows de travestis brasileiros nos Estados Unidos... Sinceramente, não me parecia um comércio, algo de tráfico. Pensava ser uma atividade comum... Pensava. Tudo ficou mais claro quando marcamos um encontro, em Nova York mesmo, com o cara que viu o site. Eu fui lá pra casa do sujeito no Bronx.

Era na casa dele que funcionava uma espécie de agência. Na sala havia muito material de pornografia, cartazes de filmes, catálogos... Fui tratado como alguém do ramo e acho que me dei bem. Eles queriam saber quantas "dolls" eu tinha, idade, peso, cor... Como eu mantinha ainda o endereço do antigo site, mostrei e eles – eram quatro caras – e ficaram muito interessados. Perguntaram quanto eu cobrava por cabeça. Depois de uma longa conversa, entendi que eles queriam as meninas entregues, sem problemas de trânsito: passagem, travessia pela fronteira, passaporte. Eles me pagariam livre 3 mil dólares por traveca, por um contrato de no mínimo três meses de "trabalho", em qualquer lugar que eles mandassem. Sobre os custos de locomoção e documentação, eu deveria conversar com um tal de Rom – até então eu não sabia que Rom era a forma que eles tratavam um bandidão romeno, daí o nome Rom – que fazia isso com pessoas de vários países. Nova rodada de conversa, agora com o tal romeno, ele explicou que financiava a passagem de ida até o México, o transporte da capital para a fronteira, o coyote e depois a entrega, mas que tudo tinha que ser pago direitinho, senão... Tudo ficaria em mais ou menos 10 mil dólares, a serem pagos pelas interessadas semanalmente. Demorei umas duas semanas para processar tudo. As meninas no Brasil só pensavam em uma coisa: vir para os Estados Unidos e depois, quem sabe, daqui para a Itália e França. Eu ia passando as informações para a Michele e ela pras outras. Elas não queriam saber dos riscos, de nada... Queriam vir para cá e pronto. Depois de um mês mais ou menos, elas estavam embarcando. Para surpresa minha, tinha gente do Rom no Brasil e eles exigiram conhecer o "material" antes... As meninas fizeram bonito, montaram um show espetacular, mas de verdade apenas a Michele e a Denise – que eu não conhecia ainda – toparam. Eu não falei para elas que estava ganhando dinheiro com isso, mas mesmo se falasse elas topariam.

Contando assim parece simples, mas nem imagina o que foi lidar com as duas pontas: as meninas, louquinhas, deslumbradas, achando que iam chegar e virar artistas, e os caras do Rom, verdadeiros corvos em cima da carniça. Na viagem, pelo México, elas perderam tudo, foram roubadas, chegaram doentes, magras, sem roupas, tinham apanhado muito e foram obrigadas a fazer programas com os coyotes, com o pessoal na fronteira. Coitadas... Mas por fim estavam em Nova

York... Em Nova York sim, mas devendo a vida para os caras. E nada de show, elas tinham é que faturar em prostíbulos imundos, nas ruas do Bronx. E não só se prostituíam como passavam drogas também... Controladas o tempo todo, eu pouco contato tinha com elas. Comecei a me preocupar e, como não tinha muita coisa para fazer nesse sentido, escrevi uma carta para o Consulado Brasileiro denunciando. A coisa foi tão complicada que chegou a um ponto que o meu maior desafio era tirar as duas daquele meio... Elas só tinham a mim de conhecido. É lógico que eu continuava fazendo meus programas, levando minha vida, mas as meninas passaram a ser problema meu também... Diria que, se não fosse o caso das duas, eu até que estaria me dando bem. Fiz amizades, consegui arranjar uns caras abertos, coroas é claro, que me ajudaram a encontrar um meio de tirar as duas daquela situação e mandá-las de volta ao Brasil. Foi uma loucura, precisamos montar uma operação de guerra, mas conseguimos. Até com gente do FBI eu tive que falar. Eles fizeram uma coisa interessante: contrataram as duas para um programa e as sequestraram. Foi coisa de cinema. Nem eu fiquei sabendo direito como tudo aconteceu, mas o fato é que elas foram bem tratadas e, logo que deu, eles mandaram as duas de volta pro Brasil. Elas voltaram para o Rio e sei que estão melhor lá do que estariam aqui... Mas tenho pouca notícia delas... Fui me desligando do resto da família, deixei o barraco pra eles e agora vivo para mim aqui... Vida nova...

Moro em Nova York há quase nove anos. Acho melhor eu ficar por aqui mesmo. Deixei no Brasil minha mocidade, minhas lutas, muito sofrimento... Aqui me sinto estrangeiro e é a melhor coisa que posso fazer por mim mesmo. Arrumei trabalho, consegui me estabilizar como acompanhante de velhos e doentes, graças a um namorado médico que arrumei. Faço programas ainda, mas sem aquele fogo de antes, tudo muito profissional. Vendo a vida agora, olhando para trás, nem sei dizer como consegui sobreviver. Hoje não vivo mais do sexo ou para o sexo. Sexo para mim agora é uma forma de encontrar pessoas, passar um tempo juntos e ganhar um dinheirinho por fora. Só isso... Se tivesse que viver tudo outra vez, não sei se conseguiria. Acho que o resultado final é bom, mas só eu sei o que custou...

A VIDA VISTA DE LONGE

> "Como quem respira junto ao fogareiro /
> e sua mente remexe as brasas / uma a uma
> Como alguém que se volta para olhar alguém /
> pela última vez não o vê"
> *Roberto Bolaño*

A história desse moço transcorreu como vertiginosa viagem. Pode-se dizer que se trata de drama em dois atos principais: antes e depois da saída do Brasil. A velocidade dos fatos se mostrou turbulenta e sacudida por acontecimentos indicadores de uma solidão consequente. Cristovão Jorge é um ser sozinho. Sozinho e contra o mundo. O curioso é que os detalhes narrados se organizam de forma desdobrada, como causa e consequência, e assim ganham dinâmica progressiva, indo da busca de satisfação ao esgotamento do uso do sexo como alternativa. Apenas depois de distante dos problemas vividos no Brasil, nos Estados Unidos, ele conseguiu alguma calma. Chama a atenção, na narrativa, o tempo gasto nas explicações de seu passado remoto. As minúcias do tempo de criança no Rio de Janeiro acarretaram marcas. De igual maneira, não menos significativa é a rapidez da parte final, concluída em poucos parágrafos. Fica claro no caminho, entre o lá e o cá, o sentido da ruptura e o colapso de sua condição no Brasil. A morte do amante lhe foi o limite. Ir para os Estados Unidos não lhe foi apenas uma mudança de espaço físico ou cultural. Muito mais, representou a quebra de uma rotina exaurida, retraçada desde a busca juvenil do prazer até a "profissionalização" como meio de sobrevivência. Se alguma plenitude pode ser encontrada, aconteceu em terra estrangeira. Mas que realização? E a que custos?

Os entremeios da trajetória de Cristovão Jorge são surpreendentes. Sem vínculos estáveis com instituições, sem família organizada – ele nunca mencionou o pai, por exemplo –, escola, igreja, trabalho formal, tudo lhe foi deturpado. A patroa da mãe, o "obreiro" da igreja, o professor de Educação Física, o amante suicida – poderoso e autoritário –, os homens rápidos, todos rabiscaram a vida do moço sempre em busca de algum sucesso. Sem vínculos ou modelos, suas peripécias mais pareciam órbita avulsa de algum satélite perdido. E ele sabia disso. Mais: queria essa vida que lhe equivalia à independência. A certeza de que prostitutos não devem se apegar emocionalmente se lhe afigurava como mandamento. Interessa notar que a única pessoa que lhe dedicou afeto, o tal Fábio, se aproximou e o sensibilizou por uma atenção bandida, que nunca chegou à realização plena. E foi coisa fátua, episódica. Daí, aliás, a insistência dele em repetir "eu não presto". Chega a causar espécie o fato de, no Brasil, ele não se aproximar das drogas, ainda que vivendo em um meio tão facilitador. De igual maneira, é relevante o fato de se valer exatamente disso como atributo de atração de fregueses. Capcioso ele era. Saindo-se bem de entraves, era evidente que aprenderia inglês de maneira eficiente e até se daria bem em Nova York.

CONVERSA COM A SOLIDÃO

Se há consciência na marginalidade, a história de Cristovão serve para provar isso. Parentes do Nordeste, todos dependentes dele, vidas vulneráveis e incertas, sem vínculos duradouros. Aliás, de permanente em sua vida apenas a mãe. Independente de ligações pessoais, próximas, os momentos mais complicados da relação do moço com o mundo se deram com a linha de traficantes de travestis. Ainda que progressivamente o tema tenha ganhado os noticiários, as artimanhas dos contatos nunca são reveladas em sua intimidade. Com Cristovão, num pálido reponto desse enredo, transparecem de maneira a sugerir os subterrâneos do crime de exploração sexual. Importante notar que a polícia – no caso o FBI – também figura, mas de forma indireta, acionada por meio de intermediários. Os personagens da trajetória de Cristovão são sempre seres que precisam da camuflagem. As vidas ocultas são apresentadas com subterfúgios que convidam a admitir pressões sociais maiores do que se pensa. E a prostituição masculina emerge com força. Junto aos preconceitos sociais, as alternativas evasivas. Além dos muitos personagens anônimos, homens que pagam por sexo, as travestis ganham destaque exatamente pelo "nome social", ou seja, pelos heterônimos que assumem. E, por vulgar que seja, a vida de aparências e o mundo difícil desses seres traduzem os riscos de políticas culturais sem expressão. E são transformadas em mercadorias e minimizadas em sua natureza reativa.

A coleção de detalhes da vida de Cristovão Jorge indica aspectos de sua experiência, que convocam diálogos:

- Os modos narrativos apresentados nessa história conteriam atenuantes capazes de facilitar a aceitação pessoal de traumas sérios?
- Qual, para Cristovão, é o significado do envolvimento do sobrinho nas malhas do tráfico internacional?
- É possível sair das malhas do tráfico de pessoas?

Tais problemas convidam, desde logo, a pensar nos liames apertados entre motivos pessoais e em particular nos jovens que se veem premidos a viver a pobreza num espaço de consumo. Não há como deixar de lado a luta constante de Cristovão, que se sentia "sem caráter", vivendo como se fosse um parasita. Bauman, ao se referir a esse tipo de pessoa, retoma Stefan Czarnowisi e especifica a maneira como a "sociedade organizada" os trata, chamando-os de parasitas e intrusos, e acusa-os, na melhor das hipóteses, de simulação e indolência, e, frequentemente, de toda a espécie de iniquidades, como tramar, trapacear, viver à beira da criminalidade, mas sempre de se alimentarem parasitariamente do corpo social.[1]

Uma leitura atenta da entrevista revela que ele sempre precisava tirar dos outros o que nunca teve naturalmente, em particular proteção. Fossem presentes materiais, dinheiro, favores em geral, os detalhes narrativos esparramam essa atitude "aproveitadora", levada ao limite "profissional". Há justificativas, é claro. E, de todas, uma maior se levanta: o suicídio do amante advogado. O detalhamento dos fatos relacionados ao suicídio não variaram muito de um tempo para o outro, mas nas narrativas colhidas mais de dez anos depois, sem dúvida, a aceitação ou consciência dos fatos havia mudado. A repetição *ad nauseam* de seu enredo vivencial demonstrava a domesticação do trauma e isso é explicado no que Joel Candau chama de "otimismo memorial" e para tanto evoca o caso narrado por Marigold Linton, que no pós-trauma percebeu que "os acontecimentos registrados eram descritos como dolorosos ou desagradáveis ainda que sua memória os houvesse conservado com uma tonalidade saudável".[2]

O que transparece é uma luta incessante capaz de tornar suportável a dor. Aliás, não fosse essa briga interna com suas lembranças, e até certo amadurecimento, não seria possível explicar como Cristovão se empenhou em ajudar o sobrinho implicado nas malhas do tráfico internacional. Cabe reconhecer na mesma história familiar dois procedimentos homossexuais: o dele, agindo por conta própria, e o do menor, que atuava em bando.

Chama muito a atenção o caso de jovens do Nordeste que se iniciam como travestis. Em reportagem publicada n'*O Globo* do dia 11 de fevereiro de 2012, são arrolados fatos reveladores de uma rede de traficantes de pessoas que explora rapazes nordestinos "produzidos" para a prostituição. Em passagens da notícia, lê-se que os jovens "migrados" esperam brilhar nas passarelas do mundo e nessa ilusão são inseridos em uma roda-viva assim descrita:

> Meninos a partir de 14 anos são aliciados no Ceará, no Rio Grande do Norte e no Piauí e, aos poucos, são transformados em mulheres para se prostituírem nas ruas de São Paulo e em países da Europa. Misturados a travestis maiores de idade, eles são distribuídos em três pontos tradicionais de prostituição transexual em São Paulo: além da Indianópolis, são encaminhados para a região da avenida Cruzeiro do Sul, na Zona Norte, e avenida Industrial, em Santo André, no ABC paulista.

A reportagem dá conta da trama constituída por redes que se iniciam na internet e são acessíveis a partir de simples busca como "casas de cafetina". E assim evolui a reportagem, que mostra os aliciados, homens, mulheres, agindo de maneira quase pública.

> Após o primeiro contato, pedem que o adolescente encaminhe uma foto por e-mail, para que seja avaliado. Se for considerado interessante e "feminino", eles têm a passagem paga pelos aliciadores. Ao chegar a São Paulo, passam a morar em repúblicas de transexuais e a serem transformados. Recebem inicialmente *megahair* e hormônios femininos. Quando começam a faturar mais com os programas nas ruas, vem a oferta de prótese de silicone nos seios. Os escolhidos para ir à Europa chegam a ser "transformados" em tempo recorde, apenas cinco meses, para não perder a temporada na zona do euro.[3]

O assunto, pouco ventilado no Brasil, ganha dimensões internacionais frequentes e as consequências são alarmantes. Em reportagem de agosto de 2010, da BBC de Londres, era denunciado no programa *Our World: Brazil's Child Prostitutes*, pelo jornalista Chris Rogers, que no Nordeste brasileiro a prostituição infantil acontece livremente e se liga às

> empresas turísticas que trazem às cidades brasileiras milhares de homens europeus em voos fretados que buscam sexo barato, fortalecendo cada vez mais esse comércio ilegal. Com a negligência do poder público, o problema já estaria levando o Brasil a alcançar a Tailândia como a principal rota mundial do turismo sexual.[4]

As referências feitas por Cristóvão remetem ao caso específico do interior do estado da Paraíba e faz menção a estudo feito pelo professor Sven Peterker, do Centro de Ciências Jurídicas da Universidade Federal da Paraíba, que revelou dados alarmantes, dizendo que de 2005 a 2011, pelo menos 15 travestis foram aliciados e "obrigados a fazer cirurgias de forma artesanal e insegura para depois viajarem para a Itália e que um morreu em decorrência do procedimento cirúrgico ilegal". E o progresso da notícia relata que um desses travestis "faz em média 15 programas por noite, movimentando aproximadamente 1.500 euros diariamente, e que se trabalhar 300 dias por ano totaliza cerca de 250 mil euros". E por fim a grave constatação:

O professor acredita que mais de 30 travestis paraibanos já foram levados à Europa. Oficialmente, ele só conseguiu catalogar a metade das vítimas em seu estudo. Como já são 15 vítimas identificadas, o valor ultrapassaria 6 milhões de euros por ano, o equivalente a 15 milhões, 709 mil e 800 reais.[5]

Chega a ser alarmante o caso específico de alguns municípios paraibanos, ao ponto de estourar na Itália um escândalo envolvendo uma aliciadora, travesti, de nome Diná, ligada a um segmento de traficantes italianos. O conteúdo da reportagem revela que "aqui eles são tão maltratados como pelo tráfico lá fora" e mostra que

> a rede de aliciamento e tráfico internacional de seres humanos para a exploração sexual em condições de trabalho escravo aliciava jovens homossexuais de cidades localizadas principalmente no Brejo Paraibano. Só Araçagi exportou para a Europa pelo menos 40 jovens homossexuais. Na Europa, os jovens passam por uma transformação no corpo. Silicone é colocado de forma clandestina e eles são submetidos a condições degradantes.[6]

Independentemente da denúncia pública, quase sempre com forte teor jornalístico, o que se vê no caso de Cristovão é uma atitude quase heroica, de redenção do sobrinho. Nesse ato, aliás, se encerra uma espécie de fase crítica, ponto de virada na vida de alguém que afinal conseguiu um lugar social em que suas experiências lograssem espaço.

NOTAS

[1] Zygmunt Bauman, *Vida desperdiçadas*, op. cit., p. 54.
[2] Joel Candau, *Memória e identidade*, São Paulo, Contexto, 2012, p. 74.
[3] Disponível em: <http://www.old.diariodepernambuco.com.br/vidaurbana/nota.asp?materia=20120211143735>. Acesso em: 14 mar. 2013.
[4] Disponível em: <http://www.pheeno.com.br/7000/lifestyle/garotos-travestis-sao-assunto-de-programa-da-BBC>. Acesso em: 21 jan. 2013.
[5] Disponível em: <https://joaoesocorro.wordpress.com/2012/10/10/estudo-revela-que-em-6-anos-trafico-humano-ja-levou-15-travestis-da-pb-para-europa-negocio-movimentou-mais-de-r-157-miano/>. Acesso em: 21 jan. 2013.
[6] Disponível em: <http://portalcorreio.uol.com.br/noticias/justica/federal/2013/02/26/NWS,220389,40,269,NOTICIAS,2190-TRAVESTI-SER-DEPORTADA-EUROPA-CHEFIAR-REDE-TRAFICO-HUMANO.aspx>. Acesso em: maio 2013.

Elas, eles... E nós?

*Fiz um esforço incessante para não ridicularizar,
não lamentar, não desprezar as ações humanas,
mas para compreendê-las.*
Espinoza

Que dizer depois desses casos e das decorrentes meditações? Retomando a proposta, concluí que elas e eles nos enviam mensagens de difícil decifração. Tudo apontou para a retomada da trajetória da pesquisa. Na cadência de tantas histórias de mulheres e homens brasileiros que vivem da prostituição no exterior, depois de ouvir dezenas de casos ao longo de tantos anos, algumas peculiaridades me desafiaram, levando-me a este livro. As narrativas somadas me induziram à indignação, como resultante de procedimentos empíricos mais compassivos. Diria que questionei de forma severa os resultados das ciências humanas e saí transformado dessa aventura, convencido da validade de "outros saberes". A subjetividade plasmada na sutileza das justificativas pessoais se impôs contra assertivas fáceis, imediatas e previsíveis, que obedecem a uma tradição analítica exaurida. Tudo, no entanto, progrediu lentamente.

Foi no processo cumulativo de elaboração das histórias que me fui deixando levar pela sonoridade variada das falas. Em contraste, aprendi que os escritos sobre a prostituição em geral insistem nessa atividade como prática onipresente, incômoda sempre, nódoa social indelével, mas inevitável. Há também os que consideram prostitutas e prostitutos *transgressores*, episodicamente úteis e notados, quando se deseja ilustrar alguma convulsão social. Além dessas circunstâncias convenientes, porém, eles voltam à rotina histórica, confundidos com a paisagem social perdida na longa duração dos séculos. Há, pois, os que se fartam na perenidade do reconhecimento cômodo daquela que é decantada como a "mais velha das profissões" ou dos que se armam na guerra pela "manutenção e salvaguarda da moral e dos bons costumes", do zelo "das famílias probas". Esses cacoetes discursivos, no entanto, embargam supostos de direito e cidadania, categorizam pessoas, hierarquizando, sem sensibilidade alguma, tipos sociais. Tais referenciações insistem em regular um exercício que, mesmo reconhecido profissionalmente, é sempre passível de severas submissões a regras. Tais imposições são outorgadas por mandamentos legais, religiosos, presos ao poder constituído pelas linhas da *exclusão normativa*, que não abre mão do controle dos corpos. Tudo fica ainda mais tenso nos dias atuais, frente às inegáveis facilitações dos deslocamentos humanos e da ampliação do mercado sexual que se vale do fértil aparato da propaganda, traiçoeiramente permissiva.

Vistos em consequente continuidade, os cinco enredos ganharam sentido, em primeiro lugar, enleando as pessoas da família, e, na sequência, da vizinhança, passando então a exibir os efeitos das primeiras relações com o mundo extrafamiliar, com a rua e com o espaço público, em diferentes lócus regionais. Instituições vigentes, como igrejas, escolas, municípios, e o Estado iam compondo as experiências que explicam dialeticamente e de maneira crescente o envolvimento dos cidadãos. Só conectando os múltiplos e sutis elos da intrincada corrente vivencial, é que os fatos narrados ganharam força explicativa capaz de justificar os roteiros que se fiaram da infância, do lar, às linhas de atuação em lugares urbanos, nacionais ou internacionais. Com polos extremos, do logradouro de nascença ao estrangeiro, a magnitude do fenômeno, ao alcançar a escala global, anula o "mínimo eu". Tão polêmico é o assunto, que até o feminismo e os estudos de gênero se emaranham em oposições conflituosas. Faca de gumes fatais: as controvérsias teóricas e analíticas *versus* a alienação conformada.

Pude observar ainda, nesse processo, como o alargamento das negociações sexuais na modernidade permitiu retraçar paradoxos antes emoldurados em telas históricas cansadas. O patriarcalismo machista, a institucionalização do poder, a força das regras escritas, tudo se coloca em causa de negociação quando a atividade sexual reponta como tema internacional. E, na globalização, o quilate dado ao assunto ganha dimensões expressivas, exibindo o contraste entre a prática, com seus resultados pessoais ou de grupos, e o que dela se diz. Particularmente, quando o cenário é o espaço internacional, tem-se evidente os poucos avanços na ordem dos direitos pessoais. Hoje o trânsito mudou, e não são mais apenas os pioneiros, conquistadores de um mundo desconhecido, que vêm às colônias. Diferentemente agora, os tais seres antes colonizados também frequentam as metrópoles, transitam de uma para outra, vão e voltam. A porosidade das fronteiras, os braços dos sistemas governamentais, por mais que se esforcem, não conseguem conter o trânsito dos deslocamentos. E isso faz parte de uma procissão que inverte a ordem colonial e impõe o trato com o "de fora", tantas vezes notado como estranho, intruso, oportunista, invasor.

Nessa senda também perfilam o turismo sexual, as casas de entretenimento, a indústria do sexo com os aparatos de proteção policial, controle legal, e até os laboratórios médicos, com seus protocolos vendedores de "remédios" e "produtos de proteção". Quando abancada na questão do uso do corpo internacionalmente, uma onda de questões se forma, impondo admitir que o processo histórico, visto em conjunto, equivale a uma *revolução*. Revolução ou vingança, diga-se, entendidas no andamento do termo "re-evolução". E não há como negar a beleza do paradoxo que se vale do corpo feminino ou masculino marginalizado na fantasia bandida da puta/puto como atuante de uma desafronta histórica. O ato sexual bandoleiro consubstancia a resposta moral cabível na reversão da ética colonizadora, uma vez que os próprios representantes de um mundo há muito explorado atuam agora como perturbadores do poder.

Um dos mais expressivos contrassensos encerrados na modernidade diz respeito à internacionalização do sexo e remete ao fantástico movimento de ir e vir, estreitado pela contradição que impõe o restabelecimento das barreiras imigratórias. O capital financeiro não precisa mais de lócus físico, e se pode transmudar habilmente pelas empresas multinacionais inscritas no desejável comércio exterior e na reprodução empresarial em escala mundial. A imigração, por sua vez, paradoxalmente, padece de recrudescimento de velhos obstáculos burocráticos ensejados no restabelecimento da rigidez expressa nas fronteiras diplomáticas, no uso de passaportes, vistos e licenças de permanência. É aí que a polícia federal ganha foro de autoridade reguladora. Se isso é verdade para os imigrantes em geral, que dizer para as pessoas que vivem do trabalho do próprio corpo no trânsito internacional? É assim que – por ter se tornado uma questão de Estado – o deslocamento da prostituição, feminina ou masculina, se vê duplamente penalizado.

Em compasso rígido e progressivo, tudo virou uma questão de justiça/lei ou direito internacional e os mecanismos de vigilâncias trabalham com o conceito que criminaliza os deslocamentos, em que todos são suspeitos até que se prove o contrário. O tratamento dispensado aos viajantes passa então a ser definido por acordos entre os "países soberanos", e são seus interesses nacionais que pesam sobre qualquer vocação individual. Termos ameaçadores como "extradição", "repatriamento" e "deportação" compõem essa partitura. As pessoas? As pessoas tornam-se reféns de normas necessárias a essa ordem. Fica assim respaldado caçar bandidos, máfias, quadrilhas e misturar no tráfico pessoas, órgãos, animais, drogas e armas. Por essas questões, qualifica-se o tema como um dos mais significativos da era da globalização; pois, como o capital internacional, a prostituição – e nela as *vidas putas* – funciona como moeda de troca. O capital, porém, tem autonomias e isenções, a prostituição não. Sem uma tomada de posição coletiva, restará, no máximo, a cansada tolerância, irmã da alienação. Afinal, diante dessa trama, temos que responder às questões iniciais: Quem somos nós? O que nos disseram elas e eles?... Como desatar esses nós?

∎

A história do projeto

CONFIDÊNCIAS DE UM OUVINTE ATENTO

A fim de propor ponderações sobre *indivíduos na história* ou sobre a situação da prostituição no quadro internacional, foram selecionadas, entre quase uma centena de entrevistas longas, feitas em espaços "metropolitanos" da Europa, cinco narrativas que permitem vasculhar os entrelaces do manto encobridor de tipos sociais diversos. Procurou-se, no acompanhamento das linhas desse tecido mesclado, identificar o cortejo da vida de um punhado de brasileiras e brasileiros que atuam na vastidão do problema internacional. Tal preocupação, aliás, motiva debates que, quando existentes, intercalam estranhos "apagamentos" e "romantizações", com imagens pitorescas, exóticas ou meramente ruidosas. Também se procurou fugir do labirinto que aliena contendas, na impossibilidade de definir soluções, como se fosse fácil uma política de acomodação social dos implicados. De igual lanço, furtou-se da inviabilidade linear do debate historiográfico, que, ao se mostrar prolixo e variável, mais embaça o tema, sugerindo-o incontrolável e, dessa forma, atrapalhando exames que apontam novas e desejáveis políticas públicas.

O intrincado processo de captação de entrevistas nesse caso foi dificultado por especificidades da matéria, necessidade de sigilo, distâncias físicas e temporais e custos, mas, sobretudo, pelos entraves de comunicação com os *colaboradores* para a obtenção de suas devidas autorizações para publicar os resultados. De toda forma, com ajudas variadas, em particular de colegas que atuavam em universidades dos países visitados, fui conseguindo vencer as barreiras e produzir as narrativas. O tempo corria, as entrevistas se somavam, até que soube de um hotel no Rio de Janeiro próximo à minha casa em Copacabana que recebia senhores estrangeiros em "férias turísticas". Em seus países de origem, compravam pacotes que incluíam "programas" que iam muito além dos passeios regulares. Graças ao contato travado com funcionários desse hotel, fui sabendo de detalhes que se traduziam em histórias incríveis de moças e rapazes tramados nesse lençol globalizado. Muitas pessoas queriam uma "segunda chance" e se fiavam em condições trançadas para conseguir sair do Brasil e, com sorte, "casar com gringo". Conheci algumas delas e, em conversas, aprendi como se tricotava o processo que em muitos casos resultava no almejado trânsito para o exterior. Ao fim, questionava-me sobre os vínculos da atividade sexual exercida por esses brasileiros nas malhas da prostituição internacional e suas relações com o patrimônio afetivo deixado no Brasil. Seriam aplicáveis os mesmos motivos a qualquer grupo cultural ou os brasileiros teriam algumas características peculiares? Como essas pessoas sobrevivem e reordenam suas vidas pautadas numa relação que teima em enviesar recordações e compromissos voltados para o lócus de origem, o país natal? Teria a experiência dessas moças e desses moços formulado, ao longo das últimas décadas, um silencioso perfil especial de imigrante brasileiro? Seria a prostituição uma dessas vias? E como se dariam os vínculos com as tais máfias do tráfego? Haveria alternativas para se escapar da dominação?

Os casos ouvidos mostravam uma variedade significativa de motivações, que iam desde origens familiares, procedências geográficas, condições socioculturais, insatisfações sociais até problemas com a polícia. Afinal, seriam apenas pessoas pobres a se enredar nessas tramas ou haveria variações? Também interessava saber dos meios e apoios usados para deixar o país, das lutas por afirmação e sobrevivência no exterior, da manutenção dos vínculos com os que ficavam do outro lado e até dos juízos sobre o processo como um todo. Aliás, ao fim das narrativas, infalivelmente, de maneira espontânea, todos avaliaram se as experiências vivenciadas teriam ou não compensado o exaustivo périplo.

VIVÊNCIA NO CAMPO DE PESQUISA

Logo abandonei alguns pressupostos que se mostraram falsos, pois não poderia simplesmente considerar os envolvidos como "vítimas" nem cabia supor imaturidade, inocência ou falta de protagonismo. Isso, diga-se, seria fácil, gasto e falso. Explico-me: mesmo em circunstâncias vulneráveis e dramaticamente adversas, até nos casos mais trágicos, os implicados aderiam ao processo, mesmo que minimamente, com ao menos alguma vontade explícita. É verdade que em algumas histórias os narradores jamais poderiam prever que estariam, de fato, sendo traficados para servir ao abstruso mercado da prostituição internacional, mas sempre havia alternativas. E, sobretudo, contava o amadurecimento pessoal dos abrangidos. Quantas vezes ouvi o chavão "aprendi na escola da vida". Quantas?! Decorrência do estabelecimento de novos pressupostos, restava ver como se dava o ingresso nas máfias e redes. Também vigorava a preocupação do entendimento das viabilidades de saída do jogo. Por certo, essas questões perturbam a suposição redentora promovida pela ação do estado ou das polícias federais.

Muitos empenharam tudo o que possuíam para investir naquele projeto de vida, pagando inclusive a passagem e a expedição dos documentos necessários, enredando-se em dívidas infindáveis que, diga-se, faziam parte da estratégia de dependência imposta pelos perpetradores. Isso, aliás, explica por que tantos deles não se sentem – mesmo em situações contrafeitas – como traficados e não acolhem a pecha sempre criticável de "escravos modernos".[1] Concluí logo que o "coitadismo" urgia ser criticado e mesmo substituído por outros adjetivos filtrados empiricamente. Aprendi logo o sentido profundo do termo *vulnerabilidade*. Na mesma ordem, o investimento nos cidadãos para o tratamento das malhas da prostituição internacional indicava a carência de políticas públicas menos salvacionistas e mais atentas ao potencial dos implicados. Não há como deixar de levar em conta o amadurecimento que dimensiona desde o empenho pela saída, a luta pela sobrevivência até a noção de mundo, que se expande com o conhecimento de cidades, culturas, moedas e línguas, modos de sobrevivência na adversidade e improvisos que contornam problemas inesperados. O risco e as artimanhas para sobrevivência na adversidade impetram forças que contrastam com depressões cabíveis, tentativas de suicídio, lágrimas doídas e doidas, mas também com bravura, tenacidade e autonomia.

Assim, a produção de narrativas enunciadas na primeira pessoa foi ganhando volume e se impondo como recurso fundamental, convidando-me a um livro diferente. Somadas as mais de 70 entrevistas, percebi que era chegado o momento de dar destino ao projeto, mas qual seria o formato? Vigorava uma tensão histórica pressionada por conflitos sociológicos acumulados, mas as narrativas sugeriam a produção de um escrito mais coerente com a lógica de personagens que relatavam suas histórias na simultaneidade em que as viviam e na sincronia da formulação de uma problemática global. A experiência pessoal, ao ser organizada por seus narradores, ia revelando ângulos pouco supostos, retraçando realidades inimaginadas, que precisavam ser mostradas como trajetórias continuadas. As cores ganhavam tons definidos no cenário dos acontecimentos e assim desenhavam mapas emocionais derivados de longas dissertações sobre sonhos, lutas, desempenhos, dramas, dilemas, conquistas e gozos. Isso, aliás, respingava em outras questões, permitindo-me oscilar entre o que se diz e o que se escreve sobre mulheres e homens que se prostituem. Teria essa literatura o poder de exprimir o que é percebido pelos que experimentam na própria carne aquilo que comumente é tema de estudos alheios? Para responder a tal questão, cabia antes produzir longamente as histórias pessoais, processo extenso e frágil, mas muito rico. Compreendi com profundidade, ao longo de pacientes horas de transcrição, o significado dos tais "outros saberes".

De maneira intensa, as histórias me enterneciam por detalhes insuspeitados e projetavam novidades que não se acomodavam nos padrões textuais do formalismo acadêmico usual. As vibrações narrativas ganhavam fôlego progressivo e, na medida em que a um tempo se mostravam únicas, clamavam por análises que dariam ao conjunto o necessário significado social. Foi buscando um sentido narrativo coeso que selecionei os cinco casos que, colocados em sequência, revelam um temário capaz de provocações amplas. Note-se que falo em provocar, mas não em fechar conclusões, já que o assunto estimula, por si, discussões surpreendentes. A par dos casos selecionados, os demais enredos, como *presenças-ausentes*, ambientavam situações que, na circunstância das entrevistas, fora do país, acentuavam a centralidade do Brasil na vida desse grupo de pessoas. Brasileiras "vidas putas".

De certa maneira, formulava-se uma situação privilegiada para se pensar as questões motivadoras da saída de brasileiros: superação de preconceitos, exclusão, racismo, falta de espaço social e até vocação. Tudo angulado por questões nacionais que, vistas do exterior, atenuam as diferenças, neutralizando-as. Era como se além de nossas fronteiras o mito do Estado nacional absoluto se reestabelecesse: "Somos todos brasileiros!". Confirmava-se, dessa forma, no rosário de gravações, um a um, o suposto que referenda a dificuldade cultural de brasileiros em deixar seus valores em favor de ajustes a outros padrões. De modo paradoxal, entretanto, no convívio diário entre putas e putos no exterior, o suposto da solidariedade brasileira não era notado. Então, os processos de negociação cultural afloravam em nuanças, dimensionando teores de aceitações e recusas, de adesão e resistência. Impressionante como, mesmo não querendo ou não podendo retornar, muitos se comprazem em manter os laços com parentes e amigos que aqui permaneceram. O retorno, em tantos casos, não lhes é essencial. Inegociável mesmo é o vínculo com dependentes, principalmente com mães e filhos, liames que não se rompem, mas se rearranjam.

Reside nesse atrelamento cultural a originalidade que dá sentido à hipótese do aferro aos valores brasileiros no processo de globalização. E tudo se agrava quando o suposto do prazer negociado – qualidade da prostituição – trança a busca do sucesso, a luta por novas chances e as condições do mundo moderno. Nesse emaranhado, valeu ter consciência do conforto da construção do texto escrito, fiado na confidência. Tal processo dimensionou a vocação pública e o sentido social dos casos narrados. Incrível: todos os colaboradores, depois de alguma relutância inicial, adquirida a confiança necessária, queriam retraçar suas aventuras particulares e segredar peripécias de suas marcas vivenciais. E o faziam como porta-vozes da História, mas não daquela matéria feita em cima de fatos registrados cartorialmente, oficializados por impressões alheias, perdidas em supostos teóricos preexistentes ou ampliadas nos alardes da polícia ou do apelo legal de países que se acertam, usando os outros como matéria.

Como procedimento padrão, procurei realizar, no mínimo, dois encontros com cada pessoa, sempre que possível com um intervalo de mais ou menos um ano entre cada encontro. O título *Prostituição à brasileira* tem apelo cultural, na medida em que se compromete com os referenciais de nossa imagem nacional. O avesso disso implica a busca de respeito a uma atividade historicamente marginalizada e inscrita como refugo, submissa às vulnerabilidades impostas pelo contexto internacional. É preciso dizer também que os protagonistas das *cinco histórias* tiveram aspectos de suas identidades e situações de localização alteradas para sua proteção.

Muitos podem considerar a forma e a solução narrativa deste material como um trabalho jornalístico – o que é justo, no sentido pretendido por Foucault, ao explicitar a atuação intelectual nos "diagnósticos do presente". Outros podem alegar ficção, o que é acolhido como elogio, diga-se. Isso, aliás, se ajeita nas palavras de Virginia Woolf: "A coisa mais gostosa do mundo é contar histórias".

NOTA

[1] Ainda que de maneira criticável, a expressão "escravidão moderna" é aplicada genericamente, aludindo a pessoas que se veem forçadas a exercer atividades sob coação. Apesar do uso aplicável às redes de prostituição, deve ser retirado o uso desse termo por não traduzir as condições dos trabalhos forçados implicados nas redes de prostituição internacional.

Posfácios

No território acadêmico, muito se tem escrito sobre o sexo e seus personagens, mas o leitor também deve ficar atento à afirmação de Foucault, segundo a qual a maneira mais fácil de ocultar um objeto é recobri-lo com palavras retóricas até torná-lo irreconhecível. Uma dessas estratégias se opera por meio de sucessivas operações, acionadas em nome da objetividade científica, que incorpora também um plano moral. Assim, é comum referir-se à prostituição por meio de eufemismos, metáforas e outras alegorias. Isso sem contar o maior dos desvios: falar "sobre" e "em nome" delas e deles, deturpando ou disfarçando o silêncio de suas vozes.

José Carlos Sebe B. Meihy, um dos inauguradores da história oral no Brasil, expoente internacional no setor, enfrentou com vigor essas barreiras já consolidadas no meio acadêmico. Nada de "profissionais do sexo", "filhos e filhas da noite" ou qualquer coisa parecida. O autor provoca sustos ao dar ouvidos e voz aos seus narradores, na primeira pessoa do singular, respeitando seu tônus narrativo e assim descortinando, sem pudor e com muita sensibilidade, as tramas de vida de personagens sobre os quais muito se fala, comprometendo o juízo sobre tipos supostamente marginais, como se não fossem eles marginalizados. Dando continuidade a outros de seus escritos, Meihy surpreende brasileiros que, no exterior, optam por dar continuidade às suas existências, porque buscam o que a sociedade brasileira não pode ou não quer lhes oferecer: a dignidade de serem como são.

Diante de confidências de três mulheres e dois homens, o autor encontrou na Espanha e em Portugal personagens que não se inibiram em contar suas vidas em detalhes. As vozes perpetuadas neste livro, apesar das subjetividades que marcam presença, mostram-se convergentes em momentos significativos: famílias colapsadas; transição de crianças sapecas para biscates, e daí para cidadãos de segunda classe; o aluguel do corpo por opção e prazer, e não só por dinheiro; o exacerbado apego místico-religioso; o beijo na boca como algo precioso; o exagero na apresentação dos acontecimentos vivenciados; e, sobretudo, a busca de uma identidade positiva, por mais que a sociologia interacionista insista em classificar tais tipos sociais como portadores de uma identidade deteriorada.

Teriam os colaboradores recitado histórias de vida inverídicas, posicionando o interlocutor como mais um cliente, ainda que este só desejasse obter confidências? Para responder a essa questão, o autor lança mão de sofisticada metodologia, por meio da qual, com sagacidade, percebe contradições nas narrativas registradas, o que deixa claro nas considerações que tece após cada uma. Ao flutuarem entre o realmente vivido e o efetivamente percebido na crueza dos acontecimentos cotidianos, as falas dos narradores dimensionam a intenção de se explicarem, legitimando suas existências, para serem compreendidos pelos que não experimentam a intimidade da prostituição.

A fluência dos textos concatenados garante um trabalho instigante. O curso humanístico e humanizador conferido aos personagens faz com que o leitor descubra Leides, Lindalvas, Margaridas, Miros e Cristovãos, tipos que povoam todas as partes do planeta, vibre com suas pequenas vitórias e também se ressinta com os abusos por eles sofridos desde a infância até a condição de traficados.

Claudio Bertolli
Livre-docente na área de Antropologia
da Universidade Estadual Paulista (Unesp)

UMA VIDA RECONSTRUÍDA A CADA PASSO: MEMÓRIA DE TEMPOS VIVIDOS ENTRE DOR E PRAZER

Zigmunt Baumam, em *Vidas desperdiçadas*, trata da depressão que envolve os jovens excluídos da possibilidade de elevar seus níveis de educação e prosperidade. A pobreza e o início da vida adulta se sobrepõem de modo mais intenso sobre meninas e garotos que são responsabilizados por afazeres domésticos e cuidados com os irmãos mais jovens, tornando-os trabalhadores silenciosos e submetidos a castigos corporais sem possibilidades de defesa. Aos do sexo masculino, a exigência da condição de macho e o sexismo se expressam como conduta. A situação se agrava quando, ao lado dessas violações, se acrescentam desrespeito e abusos sexuais, que, sempre, mais cedo ou mais tarde, afloram impondo contradições e injustiças sociais.

Cleide gostaria de ser Cida. Aos poucos percebeu que seu nome se aproximava de *lady*, em inglês, e se conformou, pois Nossa Senhora Aparecida fazia parte desse nome recebido em batismo. Assim como seu irmão, saiu do sertão sabendo que quem deixa a fazenda não retorna jamais. Amante do rádio, gostava de cantar e descreve como numa fotografia o viver na casinha arrendada, limpa, ao redor do aparelho comprado pelo pai. Todas as músicas, inclusive os *jingles* de publicidade, ela canta ao seu interlocutor que grava sua história. O fascínio pelo circo e depois pela televisão projetou desejos na menina que desde muito cedo procurava saber sobre a vida sexual, interessada nos ângulos dos corpos e curiosa sobre como seria conviver com alguém na mesma cama. Toda essa curiosidade desapareceu quando foi estuprada pelo capataz da propriedade onde vivia com a família. A violência sofrida fez dessa menina uma vítima do homem mais rude que existia naquele local e marcou sua vida para sempre. Do campo para a cidade, Leide, como passou a se nomear, levou a tradição do cuidado com ervas. Como se fosse elemento mágico, capaz de lhe garantir poder, usou desse e de outros recursos como solução mágica para sobreviver. Seu poder, porém, se deu pelo uso do corpo. Pagou caro pela sobrevivência, em particular quando perdeu o controle do destino desenhado desde pequena. Recuperá-lo implicou demandas incríveis. Venceu?

    Lindalva, por sua vez, articulou sua narrativa a partir de dois fenômenos tipicamente nordestinos: a seca e a abolição da escravidão. Maranhão é sua terra, ainda hoje lugar de extrema miséria e de domínio oligárquico enraizado nas profundezas do solo e na violência dos coronéis. Sua narrativa constitui-se por díades contrapostas como se o sim e o não estivessem sempre em disputa do coração e da religiosidade. Fugindo do padrão materno, impressiona nesse caso a recusa do amor e a afirmação pela compra de imóveis no local de origem, em São Luís. Da vida livre no bairro da Liberdade à liberdade de viver por opção no maior prostíbulo da Europa, no Paradise, na fronteira da Espanha com a França, Lindalva soube usar a aproximação com os estereótipos da mulher tropical. Conhecida por ser da "cor do Brasil", a morena retraçou com suas peripécias o drama de quantos padecem na marginalidade as transformações urbanas e entram no circuito internacional pelas bordas da prostituição. Daí seu orgulho como uma espécie de vendedora, capaz de encantar e encher de prazeres aqueles que se aquecem e a aquecem no frio de uma vida solitária, meio santinha e meio putinha.

    Miro, dono de uma história dolorida, envolvido no tráfico de pessoas, se autoflagela por ter sido enganado e se tornado refém de extremas violências morais. Narra como testemunha a existência desse ramo de negócio que se move nas redes que dominam as formas mais desumanas da exploração dos corpos e das almas dessas criaturas reféns e indefesas. Seviciado, levado aos extremos da resistência psicológica, tornou-se usuário de drogas. Trabalhando sob pressão, que o obrigava a declinar sua orientação sexual, se viu deprimido e constrangido a todo tipo de violência. Ao narrar sua dor, espera que sua história sirva para salvar todos os que somem ou desaparecem sem deixar rastro. Seu objetivo é frear os deslocamentos contínuos a que são submetidos à revelia de seus conhecimentos ou desejos. São escravos do novo tempo. São os clamores à espera da salvação que não chega. Ações da sociedade civil, no caso do grupo Narcóticos Anônimos, o salvam. Decidiu ser parte de uma história incruenta, para evitar que os leitores dos jornais permaneçam indiferentes ao virar a página da notícia. Sem forças, reunindo o mínimo que lhe resta com ajuda externa, Miro se mostra indeciso em voltar. O medo do reenquadramento social o faz refém da própria história.

Margarida padeceu sevícias ao longo de sua infância, adolescência e em parte da vida adulta. Seu tio habitava a casa onde vivia com mãe e irmãos, desfrutando de seu corpo com ameaças, violência e promessas. Não pôde ser criança e tornou-se deprimida e agressiva com a mãe e os demais, por tudo que sofria, em silêncio. Essa experiência fez dessa mulher uma sem-teto social, destruiu sua autoestima e, em inúmeras vezes, o propósito da vida. Mas o amadurecimento fez com que ela pudesse refazer e dar novo rumo ao seu futuro. Ao narrar sua história, acendeu um holofote sobre inúmeras realidades semelhantes à sua, fazendo com que esse vivido se contraponha às histórias descarnadas das análises estruturantes que tratam dos dilemas juvenis como se fossem naturais e relativos apenas ao personagem transformado em estatística. Sua narrativa nos ajuda a reconstituir a trama dos antecedentes, a verificar o contexto e a historicidade do vivenciado, a desmontar as hierarquias definidas por heróis e vilões, separando o relevante do irrelevante. Na trajetória de Margarida, aparecem situações importantes para a reflexão sobre o fluxo de mulheres no mundo globalizado, em particular de brasileiras em Portugal. A combinação de circunstâncias fortuitas a leva a se aproveitar do problema dos dentistas brasileiros naquele país. Ela depois se envolve em um dos casos mais alarmantes da prostituição internacional alhures, quando as "mães de Bragança" se revoltam com as prostitutas brasileiras instaladas naquela cidade e promovem um movimento que ganhou a capa da revista *Times*. A solidão e a renúncia do convívio com a filha, além da conformação com a distância do Brasil e da família, também chamam a atenção.

Desde garoto, Cristovão Jorge se envolveu em jogos de sedução. Até chegar ao caso dramático com uma importante figura pública e à fatalidade do desfecho do caso, desde muito menino, o jovem passou por experiências que o levaram ao uso do corpo. Fosse em casas onde a mãe trabalhava, na igreja, nos primeiros trabalhos, nas ruas, cinemas e saunas, a vida desse moço que diz "não prestar" se enredou em histórias que explicam a *prostituição à brasileira*. O epílogo de sua aventura no Brasil se deu na trama com um advogado, fato que o levou do Rio de Janeiro para Nova York. O enredo vivencial desse moço mostra o lado dramático de pobres que decidem fazer a vida com seus recursos mínimos. E sua história nos leva a malhas da exploração de travestis, mesmo dentro da própria família. Gay, sempre preferiu pessoas mais velhas, e foi por causa de um parceiro que pôde estudar e conseguir uma formação mínima, técnica. Sem oportunidades no mundo do trabalho, sua única chance se esvai com o falecimento de um parceiro. A certeza de que não tem saída o leva à conclusão da inevitabilidade pessoal do uso do corpo como forma de afirmação social.

Sabe-se que a memória é atributo pessoal e a rememoração varia no ato da narrativa segundo as questões do momento. Também se sabe que a memória é fluida, diversificada e que se altera de acordo com a força ou a timidez diante do que está sendo narrado. Entretanto, essas narrativas foram sendo construídas por homens e mulheres que enfrentaram o seu passado, dando-lhes possibilidades de superação a cada episódio descrito, ressignificando os sentimentos, as dores do vivido. Descreveram o controle que puderam exercer sobre os seviciadores ou quando seviciaram, quando perceberam que haviam ficado prisioneiros da vida e dos afetos criados nos pequenos espaços e em quartos da casa em que viviam ou trabalhavam. Para alguns, a procura dos prazeres ou de dinheiro. Todos envolvidos em redes de exploração e tráfico de pessoas.

Ao iluminar uma parte do palco, os narradores não negligenciaram as outras existentes. Ao contrário, revelaram os lugares e o papel de cada um dos personagens que adentraram ao seu vivido, demonstrando como se construiu na adversidade seu lado humano, sua sensibilidade, seus afetos, sua ira e o seu escárnio. Desse modo, como afirma Bauman, citando Borges, a memória dos traumas vividos apaga determinados significados, mas permite ao narrador reconstruir por inteiro episódios que vão sendo recolhidos como se estivessem misturados num monte de lixo, criando peças reluzentes, límpidas de um viver que pode provocar risos ou melancolia, mas também superação e engrandecimento.

Mas, não apenas no âmbito de uma vida pessoal, essas histórias são relevantes. Elas criam uma cartografia cuja perfeição registra um bairro, um município, um país e sua inserção em todos esses níveis, lugares e problemas no mundo. Mapas irracionais, mas que aos poucos, com o trabalho dos que os leem, serão reveladores das conexões entre uma vida e a história em suas temporalidades. Os excessos eliminados, segundo Mary Douglas, não fazem parte de um movimento negativo da memória, mas de um esforço positivo de organizar o ambiente revelado. Assim, essas histórias de vida podem nos dar dimensões profundas do viver num município e de um percurso pelas cidades, dos vários ramos de trabalho, da violência perpetrada sobre uma criança, da observação silenciosa de uma mãe amedrontada e dependente, de amigas cúmplices e solidárias, de uma amizade agregadora que acolheu os narradores, oferecendo a experiência positiva do uso do corpo, de um amor proibido e omisso em relação ao filho desse ato amoroso, de um saciar desesperado ou interesseiro e das ausências presentes no mal-estar da cultura.

Também é preciso destacar que essas histórias revelam o machismo de nossa sociedade sexista, as redes e os fluxos de negócios decorrentes do tráfico de pessoas, a cumplicidade de agentes dos serviços de segurança e a fraqueza dos Direitos Humanos. Assim, ao narrar suas trajetórias, nossos personagens põem foco nos interstícios da história, ao descrever no campo pessoal, as redes que se formam no entorno de uma vida.

Vidas desperdiçadas? Penso que não, na medida em que algumas delas nos apresentam como convivem bem com o que puderam criar para si e para a família que permaneceu no Brasil. Há dores e lacunas como em todas as vivências pessoais. Mas há também uma grandeza ao tratar dos estigmas e preconceitos em relação às escolhas daqueles que usam o corpo para o prazer seu e alheio, revelando como a moral vigente é cínica. A leitura dessas cinco histórias me permitiu apreender como o viver pode ser grandioso se o ser humano puder compreender e ordenar seu vivido por valores éticos em confronto com a moral vigente. Vidas que brotaram belas em meio a tantas violações sem sentido.

Zilda Márcia Grícoli Iokoi
Professora titular do Departamento de História
e coordenadora do Diversitas (USP)

O autor

José Carlos Sebe B. Meihy é professor titular aposentado do Departamento de História da USP e coordenador do Núcleo de Estudos em História Oral (NEHO-USP). É um dos introdutores da moderna História Oral no Brasil. Criador de uma metodologia própria de condução de História Oral, seus trabalhos são considerados fundamentais por estabelecer elos entre a narrativa acadêmica e o público em geral. Suas pesquisas combinam temas do tempo presente com estudos sobre identidade e memória. Centrando sua atenção na história oral de vida, tem sido convidado para cursos e eventos acadêmicos em diversas partes do mundo. Seus principais trabalhos no campo da relação sociedade-oralidade abordam questões ligadas aos índios Kaiowás, modos de estrangeiros verem o Brasil (brasilianistas), universo dos favelados paulistas da década de 1960 e pontos de vista dos brasileiros que na atualidade deixam o país. É autor dos livros *Guia Prático de História Oral*, *História Oral* e *Augusto e Lea*, todos publicados pela Editora Contexto.

Cadastre-se no site da Contexto
e fique por dentro dos nossos lançamentos e eventos.
www.editoracontexto.com.br

Formação de Professores | Educação
História | Ciências Humanas
Língua Portuguesa | Linguística
Geografia
Comunicação
Turismo
Economia
Geral

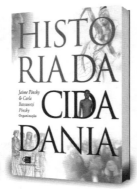

Faça parte de nossa rede.
www.editoracontexto.com.br/redes

Promovendo a Circulação do Saber

GRÁFICA PAYM
Tel. [11] 4392-3344
paym@graficapaym.com.br